儀礼と権力 天皇の明治維新

ジョン・ブリーン

法蔵館文庫

この文庫版を私の孫の皆人《かいと》、英《はな》、ベンジとセビーに捧げる。
大きくなったら、一緒に日本史を勉強しよう。

本書は二〇一一年八月一九日、平凡社より刊行された。

目次

はじめに　7

序章　明治天皇を読む……26

第一部　近代天皇と国家儀礼

第一章　孝明政権論——将軍の上洛と国家儀礼の再編成　52
1　近世国家「センター」の崩壊　54
2　将軍家茂上洛の歴史的意義　61
3　「孝明政権」の成立と展開　73

第二章　天皇の権力——国家儀礼としての「五ヶ条の誓文」……96
1　国家儀礼としての誓祭　98

2　天皇と「王政」　108
3　誓文の五ヶ条　122
第三章　明治天皇の外交……138
1　主権と儀礼　139
2　天皇と外務　149
3　飾りと身体　152
第二部　近代神社・神道の祭祀と儀礼
第四章　近代神道の創出――神仏判然令が目指したもの……162
1　津和野派イデオローグの登場　165
2　明治初年の官僚と社寺行政　177
3　一地方神職の動向　184
第五章　神道の可能性と限界――大国隆正の神道論……200

1　開港期の大国隆正――神道普遍性の限界と「可能性」　204
2　攘夷最盛期の大国隆正――天主教の邪教と正教　209
3　維新期の大国隆正――「西の国の神道」　215

第六章　神社と祭りの近代――官幣大社日吉神社の場合　230
1　山王祭のダイナミズム　232
2　江戸以前の山王祭　239
3　明治と近代山王祭の成立過程　257

付　論　靖国――戦後の天皇と神社について　295

あとがき　321
解説――文庫版あとがきにかえて　327
索　引　i

はじめに

本書は、明治維新を軸に近代の天皇を儀礼的な観点から語るものである。第一部では、孝明、明治両天皇に焦点をしぼり、天皇が主役の儀礼の力学を考察するが、第二部では、同じく明治維新を軸として神社に目を向け、神社の祭祀、祭礼（どちらも儀礼の範疇に入る）の近代的意味を考える。天皇と神社との有機的関係性は、近代日本の大きな特徴をなし、その関係性はまさに儀礼や祭礼、祭祀の次元において把握すべきである。それは、近代国家が神社に押しつけた祭祀が、近世と違って、すべて万世一系の天皇を正統化するためのものであった、という事実にも明らかである。近代の神社こそ近代の天皇を儀礼的に支える役を担わされたのである。第一部に天皇、第二部に神社、神道を取り扱う本書の構成は、こうした日本近代史上の基本的なありようを反映したものである。

本書の章立てや具体的課題はのちに紹介することにするが、さしあたって一イギリス人の筆者が、近代の天皇、近代の神社に関心を持つにいたった経緯について触れておきたい。

イギリスの王室と日本の皇室

筆者の関心は、だいぶん前のケンブリッジ大学で過ごした学生時代にまで遡るが、今振り返ってみれば、そのさらに昔の、自分が育った環境にその関心の種が蒔かれていたのかもしれない。父親は、中国、ベトナムが専門で、長年ＢＢＣ（英国放送協会）の東アジア局の長を務めていたことが、日本を含むアジア全体に関心を持つ決定的な引き金となった。そして今考えてみると筆者が日本の皇室に引きつけられたのは、やはりイギリスの王室が大好きな家庭で育ったことと無関係ではないだろう。なおその家庭が敬虔なカトリックであったこともまた、日本における宗教、とりわけ神道および神社に長年関心を持ちつづけてきたこととと、どこかで繋がっていると思わざるをえない。

アイルランド人の父親もオーストラリア人の母も、二人ともイギリスの王室に対して、とりわけ戦後即位したエリザベス女王個人に対して、深い畏敬の念をいだいていた。母は、エリザベス女王がテレビに出ると、料理、掃除、読書をやめて立ちすくんで画面をみる。女王その他の王室の人たちが（母の生まれた）オーストラリアや（母の兄が住んでいた）カナダを訪問するニュースなどが放送されると、母は一層釘付けになっていた。毎年クリスマス・デー午後三時に女王がクリスマス・メッセージをＢＢＣで放送するが、そのしゃちほこばったメッセージは、ブリーン家のクリスマスに欠かせないイベントであった。母が女王に接するのは、テレビや新聞、雑誌を通じてであったが、一度だけ、母は女王を目の当たりにしたことがあった。数十年も昔のエピソードだが、両親は、弟二人をウインザー公園へピクニックに連れていった。ウインザー公園は、女王が週末を過ごすウインザー城付属の広々とした公園だが、公園を横切る道路を父親はゆっくり車を走らせていた。ピクニックに相応《ふさわ》しい場所をやっと見つけ、路肩に車をとめた。母が降りた。ちょうどその時にボロボロのランド・ローバーが通っていった。母が見上げると、なんと助手席に普段着姿の女王が座っている。運転手は、エジンバラ公。それに気づいた母は、興奮のあまり飛び上がって一所懸命に手を振る。女王は、しかし振り返ることなく、遠くへと消え去っていった。それでも母は、有頂天だった。家に帰ってきて、その話を私にしてくれた時の、母の喜びと興奮に満ちた顔は、一生忘れない。父親は、もっと冷静ではあったが、王室に対する敬意はすごかった。我々兄弟四人に女王、王室のことをばかにする、悪くいう言い方を絶対に許さなかった。父は何度も言っていた。イギリスに言論の自由はあるが、女王をけなすことだけは犯罪だ、と。それが父親のただの脅しでなく、事実であることは、数年経って自分で調べてみてはじめてわかった[1]。

　筆者自身は、両親の王室に対する誇りを理解するのにひと苦労する。王室の行い、その怠りに対しむしろ批判的な姿勢をとることが多かった。しかし、王室そのものに必ずしも否定的ではない。王室は社会的不公平を象徴する存在だという議論には説得力があるが、王室は同時に多くのイギリス人に喜びを与え、私の母親の場合のようにその人生全体を意味づけることとすらある。筆者にとってみれば、イギリスの王室は、「必要悪」の範疇に入る。ミソは、国民に金銭的な負担をほとんどかけないこと。最近出版された費用便益分析によると、王室はイギリス人にひとりあたり年一ポンド（およそ一三七円）もしくは週二ペンス（二・六円）の金銭的負担を負わせている、という驚くべき数字が出た。(2) 王室は、こうみれば「安い」。その王室を廃止し、共和制に差し替えるべきだというイギリス人は、二〇％前後と決して少なくないが、(3) 筆者は、その立場をとらない。共和制は、経済的な便益をイギリスにもたらさないばかりか、社会的混乱を引き起こすと思われるからである。

筆者がケンブリッジ大学の日本学科に入学して、日本史、日本文学の勉強をしはじめてから、もう三十五年も経つが、イギリスの王室と歴史的交流があった日本の皇室に対し関心を持ったことには、一種の必然性があったと思う。その関心に大きな拍車をかけたのは、日本史担当のチャールズ・シェルドン博士であった。シェルドン博士は、ちょうど筆者の在学中、昭和天皇の戦争責任をめぐって日本左翼の大御所でもあった井上清氏と論争をしていた。二人の間に火花がかなり散ったことを記憶している。要は、昭和天皇は「主体的責任」をもつ「戦犯」だと井上氏が主張するのに対し、シェルドン博士は、天皇は無罪だ、井上氏は制度としての「天皇制」と個人としての昭和天皇の区分けができていない、基本的な史料さえ読めていない、などと反論して激論がかわされたのである。(4) その数年後ケンブリッジの大学院にもどって幕末明治の天皇をテーマにして研究しだしたのも、シェルドン博士に負うところが多かった。本書におさめた天皇関係の論文は、いずれも博士論文提出後、つねに関心を持ちつづけてきたテーマのものである。

前に述べたように、イギリスの王室は、筆者にとって必要悪であって、とくに親近感を感じることはない。日本の皇室の場合は、同じく「必要悪」と見なすが、不本意ながらも一種の親近感を感じる。蛇足かもしれないが、それは、二〇〇六年に皇后様に会ったからである。その年の三月に上野公園の旧東京音楽学校奏楽堂で「『星の王子さま』Lecture Concert」が開催され、皇后様の「御台臨」があった。詳細は省くが、筆者も招かれて講演をした。(5) Lecture Concertは、『星の王子さま』の翻訳者内藤濯《あろう》さんを偲《しの》ぶ会として開催された。妃殿下のころの皇后様は、『星の王子さま』の愛読者で、(内藤作) 星の王子様の歌にもメロディをつけたぐらい、その物語に魅せられていた。そういう経緯があってのご台臨。Lecture Concert終了後、筆者をふくむ関係者が貴賓室へと移って、そこで皇后様と対話する機会を得た。イギリス、ヨーロッパの童話に実に詳しい皇后様にいろいろと質問をされた筆者は、あがってしまい、たじたじとなった。それでも、気さくな方だと思った。言うまでもないことだが、本書におさめた論文は、そうした好意的な気持ちを横に置いておいて、近代日本の天皇、皇室をあくまで歴史事象として分析的に、批判的に扱うものである。

神道と神社、そしてカトリック

筆者が若い時に日本に来て、日本の生きた文化を知るようになったのは、神社を通してであった。カトリックとして育てられた私が神社に代表される日本の宗教文化に関心をもったことは、自然であった。不思議なことでもあるが、もっとも長くつき合ってきた神社は、近代になってつくられた靖国神社である。「つき合ってきた」というのは、無批判的だという意味では決してない。戦前の日本を理想化して、そして（それゆえか）右翼団体がたむろする靖国神社に対して肯定的ではありえないだろう。筆者の靖国批判は、付論として本書におさめたが、靖国と接触した発端について簡単に説明しておきたい。

二十数年前になるが、靖国神社で桜花部隊が慰霊祭を三月二十一日に行うから一緒に来ないかと、友人の内藤初穂さんから声をかけられた。桜花部隊は、もちろんカミカゼ部隊とも言われる「特攻隊」のことである。ちなみに内藤さんは、『星の王子さま』を翻訳した内藤濯先生のご子息で、桜花部隊の悲劇を生き生きと描いた『極限の特攻機　桜花』の著者である(6)(ちなみに、慰霊祭が毎年三月二十一日に行われるのは、桜花部隊の第一回出撃を記念するためであった)。靖国を知る、桜花部隊の生き残った隊員たちと会う、二度とない貴重なチャンスだった。一九八七年のその日の午前十時半ごろ、桜花部隊戦友会の皆さんと参集所で合流した。そこから拝殿にあがり、神職のお祓いを受けたのち、通路を回って本殿に入った。本殿の大きな神鏡(明治天皇から靖国へのギフト)を前に献饌の儀が行われ、筆者には意味が全く理解できなかった祝詞《のりと》が神職によって奏上された。最後に桜花部隊の代表が玉串を奉って拝礼をした。本殿を退出して、神酒を飲むと、この短いが厳《おごそ》かな慰霊祭が終わった。筆者初の神道儀礼参列でもあった。この体験が貴重だったのは、桜花部隊の会会員の戦争体験談を聞かせてもらい、彼らの悲劇を理解し、感情移入ができたことである。会員には、生粋《きっすい》の超国家主義者もいれば、共産主義者もいた。キリスト教徒、仏教徒、そして無神論者もいた。彼らと接触することによって靖国に対する自分の、それまでのきわめて狭い、堅い見方が多少動揺しだした。靖国が彼らにとって仲間を慰霊し、追悼する聖なる場でもあることを筆者が肌で感じることができたからである。

靖国神社の、カトリック教との複雑な関係は、筆者の靖国に対する絶え間ない関心の大きな理由である。その関係は、一九三二年に勃発した、著名な上智大学事件以来である。詳細は省くが、この事件は、カトリック教会が国家に大きく迎合するきっかけとなった。

東京の大司教は、靖国参拝には「愛国心と忠誠」以上の意味はない、つまり宗教的行為にならない、という文部省の説明をそのまま受けとめ、カトリック信者は積極的に参列すべきだ、と新たな態度を見せた。バチカンの布教聖省は、一九三六年にこの立場を公認する通牒を公刊したが、興味深いことにバチカン布教聖省は、この通牒を戦後の一九五一年に再発行した。戦後のカトリック教会と靖国神社との関係も、この通牒によって性格づけられてきた。総理の公式参拝、戦犯の合祀などの問題に対して、バチカンがつねに好意的な姿勢をとってきた所以《ゆえん》である。

しかし筆者を大学院に向かわせたのは、カトリックと神道、神社が衝突した全く別の事件である。それは、長崎の浦上村のキリシタンたちが維新政府によって弾圧された「浦上事件」である。このキリシタンたちは、江戸初期に潜伏して、仏教を隠れ蓑とし、カトリックの信仰を代々密かに守りつづけた人たちの子孫である。筆者自身がカトリックであることは、このテーマを選んだ大きな原因となった。維新政府が、キリスト教を禁止し、浦上の人たちを流罪にしたことに始まった浦上事件は、当時は研究がほとんどなかった(7)。これらのキリシタンのなかには「転んだ」人もいるが、最後まで津和野藩などでの試練に耐えて自らの信仰を守り抜いた人々も多くいた。筆者は廃藩置県前の維新政府が直面したもっとも重大な外交問題にも発展したこの浦上事件の真相を探るため、大学院に入ったのである。調査していくうちに、政府によるキリシタン弾圧が、近代的神道の創出過程とも複雑かつ密接にからみ合っていることが少しずつわかってきた。博士論文の対象が徐々にキリシタンから神道の方へと移行しだしたのである。

文明国家を目指す維新政府は、十七世紀のような、禁教、迫害がもはや通用しないことを逸早く認めるが、すぐにキリスト教の布教を許すわけにもいかない。そこでキリスト防御策として神社および神道に大きな期待をかけた。神社、神道をもって日本をキリスト教から防御するという発想だが、それは維新に始まったのではなく、一世代前の水戸藩の会沢正志斎の『新論』にその青写真がはっきりとみえていた。維新後そうした発想を具体化するのは、(キリシタンたちが流罪にされた)津和野藩の、福羽美静《ふくはびせい》やその師の大国隆正などが中心となった。維新政府の宗教政策全体を牛耳《ぎゅうじ》っていた彼らは、明治元年から四年までの間に伊勢神宮をトップに据えた、新たな全国的な神社ネットワークを大急ぎで打ち立て、全国の神社を「国家の宗祀《そうし》」と位置づけ、同時に「大教宣布運動」を軌道に乗せる。こうした動きがこれほどの速度でなぜ展開されたかという問題は、当時のキリスト教の脅威を抜きにしては、理解できない。近代日本の神社、神道は、浦上事件に象徴づけられるキリスト教問題と驚くべき関係性があるのである。このようにして昭和初年の上智大学事件と明治初年の浦上事件のどちらも、神道とカトリックが対立する事件ではあったが、いずれの事件も、カトリックである筆者が神道、神社に関心の目を向ける大きなきっかけとなったのである。(8) 本書に関しては、分析の焦点がもっぱら天皇と神社や神道なので、キリシタン関係の考察を、第二部第五章を除いて、収めていないことをお断りしておく。

本書の章立てと課題

さて本書は、天皇論が中心となる第一部と、神社や神道を考察した第二部からなるもので、第一部と第二部に共通するのは、儀礼（神道的に言えば、祭礼、祭祀）の考察である。第一部では、そもそも近世的な天皇、近代的な天皇とは何か、天皇と国家との関係はどう理解すればよいのか、近世を脱皮した天皇が近代化する過程は、どのような過程かを考えるが、儀礼論的なアプローチをとる。それは儀礼が権力、権力関係に密接に結び付いているからである。権力関係の形成は、儀礼を必要とするし、権力関係を抜きにしては儀礼は到底理解できない。(9) 近世、近代の天皇にかかわる上述のような問題は、基本的に権力の問題でもある。従来の天皇論は、不思議にも、こうしたアプローチをあまり試みていない。(10) 近代的君主としての天皇がようやく姿を現すのは、大日本帝国憲法発布の諸儀礼、そして帝国憲法の第一章においてであるが、儀礼論的なアプローチは、こうした天皇の形成過程に新たな光をあてうるという意味で欠かせないものだと思われる。本書第一部がこうした儀礼論的アプローチを応用した議論から構成されている所以である。

第一部の課題

序章の「明治天皇を読む」は、近年数多く出た明治天皇論が、儀礼的存在としての天皇を視野に入れないことに不満を覚え、刺激を受けて書いたものである。米窪明美、笠原英彦、伊藤之雄、それぞれの明治天皇論は、読み応えはもちろんあって、多くのことを我々読者に教えてくれるが、近代の天皇が基本的に儀礼を執り行う存在であることを蔑《ないがし》ろにし、一面的な天皇を描く結果となるきらいがある。序章は、従来の天皇論を補足する意味で、近代天皇をその儀礼的行為によって捉え直す試みである。儀礼から近代天皇に接近した時に、まず気づくことは、天皇の儀礼的活躍と万世一系の神話との関係である。近代の天皇がまさに万世一系の神話を体現する存在であることが、明確になる。通説では、万世一系神話の体現者としての天皇は、明治憲法発布以後登場すると理解されているが、ここでは、そうではなく、維新当初からそうした天皇が存在することを主張する。ちなみに、序章が取り扱う期間は、明治二年（一八六九）の天皇による画期的な伊勢参宮から、一八七〇年代後半の主権論を経て八九年の憲法発布までとする。

儀礼論的考察が求められるのは、天皇が中心になる近代国家だけではもちろんない。それは前近代の徳川幕府においても、有意義なアプローチだろう。将軍と諸大名との関係も、江戸城の大広間などの空間において行われた月次《つきなみ》の礼、将軍宣下などの、まさに国家的儀礼によって形成されていたからである。第一章の「孝明政権論」では、将軍を中心としたこのような儀礼システムの解体、そして天皇を中心とする、将軍、有力藩主を巻き込んだ新たな儀礼的システムの形成に注目する。儀礼論的観点から幕末の政治史にせまると、きわめて重要な意味を持ってくるのは、文久三年（一八六三）という年である。それは、従来の研究がもっぱら注目してきた八・一八政変ゆえでなく、家茂将軍の未曾有《みぞう》の上洛、そして上洛した将軍が御所内で孝明天皇に拝謁したためだと主張する。将軍が江戸城をあとにし、京都に向かったことは、参勤交代に事実上の終止符を打ち、近世的な権力関係を崩壊させる発端となった。その後、有力藩主が京都に集まり、天皇に拝謁することによって、新たな権力関係が構成されていく。ほとんど研究されていないこの画期的な将軍上洛は、全く新しい、（過渡的な）政体を出現させたことをここで主張する。孝明天皇が中軸になるこの政体をあえて「孝明政権」と呼ぶことにする。

第二章は、「天皇の権力——国家儀礼としての「五ヶ条の誓文」」と題したもので、五ヶ条の誓文を再検討することをその課題とする。王政復古および明治維新を考えた時に、五ヶ条の誓文ほど議論されてきた「もの」はないだろう。誓文のそれぞれの箇条の意味合い、その矛盾、さらにその遺産については、多くの優れた研究が明治時代以来存在する。なぜ今さら五ヶ条かと思われるかもしれない。それは、ここで議論するように、この五ヶ条の誓文はただの「もの」では決してないからである。誓文は新時代の国是を形作った五つの原理を列挙したテキストであるだけではなく、なによりも国家儀礼と理解すべきであることを論証する。五ヶ条そのものの意味合いを蔑ろにすべきではないが、儀礼が権力関係の形成と密接に繋がる行為である、と認識し、維新政府における天皇の位置づけを固定させるダイナミックなものとして理解する。

誓文という名の国家儀礼は、主役の天皇が維新政府を前に、自らの神々との特権的な関係を演じることに重要な意味合いをもった。維新政府は、『日本書紀』に現れる初代天皇神武が建国創業を終え、神々を祀ったことを意識して、この儀礼を企画したことは明らかである。近代の天皇を近代日本の創業者と位置づける狙いがここに見える。近代日本の創業にあたっては、列強との関係がこの上もない重要な課題であったことは言うまでもない。国家を創業する主体としての天皇はこの課題と無関係でありえない。第三章の「明治天皇と日本の近代的外交」は、明治天皇を外交という劇的な場面において描く試みである。従来の研究は、天皇のこの側面を完全に見落としてきた。では、天皇に与えられた外交上の課題とは何か。それは、近代日本が文明国家であることを列強に対し示すこと。天皇自らが前線に立ってそう示さないことには、列強から奪われている「主権」を取り戻すことは不可能、と政府の官僚は計算していた。天皇が主役となる外交のさまざまな儀礼は、欧米列強のみでなく、東アジア隣国との関係を形成する上で欠かせない日本の戦略であったことを念頭においておきたい。

第二部の課題

上述のような儀礼的天皇論から成り立つ第一部に対し、第二部は、天皇との関係によって新たに意味づけられる近代初期の神道、近代の神社を取り上げる。そこで第四章「近代神道の創出――神仏判然令が目指したもの」は、俗に言う「神仏分離」の歴史的性格を考えるものである。結論的には、神仏判然令は仏教と一切関係しない「神道」的空間、そして「神道」の神々とかかわり合いのない、新たな「仏教」的空間を創出する結果となった。ここに姿を現す神道は、前近代の吉田家、白川家が培《つちか》ってきた神道とまるで違う、万世一系の神話を内実とする新しいものである。この神仏判然令を契機に、全国の神社のありよう、その神職が執り行う祭祀（儀礼）は、近代的な、画一的なものに生まれ変わっていく。維新政府がそもそも神仏判然を実施した理由は何か。それは、神社を「国家の宗祀」を行う場、つまり万世一系の神話を演じる場と位置づけなおすためであった。ここでは、とりわけ神仏判然に携わったイデオローグと官僚だけではなく、その影響を直接受けた地域の神職にも焦点をあてて再検討することとする。

神仏判然令が発布され、その波紋が徐々に全国に及び、仏教に多大なダメージを与える結果となったことは、歴史的事実である。しかし、判然令そのものは、「廃仏毀釈」を目指したものではない。少なくとも現存している判然令の「青写真」なる史料に「廃仏」と解釈できる要素は、見当たらない。むしろ、仏教を私的空間に封じ込めると同時に、神道に公的位置づけを付与する狙いがあったと思われる。第五章は、一度幕末に遡ってこうした政策に導いた神道思想を探るものである。「神道の可能性と限界――大国隆正の神道論」では、神仏判然令のみでなく、維新期の宗教政策全般に多大な影響を与えた大国隆正流の神道の一特徴を検討する。その特徴とは、外来宗教に対する姿勢に見出せる「柔軟性」である。隆正は、つまり皇祖天照大神に対する、ゆるぎない信奉の持ち主ではあるが、その信奉は、仏教、キリスト教などの外来宗教の全面的排除を正当化するものではなく、むしろそれらを受容していく論理を提供している点が特徴的である。近代神道は一元的に捉えられがちだが、隆正の神道思想は、より複雑な理解を我々に求める。

第六章「神社と祭りの近代――官幣大社日吉神社の場合」は、一神社の生きた明治維新を描くものである。分析の焦点になるのは、延暦寺麓の日吉神社および日吉神社の山王祭である。明治期の、神社、神道に関する研究は、制度史的な業績は多いが、一神社の、しかも官幣大社級の神社の研究がほとんどない(11)。しかも祭礼という観点から変革期の神社に迫ったものは、なかなか見当たらない。「神社と祭りの近代」は、そうした研究の盲点をつくささやかな試みである。近世的な神社祭りが近代国家の敷いた神道政策のもとでどのような変革を強いられたのかを考究する。日吉神社のような官幣大社は、ある意味では特権的な扱いを近代国家から受けてきたが、その実態を祭りと関連づけて考える。神仏分離の嵐がもっとも早く訪れたのがこの日吉神社だったことも、日吉神社をケーススタディの対象にした大きな理由である。

明治という近代国家のとった神社に対する姿勢は、実は矛盾に満ちていた。明治四年に全国の神社を「国家の宗祀」と性格づけたにもかかわらず、そうした性格づけの制度的・経済的裏づけは、明治末期の日露戦争まではほとんど現れない。近代国家は、日露戦争まで大多数の地域の神社に背を向ける。日吉神社のようなエリート級の官幣大社でさえ経済的にも制度的にも手放す方針まで明確にした。終戦後に新たな、より好意的な態度を国家が示すことは事実だが、その大前提となったのは、抜本的な神社合祀政策であった。神社合祀で神社が蒙《こうむ》った損害は、仏教が明治初年に廃仏毀釈で受けたダメージに劣らないものであった(12)。国家が維新当初から第二次世界大戦の終了まで一貫して大切にしていた神社は、伊勢神宮と靖国神社のみであった。伊勢は、言うまでもなく万世一系の神話を意味づける皇祖天照大神を祀る神社で、靖国は、一八六九年設立の東京招魂社が一八七九年「靖国神社」に改称された、戦没者を祀る神社である。明治天皇がもっとも頻繁に足を向けたのは、やはり伊勢神宮と靖国神社である。伊勢と靖国は、明治天皇のみでなく、大正天皇、昭和天皇のもっとも馴染んでいた神社である。

このような近代の天皇と近代の神社との有機的関係性は、一つの特徴をなすことを前に述べたが、そうした関係性は戦後から二十一世紀の現在にも続いている。付論「靖国――戦後の天皇と神社について」においては、戦後の天皇と靖国神社について考察する。よく知られているように、昭和天皇が靖国に参拝した最後は一九七五年で、明仁天皇は即位してから靖国に一度も行っていない。『日本経済新聞』が二〇〇六年に公開した、元宮内庁長官富田朝彦のいわゆる富田メモや『朝日新聞』が翌年刊行した侍従卜部亮吾の日記などから、参拝しなくなった理由も明らかになってきた。それは、天皇がA級戦犯の合祀に反対していたからである。しかし、それは天皇と靖国神社との縁が切断されたということを決して意味しない。毎年の秋季例大祭、春季例大祭に勅使が天皇の名代として祭祀に参列し、祭神を拝む。皇太子も参列する。付論は、靖国神社の祭祀、そのシンボルを考察して、戦後の靖国神社の基本的な性格を天皇との関係において位置づける議論である。

注

（1）その法律に関して、*Halsbury's Laws of England*, 4th ed., 2006 reissue, volume 11(1), paragraph 369 参照。

（2）Evan Davis, 'A queen's ransom: the economics of monarchy', in Tom Bentley ed., *Monarchies: what are kings and queens for?*, Demos, 2002 参照。

（3）https://yougov.co.uk/topics/travel/survey-results/daily/2020/02/18/8b405/1

（4）この論争は、『諸君!』一九七六年の三、四、五月号で展開された。

（5）内藤初穂『星の王子の影とかたちと』（筑摩書房、二〇〇六年）参照。なお、この際の筆者の講演は、のちに「イギリスの王子文化と『星の王子さま』」というタイトルで『図書』六九四号（二〇〇七年）に掲載された。

（6）内藤初穂『極限の特攻機 桜花』（中央公論新社、一九九九年）参照。「解説」は筆者が書いた。

（7）近年の研究成果としては、家近良樹『浦上キリシタン流配事件——キリスト教解禁への道』（吉川弘文館、一九九八年）がある。

（8）筆者のカトリックと神道との関係を分析した論文は、以下の三点である。"Beyond the prohibition: Christianity in Restoration Japan", in John Breen and Mark Williams eds., *Japan and Christianity: impacts and responses*, Macmillan, 1996; "Shintō and Christianity: a history of conflict and compromise", in Mark Mullins ed., *Handbook of Christianity in Japan*, Brill,

2003; "Popes, Bishops and War Criminals: reflections on Catholics and Yasukuni in post-war Japan", *The Asia-Pacific Journal*, 9-3-10, 2010.

（9）権力と儀礼については、Catherine Bell, *Ritual Theory Ritual Practice*, Oxford University Press, 1992 が古典的なものである。

（10）明治天皇を儀礼論的に取り上げた研究は、皆無ではもちろんない。注目すべきものとしては、高木博志『近代天皇制の文化史的研究――天皇就任儀礼・年中行事・文化財』（校倉書房、一九九七年）と、T・フジタニ『天皇のページェント――近代日本の歴史民族誌から』（NHKブックス、一九九四年）がある。高木氏は、明治期の大嘗祭、年中行事などの分析をおこない、フジタニ氏は、主に明治十年代以降の天皇の巡幸やそれがなくなった後の東京などで行われたページェントに焦点をしぼる。いずれの研究も、近代天皇を考える上で欠かせないものである。

（11）近代神社研究全体に関しては、畔上直樹氏の研究が新たな可能性を提供している。氏の明治末期以降の地域神社の研究は草分け的である。『「村の鎮守」と戦前日本――「国家神道」の地域社会史』（有志舎、二〇〇九年）参照。

（12）本書で取り上げない明治末期の神社合祀については、櫻井治男『蘇るムラの神々』（大明堂、一九九二年）を参照。

付記　本書の引用は、原文を新仮名づかいにかえ、読みにくい漢字には振り仮名を付した。

序章　明治天皇を読む

二〇〇六年になんと三冊もの明治天皇論が日の目を見た。米窪明美著『明治天皇の一日——皇室システムの伝統と現在』（新潮新書）、笠原英彦氏の『明治天皇——苦悩する「理想的君主」』（中公新書）、そして伊藤之雄氏の『明治天皇』（ミネルヴァ書房）がそれである。(1)なぜ三冊もほぼ同時に出たかは定かでないが、当時議論されていた女性天皇問題や皇位継承の見直しとどこかで結び付いていると思われる。いずれにせよ、三冊とも読み応えがある。米窪氏の『明治天皇の一日』は、『明治天皇紀談話記録集成』という貴重なオーラル・ヒストリーに依拠して、天皇の、十分注目されてこなかった私生活に迫ったもので、読みやすい、魅力的な本だが、問題は著者が明治天皇を十九世紀の劇的な国内・国際政治から完全に引き離した結果、歴史性があまりないことにあろう。

笠原氏は、歴史意識を欠きがちな米窪氏と違って、「明治天皇の生涯を追いながらも、とりわけその政治的側面に光を当ててゆく」のを目的にし、『明治天皇紀』によって、天皇がかかわった政治問題に迫っていく。この本が面白くなるのは、「親政運動」が本格化する一八七八年（明治十一）あたりからだが、これは驚くに値しない。著者はこの十年前の一九九六年に『天皇親政』（中公新書）を出しているが、それをさらに敷衍し、肉をつけたのがこの『明治天皇』である。著者による、佐佐木高行、元田《もとだ》永孚《ながざね》の分析がいい勉強になる。三冊の中、ずば抜けていいのは、伊藤氏の本と思われる。原史料を豊富に動員した伊藤氏は、天皇の政治とのかかわり合いを年々追っていく方法をとりながら、人間味のある天皇を生き生きと読者に思い描かせることに成功する。伊藤氏の力作は長く、広く読まれることになろう。

　三冊にはそれぞれの特徴はあるが、天皇の日常――私生活であれ、政治であれ――に迫るという共通の関心がある。これは言ってみれば天皇の「自然なる身体」に迫った方法とも言える。カントロヴィッチなどは、王にはこういった「自然なる身体」のほかに、「第二の身体」も必ずある、と言う。前者は、王の生まれる、育つ、喜ぶ、悲しむ、怒る、納得する（しない）、病気になる、死没するといった身体のことである。それに対し、後者の「神秘なる身体」とも言われる王の「第二の身体」は、国家の至上の権威を有する存在、国家の永久なる価値観、それに国家のアイデンティティを体現する存在、そしてそのためでもあるが、時間と空間を超越した存在を意味するものである。欧州の中世王権論を引き

図１　「神宮親謁」。壁画画題考証図（明治神宮蔵）。

合いに出すまでもなく、明治天皇も、明らかに国家のこうした至上の権威、意味を体現する存在であった。三冊の著者はしかし明治天皇を「ただの政治家」として扱い、その「自然なる身体」のみを重視するのが、弱点と言わざるをえない。

ここでは、より充実した複雑な明治天皇の描写を目指すささやかな試みをしてみたい。天皇の「自然なる身体」を取り上げないで、もっぱらその「第二の身体」を検討することにする。時期は便宜上明治憲法の発布までとし、方法は、民族神話たる万世一系の体現者としての天皇に光を当ててみる。

神話を体現する天皇

まず三冊の著者が目を向けない出来事に注

目してほしい。それは、若い天皇が京都を去り、東京へ向かう途中、伊勢に立ち寄り、伊勢の内宮《ないくう》に参り天照大神を拝んだ、という出来事である。時は明治二年（一八六九）三月。天皇によるこの伊勢参宮は、未曾有《みぞう》の画期的なイベントだった。では、岩倉具視《ともみ》らが若い天皇に参拝をさせた理由は、何だろうか。それは、国家を体現した天皇が、天照大神が主役の万世一系という神話を流用して自らのものにするためだったにほかならない。では、なぜ天皇がこの神話を流用しないといけなかったのか。それは一つには、天照大神が天皇の祖先で、したがって天皇が天照大神の血を分けた子孫で、時空間を超越した聖なる存在であることを内外にアピールするためであった。伊勢参宮は、近代国家による、万世一系神話の語りの初発として注目すべき事件なのである。それだけではない。天皇が流用した神話は、あらゆる国民国家形成につきものの「民族神話」の一事例にすぎない。で、天皇がなぜ伊勢に行ってその神話を流用したかというもう一つの理由は、民族神話の基本的性格に思いをめぐらせれば、容易にわかる。

その基本的性格とは、つまるところ「異質性」の強調である。民族神話は、他者を意識して、他者に対する自らの異質性、優越を、暗示的であれ明示的であれ、つねに主張するものである。そう主張することによって、独自のアイデンティティの形成に重要な働きをする。民族神話が、こうした性格を帯び、役割を果たすのは、神話が地図のごとく視覚化する「ランドスケープ」の性質にもよる。そのランドスケープは共同体のメンバー間の、共同体と統治者との間の、理想的な関係性を、そしてその関係性を支える価値観を描き出す。正統性は、当然、原初的な起源の時に由来するものである。民族神話はこのようにランドスケープを視覚化し、描き出すが、それだけではない。民族神話の「地図化」という作業自体が、行為を誘発し、促進するものなのである。誘発し、促進される行為とは、現在あるいは近い将来において、そうしたランドスケープの実現を図るための行為にほかならない(2)。

伊勢参宮には明治天皇にこのような性格の民族神話を体現させる働きがあったことに注目したい。通説的には、天皇、国家、神話が結びつくのは、帝国憲法および教育勅語の成立時期からだと言われるが(3)、決してそうではなかった。むしろ、明治天皇が「明治」という時空間を切り開いていくことができたのは、当初から神話の体現者としてあったからだと、ここで強調したい。まず、天皇の伊勢参宮と相前後して、天皇が体現するこの民族神話が、生まれつつある明治国家によって頻繁に、しかも多様に動員されたことを確認したい。民族によるランドスケープの視覚化も価値観の主張も異質性の強調も、いずれも確認できる。

明治二年の版籍奉還は、近世の封建藩主が自らの土地、自らの民衆を天皇に「還す」という、実に革命的な戦略であったことは、周知のとおりであるが、版籍奉還の上表が、万世一系の神話をその冒頭に掲げることは、十分認識されていない。冒頭にはこうある。

天祖［＝天照大神］肇《はじめ》て国を闢《ひら》き、基《もとい》を建玉《たてたま》いしより、皇統一系万世無窮、普天率土其有に非《あら》ざるはなく、其の臣に非ざるはなし。

日本という国は、天照大神によって闢かれ、その子孫が代々統治してきたゆえに、土地も民衆も、みな当然天皇のものであって、藩主のものではない、と。民族神話は土地の「権利証書」みたいなものだ、とアントニー・スミスは言うが、[4] 伊勢参宮によって天皇が体現した神話こそ、幕藩制国家を乗り越えたところの統一的な中央集権国家を想像し、実現可能にするための、天下の「権利証書」だとみてよかろう。明治天皇の伊勢参宮が版籍奉還上表直後に、また版籍奉還が決まる東京会議開催の直前に行われたことは、偶然とは思われない。

四藩による版籍奉還の上表は、全国の藩主、上級武士を直接の対象としたものだが、維新政府は、同時期に庶民を対象に、万世一系神話に由来する倫理的価値観および共同体の優越性を語りはじめる。『京都府下人民告諭《ごうし》大意』は、明治二年ごろ全国に流布した「告諭」の一つである。「我が国は神州と号て、世界の中あらゆる国々我が国に勝れたる風儀なし」ときりだし、「太古天孫［＝天照大神の孫の瓊々杵尊《ニニギノミコト》］此の国を闢き給い、倫理を建て給いしより、皇統、聊《いささかも》かわらせ給うことなく」云々と言って、万世一系的天皇ゆえの特殊性を強調する。それを受けて人民に「忠孝」を呼びかける。忠孝を呼びかけて当然なのは、万物は時間を超越した存在である天皇の恩恵によるものだからである。「天孫闢き給う国なれば、此国にあるとあらゆる物、悉《ことごと》く天子様の物にあらざるはなし。生まれ落れば天子様の水にて洗い上られ、死すれば天子様の土地に葬られ」て、「喰う米も衣《き》る衣類も」みな「天子様の御土地に出来たる物」だからである(5)。

維新政府が万世一系神話を欧米列強を相手に語りはじめたのも、このころである。数多くの事例はあるが、ここでは明治二年から三年にかけて燻《くすぶ》っていた「君主敬称」問題だけをとりあげる。ことの発端は、日本側が書簡などでイギリスの女王のことを「皇帝」でなく、「帝王」と呼ぶのが無礼だ、とイギリス公使が抗議したことにあった。解決をさぐる外交会談の折り、話が君主の性格、権威に及んだ。そうすると日本の外務省は「我国の如き、万世一系、各国無類の国体」を有するから、天皇のことを「顕津神《あきつかみ》天皇」と呼んでほしい、と主張する。フランス公使が、それならナポレオン三世も「すめらみこと」と呼んでもらう、と切り返したという滑稽な場面もあったが、結論的には、日本も列強もお互いの君主のことを「皇帝」と呼ぶことで合意した。しかし日本側が、あくまでも天皇の、神話に由来する超越性、特殊性を強調したことは、それ以後外交文書の日本語版に「天佑を

保有し、万世一系の帝祚を践《ふ》みたる日本国大皇帝」とあることからも明らかである。(6)
上述の事例はいずれも、天皇が伊勢参宮によって万世一系神話を体現する存在として位置づけられていたからこそ、意味をなしたものである。しかし天皇と万世一系の神話との関係性は、明治二年の、またその後の伊勢参宮によってのみ支えられたものではもちろんない。明治天皇は、まず明治四年の廃藩置県直後の改革により太政官の「正院に臨御し、万機を総判す」る君主とされるが、同時に民族神話をつねに体現できる主権者として据え直されることに注目したい。話をあの画期的な伊勢参宮のちょうど一年前の明治元年にいったん戻そう。

維新政府は、その三月に「祭政一致」の布告を発し、明治天皇を神武天皇になぞらえ、国家の祭祀（つまり儀礼）を執り行うことこそが天皇の最大の義務だとした。それを受けた天皇は、京都を去り、東京に行幸したが、そこで国家的な儀礼を二つの儀礼的空間で執り行いはじめた。一つは、皇居内のやまざとというところに伊勢神宮に似せて「賢所《かしこどころ》」と称する神殿を建立した。賢所は、天皇が京都御所から持ってきた「内侍所《ないしどころ》」、つまり天照大神を象徴する鏡を鎮座させた新しい空間であった。もう一つは、皇居外にあった神祇官である。明治の神祇官は、律令のそれと同じく、万世一系の神話となんら関係のない天神地祇、八神を祀る座が中心にあったが、皇霊殿、つまり歴代天皇の霊を祀る座も設けていた。後者こそ万世一系神話を意義づける空間である。明治国家は、廃藩置県直後から、天皇の儀礼的空間の再編成に着手した(7)。手はじめに万世一系の神話に従来関係のない神祇官を廃止して、皇霊殿だけを皇居内に持ち込んで、新しい、近代的儀礼空間を建設した。それは中央には天照大神を祭る賢所を、向かって左側に皇霊殿を、位置づける構造となった。翌明治五年(一八七二)に天神地祇、八神を祀る神殿もその右側に建てると、近代国家の宮中三殿が出来上がったのである。こうした空間的再編成を踏まえて、明治国家は、天皇がその空間において執行すべき国家儀礼を定めた。「四時祭典定則」がそれである(8)。

この「四時祭典定則」の内実をみると、天皇親祭、つまり天皇が自ら執行する、もっとも厳《おごそ》かな儀礼は、元始祭(一月)、神武天皇祭(三月)、皇大神宮御遥拝(九月)、新嘗祭《にいなめさい》(十一月)、孝明天皇祭(十二月)となっている。太政官は元始祭に関して、「天孫[＝瓊々杵尊]降臨天日《あまつひ》嗣《つぎ》の本始を歳首に」祝い、「皇祖[＝天照大神]、瓊々杵を始め御歴代皇霊を」拝む儀礼だと解説をし(9)、また新嘗祭は、「皇国の稲穀は天照大神顕見蒼生《うつしきあおひとくさ》の食而可《くいていく》活《べき》ものなりと、詔命あらせられ[中略]皇孫降臨の時下し給えるものなれば、其神恩を忘給わず」ための儀礼だと宣伝をした(10)。

このような天皇親祭が、同時に国家的な性格のものであったことは見逃せない。それはこれらの儀礼に太政官員、各省長官、および判任官の参列、また府県の官員の遥拝が義務

図2　「大嘗祭」。壁画画題考証図（明治神宮蔵）。

づけられたことに見える。つまり天皇のみでなく、明治政府の官僚も、この万世一系の神話に身をゆだね、自らが体現者となる。「四時祭典定則」が発布されたその日に、岩倉具視はイギリスの代理公使と会って談判で次のように語った。「天皇陛下は天照皇大神からの絶えることのない血統の御子孫であらせられ、したがって神性を有する御方であらせられると日本の国民が信じることは絶対に必要なことである」と。(11) 明治国家は、実にこの時より、中央における天皇の親祭儀礼および地域の神社祭祀を装置に、国民を徐々に神話的世界へ誘導しはじめる。例えば、明治五年には、官幣国幣社ならびに府県社宛に上述の元始祭、神武天皇祭、孝明天皇祭の折り、「官員及び人民悉く参拝すべし」と指示する。国家は、さらに明治六年の十月十四日に「年中祭日、祝日等の休暇日」を制定するが、上述の天皇親祭とほぼ重なることがポイントである。つまり、元始祭、新年宴会、孝明天皇祭、紀元節（＝神武天皇の即位）、神武天皇祭（＝神武の崩御）、神嘗祭《かんなめさい》（伊勢神宮遥拝）、天長節（天皇の誕生日）、それに新嘗祭であるが、いずれも「太政官のなかの天皇」およびその権威を万世一系神話にがっちりと結びつけた休暇日である。[13]

これらの祭日、祝日が国民に浸透し、影響しはじめるのは、この一八七〇年代では当然なく、少なくとも一世代の時間の経過を必要としたものと思われる。実に、日露戦争という危機を経てはじめて、大勢の国民がこれらの祭日祝日を自らのものにしたらしい。[14] ここで注意したいのは、しかし、祭日の定着過程やそのタイミングではなく、近代国民国家の祭日が当初から万世一系の民族神話と密接な関係を持っていたことである。主権者たる天皇が自ら絶え間なく執行し、明治国家の官僚が参列する儀礼こそ、その密接さを保証したのである。

明治天皇による祭政一致、つまり天皇自らによる国家的儀礼行為が、国民国家の形成につきものの民族神話を語る装置であることを我々は見落としてはいけない。近代国家は、廃藩置県直後から敗戦までこの祭政一致によって性格づけられていると言っても過言ではあるまい[15]。

天皇体現の民族神話と立憲政体

笠原、伊藤両氏の記述に出てくる、時には内閣に出席し、時には出席しない天皇、親政運動の対象となる天皇、全国へと巡幸する天皇が、同時に万世一系の民族神話を体現する天皇でもあった事実は、一八七〇年代から八〇年代の天皇をめぐる動きを理解するのに不可欠である。この天皇はこの時期にいまだ曾《かつ》てない脅威に晒《さら》されることとなった。脅威は、言うまでもなく自由民権運動、そしてその運動が目指した立憲政体という形をとって現れた。天皇が体現する民族神話、そして万世一系的天皇自身が象徴する異質性、特殊性のアイデンティティも、この時期に脅威に晒されるが、脅威に晒されるからこそ一層国家によって切実に求められるものとなったのである。

明治国家がすでに一八七五年（明治八）に立憲政体を樹立する意図を明確にしたのをうけて、天皇は七六年に元老院に国憲起草を命じ、さらに八一年国会開設に関する詔勅も発した。いずれも画期的な展開を意味したが、国家がその移行過程をつねに万世一系の神話の枠の中に位置づけようとしたことが注目に値する。例えば、天皇が元老院に対して下した詔勅は、あくまでも「我建国の体に基づ」いた憲法起草を命じたものだった[16]。この「建国の体」とは、「天神乃《すなわ》ち天孫を降臨せしめ神胤をして国土の主たらしむ。是に於て乎《か》万世一系の天子統治する」政体を意味し、立憲政体とは「我邦皇統の無窮、民族の習慣、国民の秩序など他邦に異なる所以《ゆえん》を考察してこれを制定し、もって帝室の基礎を鞏固《きょうこ》」にするものでなければならなかった(17)。岩倉自身が主導したと言われる国会開設の詔勅に至っては、この志向がいっそう明確になる。天皇は「朕、祖宗二千五百有余年の鴻緒を嗣ぎ、中古紐を解くの乾綱を振張し、大政の統一を総攬し、又夙《つと》に立憲の政体を建て、後世子孫継ぐべきの業を為さんことを期す〔後略〕」と、立憲政体の建設は、まるで万世一系の神話を維持する業でもあるかのように言うのをうけ、立憲政体の責任は、国民に対してではなく、「照臨して上に在」る「我祖我宗」に対して果たすもの、と言うのである(18)。

一八八〇年代となれば自由民権運動がその最盛期を迎えるが、明治国家は、万世一系的天皇によってのみ保証されうる日本の異質性、そのアイデンティティの保護に新聞まで動員する。内務卿の伊藤博文と親しい福地源一郎が社長の『東京日日新聞』が先頭に立った。『東京日日』は、とりわけ八一年の「尊王論」、「帝王論」、「主権論」で活躍をしたが、その基本的立場は、「尊王は立君政治の国体において最も貴重すべきの大義なり。尊王のよって来るところは、帝王は神種なり、帝位は神聖なりと信ずるに在り」、そして当然「正邪曲直の分かるるのところは、只ただ皇帝を神種なり、帝位を神聖なりとすると否《しか》らざるとに在るのみ」ということに極まるとした。

『東京日日』は国会開設の詔勅が出た直後の社説で、『古事記』まで引用し、国譲り神話や天孫降臨譚を掲げて、議論をする。主権が天皇にあるのは、天皇が天照大神の聖なる子孫であるからで、そのような天皇が存在するからこそ「我が国体の万国に冠絶し、世界に其比なしと貴ばるる所以なり」と結論づける。この類いの議論に対して民権派代表の『東京横浜毎日新聞』などは、「帝王は神種にあらず」、「帝王非神論」などをもって敏速に反撃した。民権派の民族神話観をもっと探る必要があろうが、とにかく、万世一系的天皇をもっとも痛烈に批判した加藤弘之の『国体新論』が八一年絶版となる事件や、八五年以降刑法の不敬罪規定が施行されたことがあって、民権派の民族神話的天皇に対する反撃がしだいに困難になってゆくことだけここに記しておく。

岩倉亡き後、一貫して民族神話体現者としての天皇を擁護するために執拗に動いたのは、内務卿、初代総理大臣、枢密院議長を務めた伊藤博文だった。元老院が作成した憲法案を「我が国体人情」を無視したものと撥《は》ねつけたのも伊藤だし、八〇年代ずっと内閣顧問を務めていたロエスレルの反対を押し切って、憲法第一章第一条に「万世一系ノ天皇」を挿入したのも伊藤であり、さらには憲法発布の儀式のデザインにつねに携わっていたのも同じ伊藤博文である。以下、まず、明治二年の伊勢参宮以来、伊藤らの官僚によって主唱されていた万世一系的天皇が、憲法発布の儀式においてどのように具体化されたかを確かめておこう。[19]次に、伊藤に焦点を絞り、近代国家の天皇がなぜこういう民族神話を体現する天皇でなければならないのかについて改めて検討してみる。

民族神話の語りとしての憲法発布儀式

大日本帝国憲法の第一章第一条に「大日本帝国ハ万世一系ノ天皇之ヲ統治ス」とある。天皇が「上諭」つまり憲法の前書きが明確にすることだが、天皇統治のこの「大権」は、天皇が皇祖皇宗から引き継ぎ、その子孫にさらに伝える、という天皇固有の権利である。[20]明治二十二年（一八八九）二月十一日の憲法発布の儀式は、その事実を演出したものとして理解しなければならない。憲法発布の「時」と「場」を見てみよう。憲法発布の「時」は、上述のように二月十一日となるが、それは神武天皇の即位を記念する紀元節、「建国二千五百四十九の紀元節」という神話的時間にあたる。[21]王政復古の時もそうだったように、憲法発布にも、明治天皇を神話的神武天皇に、立憲政体の確立を神武の建国創業に重ね合わせる狙いが見てとれる。憲法発布の「場」となれば、正殿の和洋折衷の儀式場の風景が有名だが、憲法発布の場はそれのみではない。天皇は二月十一日の午前九時に出御して、総理大臣の黒田清隆をはじめ国家官僚全員を率いて賢所の天照大神、皇霊殿の自らの祖先に玉

図3　「憲法発布式」。壁画画題考証図（明治神宮蔵）。

串を供え、「御拝」をする。次に「告文」をそれぞれの前で読み上げた。「皇朕《すめらわ》れ慎み、畏み、皇祖、皇宗の神霊に告げ申さく」で始まる告文は、天照大神、皇霊に対する誓いで終わる。「朕が現在及び将来に臣民に率先し、此の憲章を履行して、愆《あやま》らざらんことを誓う。庶幾《こいねがわ》くは神霊此れを鑑《かんが》みたまえ」と。こういった天皇の儀礼的行為と時を同じくして、勅使の九条道孝、高崎正風、竹屋光昭および地方官がそれぞれ伊勢神宮、神武天皇陵、孝明天皇陵、官国幣社へ帝国憲法を「告げた」[22]。

午前十時、「金色燦爛たる軍服」に着替えた姿の、「竜顔ことに麗しくわたせられ」た天皇は、内閣総理大臣、百官有司が班列する正殿の式場に出御した。内大臣公爵三条実美から憲法を受け取ると、「御声高らかに」憲法発布の勅語を朗読した。この勅語で注目すべきは、神話的なランドスケープをこれまでになかったくらい地図のごとく視覚化し、臣民と統治者たる天皇との間の理想的な関係性、そして日本独自の価値観を描き出したことだろう。

「国家の隆昌と臣民の慶福を以て中心の欣栄」とする天皇は、まず建国を思い起こす。「我が祖我が宗は我が臣民祖先の協力輔翼に倚《よ》り、我が帝国を肇造《ちょうぞう》し」たというが、その後のいわば黄金時代が続いたのは、「我が神聖なる祖宗の威徳と並に臣民の忠実勇武にして国を愛し、公に殉《したが》」ったからである。そうした君主と臣民の理想的関係性がいまに復活し、将来もずっと存続し、帝国の光栄にきっと繫がるとする。「朕、我が臣民は即ち祖宗の忠良なる臣民の子孫なるを回想し、其の朕が意を奉戴し、朕が事を将順し相与《とも》に和衷協同」することによって「祖宗の遺業を永久に鞏固ならしむるの希望を同《おなじ》く」する、と主張する(23)。

この勅語、それに内容がきわめて近い上諭、そして上述の告文、および賢所、皇霊殿などの式次第すべてが、憲法発布の八日前の『官報』号外に載せられた。天皇による民族神話の演出は、賢所、皇霊殿などの「私」の場に限定されたわけでは決してない。

民族神話を体現する天皇

さて、近代日本の元首＝主権者が、憲法発布の儀式、告文、勅語、上諭、また第一章第一条にみるような民族神話を体現する天皇でなければならなかったのはなぜか。そこに伊藤博文の決定的な影響を見出す論者がいる。伊藤の草分け的な研究者である坂本一登氏もその一人だ。坂本氏は憲法の正統性の問題と結びつけて論じる。「憲法発布の儀式が宮中賢所における皇祖皇宗の神霊に対する報告からはじめられたこと、憲法の上諭に神話や国体論的なイメージが強調されていた」ことに触れ、それを宮中に燻《くすぶ》っていた「反欧化主義的政治文化状況」に対応する伊藤の試みとして位置づける。(24) つまり万世一系の神話およびその神話を体現する天皇こそ、大日本帝国の憲法が欧州憲法の「ただの写し」でないことを明示する手段だったとする。

坂本氏はまた伊藤の憲法制作者としての自己認識を取り上げる。伊藤が起草した憲法は、伊藤らでなくまさに天皇自身が制定の主体であることをアピールする必要を痛感し、そのために神話的天皇および万世一系の神話そのものに訴えたとの立場をとる。坂本氏は、例えば伊藤が明治二十年（一八八七）九月地方長官に対して行った演説の訓示を取り上げ、そこに「我が立憲政体の大義はまさに立国の源に基づき祖宗の遺訓に遵由」する、とあるのはその証となるという。(25) いずれの指摘も重要で、説得力があると思われるが、付け加えることも残っている。

上述したように、天皇は維新当初のあの未曾有の伊勢参宮以来、一貫して民族神話の体現者として位置づけられてきた。明治国家が明治四年の儀礼空間の再編成を踏まえて、「四時祭典定則」および「年中祭日、祝日等の休暇日」を制定すると、太政官の中の天皇は、民族神話に由来する近代国家のアイデンティティ、その異質性、優越を体現する存在として定着した。立憲政体に移行する時期において、民権派がこうした天皇のあり方を攻撃すると、伊藤らは反撃に乗り出す。乗り出すのは当然だろう。伊藤らは当初からこのような天皇に身を委ねていたからである。伊藤は、例えば地方官会議長、法制局長官、内務卿、初代総理大臣、枢密院議長等々の身分であり、毎年一月（元始祭）、三月（神武天皇祭）、九月（皇大神宮御遥拝）、十一月（新嘗祭）、十二月（孝明天皇祭）、天皇が賢所、皇霊殿で自ら執り行う親祭に参列する義務があったことを思い出せばよい。では、伊藤らは神話的天皇の信奉者だったかといえば、そう簡単には答えられないが、万世一系を否定するような発言は決してしなかった。その理由は、そうした天皇および天皇が体現する民族神話こそ、自らが維新以来建設に努めた近代国家を正当化し、実現可能にし、また明治国家という近代国家の異質性、アイデンティティを保証する存在だったからである(26)。

伊藤博文は、枢密院の第一審議会（一八八八年六月）の演説に、間接的ではあれ、天皇はなぜ万世一系神話を体現する存在でないといけないのかという問いに対し、もっとも説得的な回答を明示した。(27) 演説の目的は、自らの憲法原案を起草した「大意」を述べることであった。第一審議会での演説は、有名なので詳細は省くが、憲法の制定にあたって「先ず我国の機軸を求め我国の機軸は何なりやということを確定せざるべからず」と主張する。それは、そういった機軸がないと「政治を人民の妄議にまか」すこととなり、「国家が廃亡す」る恐れが大いにあるからである。欧州の場合は、憲法政治の歴史が長いのみならず「宗教なるものありて之が機軸を為」すという。なお、そうした機軸の機能については、「深く人心に浸潤して人心此に帰一」させること、「人心を繫ぎたる」、「人心を帰向せしむる」ことにあると指摘する。日本にはそのような、あくまでも政治的な働きができる宗教はもはやなく、仏教にも神道にも期待ができないので、皇室しかない、と結論づける。「我国に在りて機軸とすべきは独り皇室あるのみ」と。伊藤が万世一系の神話を体現する天皇でなければならないとした理由は、まさにここにあったと思われる。つまり、人心に浸潤し、人心が帰一できる、欧州の宗教に匹敵するような作用は、万世一系の神話、およびその神話が明示する天皇、国家、国民の異質性、それにつきものの価値観を抜きにしては期待すべくもないと思ったにちがいない。主張すべきは、機軸としての天皇はなにもこの時になってはじめて姿を現したわけではなく、それこそあの伊勢参宮以来期待された天皇の役割だったのである。

上述の議論は、誤解を生じさせる可能性もあるので、付言しておこう。主権者たる天皇を万世一系の民族神話との関係性のみで語ることができるとは思っていない[28]。ただ、天皇が、そして国家が、一貫して万世一系の神話と表裏一体の関係にあったことは事実である。筆者は、冒頭で取り上げた米窪、笠原、伊藤三氏それぞれの明治天皇論を読んで刺激を受けたが、三冊ともこうした民族神話を体現した存在としての天皇、言い換えればその「第二の身体」に目を向けないことを疑問に感じ、筆を執った次第である。

天皇の動きを忠実に辿るかに見える笠原、伊藤両氏は、あの画期的な伊勢参宮にも、それを踏まえた天皇の国家儀礼にも言及しない。どちらの歴史事象も『明治天皇紀』には大きく取り上げられているのだが[29]。これらの動きを直接引き継いだ帝国憲法およびその発布儀式についてはどうだろう。笠原氏は確かに「宮中の賢所で紀元節の親祭が挙行され、天皇は憲法と皇室典範の制定について皇祖皇宗に親告した」と言い、さらに「上諭のなかに「国家当時の大権は、朕が之を祖宗に承《う》けて之を子孫に伝うる所なり」とある」と指摘するが、その意義を探ろうとしない。肝心な第一章第一条に一言も触れない[30]。伊藤氏は、天皇を「立憲国家の名君」として位置づけるが、憲法第一条については「大日本帝国は万世一系の天皇が統治する（第一条）とある一方で、天皇の統治は憲法の条規により行う（第四条）という限定がついていた」とあるのみで、その意味合いを探る試みがない[31]。

筆者は笠原、伊藤両氏それに米窪氏の著作から多くのことを学び、読者にお勧めするのに些《いささ》かの躊躇もない。米窪氏の『明治天皇の一日』からは、例えば天皇のあの手この手の暇つぶし、その犬好きや刺身嫌い、その実に面白いお風呂の入り方などが挙げられる。三冊とも明治天皇を面白く描くが、民族神話の体現者としての天皇、万世一系的な天皇の存在を抹消し、伊藤博文などの官僚が主張してやまなかった天皇の、万世一系神話に由来する異質性を見えなくする結果となっている。残念としか言いようがないのである。

注

（1）これらの書籍は、みな書き下ろしである。なお、二〇〇五年には、佐々木克氏の長年にわたる研究成果を収めた『幕末の天皇・明治の天皇』が講談社学術文庫から出たことを付記する。
（2）Anthony D. Smith, *The Ethinic Origins of Nations*, Blackwell, 1986, pp. 200-208 参照。
（3）近年の研究でこういう立場を基本的にとるものとしては、奥平康弘『「萬世一系」の研究——「皇室典範的なるもの」への視座』（岩波書店、二〇〇五年）がある。なお原武史「「視覚的支配」と「時間支配」——近代天皇制の支配をめぐる覚書」（『ラチオ』一号、二〇〇六年）、一一五頁、また増田知子『天皇制と国家』（青木書店、一九九九年）、二五頁参照。
（4）Smith, *Myths and Memories of The Nation*, Oxford University Press, 1999, p. 69 参照。
（5）『京都府下人民告諭大意』（遠山茂樹校注『日本近代思想大系2 天皇と華族』、岩波書店、一九八八年)、二五—二六頁参照。

(6) 君主敬称問題については、本書第三章「明治天皇の外交」一三〇—一三三頁、「近代外交体制の創出と天皇」(荒野泰典他編『日本の対外関係7——近代化する日本』、吉川弘文館、二〇一二年)、二一一—二二四頁参照。

(7) 神祇官の改革、皇霊殿の設置に関しては、武田秀章『維新期天皇祭祀の研究』(大明堂、一九九六年)第六章「明治神祇官の改革問題」、および第七章「明治初年の神祇官改革と宮中神殿創記」が明解で詳しい。

(8) この四時祭典については、武田秀章氏の考察を参照されたい。「四時祭典定則成立過程の一考察——明治二年「年中祭儀節会大略」の紹介・翻刻を中心に」(『神道学』一三六号、一九八八年)。

(9) 宮地正人作成「宗教関係法令一覧」(安丸良夫・宮地正人校注『日本近代思想大系5 宗教と国家』、岩波書店、一九八八年)、四五〇頁。

(10) 宮内庁編『明治天皇紀』一(吉川弘文館、一九六八年)、八九七—八九八頁。

(11) 注(9)前掲『日本近代思想大系5 宗教と国家』、三一四頁参照。

(12) 同前、四五〇頁。

(13) 同前、四五七頁。

(14) 有泉貞夫「明治国家と祝祭日」(『歴史学研究』三四一号、一九六八年)参照。

(15) 祭政一致は廃藩置県で後退したわけでは決してなく、終戦まで発展的に継続したことを早くから主張した戦後の研究に、神社新報社編『増補改訂近代神社神道史』（神社新報社、一九七六年）がある。近代の祭政一致の理解には、こうした長い展望が欠かせないとするものに、島薗進氏の最新の研究もある。『国家神道と日本人』（岩波書店、二〇一〇年）。

(16) 井原頼明『皇室事典』（冨山房、一九五九年）、四二七頁。

(17)「具視建国策を朝議に附する事」（『岩倉公実記』二）、八二六頁参照。

(18) 井原注(16)前掲『皇室事典』、四二九頁。

(19) 瀧井一博氏は、伊藤の天皇論、国体論を鋭く分析している。『伊藤博文――知の政治家』（中公新書、二〇一〇年）、八五―八八、九二―九八頁。

(20) 井原注(16)前掲『皇室事典』、四九二頁。

(21) 憲法発布の時限は、伊藤と天皇との間で合意されたらしい。稲田正次『明治憲法成立史』下（有斐閣、一九六二年）、八〇〇頁参照。

(22) 井原注(16)前掲『皇室事典』、四九一―四九二頁参照。

(23) 同前、四九一頁。

(24) 坂本一登『伊藤博文と明治国家形成――「宮中」の制度化と立憲制の導入』（吉川弘文館、一九九一年）、二六六―二六七頁参照。

(25) 同前、二五二頁。

(26) 政治家の民族神話の信奉に関しては、Henry Tudor, *Political Myths*, Macmillan, 1972, pp. 135–138 参照。

(27) 稲田注(21)前掲『明治憲法成立史』、五六七―五六八頁。
(28) 天皇の主権問題に関しては、本書第三章「明治天皇の外交」を参照。
(29) 例えば、宮内庁編『明治天皇紀』二(吉川弘文館、一九六八年)、七五―七八、五四〇、五四五―五四六、五七〇頁参照。
(30) 笠原英彦『明治天皇――苦悩する「理想的君主」』(中公新書、二〇〇六年)、二〇五―二〇六頁。
(31) 伊藤之雄『明治天皇』(ミネルヴァ書房、二〇〇六年)、二七〇頁。

第一部　近代天皇と国家儀礼

第一章　孝明政権論——将軍の上洛と国家儀礼の再編成

文久元治年間の政治史でもっともダイナミックな現象は、それまで越えることのなかった地理的な境界が越えられ、踏《ふ》み躙《にじ》られたことだろう。文久二年（一八六二）夏の島津久光の鹿児島出立、上京や、それを踏まえた、雄藩大名の秋からの入京、同年の二度もの勅使下向（薩摩兵、土佐兵がそれぞれ護衛）、文久三年の将軍家茂《いえもち》の上洛、同年孝明天皇の行幸、元治元年（一八六四）の再度の将軍上洛などがその事例になる。これらの大規模な運動は、新しい国家形態の輪郭を描いたものとして大きく把握できるかと思われる。なかでも、将軍上洛が注目に値しよう。ほとんど研究されてこなかったこの二百三十年ぶりの上洛こそ、実は新しい国家形態の創出——ここでは孝明政権と呼ぶことにするが——を意味する画期的なイベントだったことを本章では主張したい[1]。

社会学者のエドワード・シルスの著名な「センター論」は上洛の歴史的意義を解明する鍵になると思われる[2]。シルスが言う「センター」は、①国家意志形成あるいは関連する諸機関が所在する空間であるが、②同時に国家や権力者を権威づけるシンボルが占める次元の空間でもあるとする。シンボルによって意味づけられる儀礼、儀礼が形成する秩序の原理こそセンターをセンターたらしめ、そのセンターを国家の聖なる空間にする、とシルスは結論する。シルスの理論は、歴史、とくに政治史における「空間」を重視するもっとも早いものとしてきわめて重要である。シルスは実はマックス・ヴェーバーの言う「カリスマ性」をさぐる目的をもってセンター論を開発したが、カリスマについてのシルスの結論も留意すべきで、聖なるセンターこそカリスマを生産するように機能するとするのである。(3)

近世日本に目を向けると、江戸が近世国家のセンターとして機能したことは贅言を要しないだろう。国家の意志形成は、危機の幕末期までは江戸の将軍、老中、若年寄がもっぱら司《つかさど》る事業であった。シンボル次元を占める儀礼などはどうであろう。参勤交代により江戸にのぼった諸大名に将軍が求めたのは、第一に江戸城における将軍儀礼への参列であった。渡辺浩氏が言うように、大名は登城して、「丁重なる臣従の儀礼に服すること、それが仕事だった」(4)。その儀礼は毎月三度の月次《つきなみ》礼、五節供などの年中行事のほか、もっとも厳粛で勅使も参列する将軍宣下《せんげ》をはじめとする通過儀礼など、その数は夥《おびただ》しかった。諸大名、勅使のこれら将軍儀礼への参列こそ、近世国家を意味づけ、将軍の「御威光」——ヴェーバーが言う「カリスマ性」とほぼ同義語——を生産する働きをした。そして近世国家のセンターで儀礼を執行し、御威光を顕示する将軍こそ近世社会の秩序の原理ともなったのである。

文久三年の将軍上洛は、このような近世的国家形態の崩壊と「孝明政権」なる新しい国家形態の創出を意味するところにその画期性があった、ということをここで論じたい。本章では三節をたて、将軍上洛を基軸に、崩壊、創出両過程を検討する。第一節では、江戸のセンターたる性格を致命的に損なったものとして二度にわたる勅使下向を検討する。第二節は、御威光に留意しながら、将軍の御所における謁見儀礼、孝明天皇の行幸や、国家の意志形成問題と深くかかわる大政委任問題を考察する。画期的な上洛を契機に新しい国家形態なる孝明政権が京都、朝廷、天皇を中心に創出されるというのが本論の立場だが、その元治元年、慶応元年（一八六五）における成立、展開を第三節で分析する。

1　近世国家「センター」の崩壊

大原重徳勅使の下向――その空間的問題

文久二年（一八六二）五月京都を出立した大原重徳《しげとみ》の勅使下向の発端は、同年三月の島津久光の、本来なら「反逆」と称すべき行為に遡る。つまり久光が大部隊を率いて京都に向け鹿児島を出立した行為である。久光が無断に藩の境を越えただけでなく、それまで諸侯が許可なくして絶対に入ることのできなかった京都の空間に押し入った。京都は幕府の軍事統制下にあったはずなのに、孝明天皇は久光に滞京して浪士の鎮静に当たるよう勅諚《ちょくじょう》を下した。(5) 久光の上京は京都という空間を二つの意味において抜本的に変質せしめる端緒となった。その一つは京都を徳川の支配から奪い、仮りにではあったが、朝廷に「もどした」ことであるが、もう一つは朝廷がいま支配する京都を天下のセンターにする長い過程がここに始まったことである。前者の現れとしては例えば安政の大獄以来謹慎の身となった近衛忠熙《ただひろ》、朝彦《あさひこ》親王などが勅命により釈放されたこと、後者は島津久光にならって長州藩主、土佐藩主らが冬になって入京し、天皇と新たな臣下としての絆をむすんだことなどが挙げられる。

いずれにしても久光は、五月になって江戸への勅使派遣を朝廷に建議し、議奏の中山忠能《ただやす》、正親町《おおぎまち》三条実愛《さねなる》などとともに交渉し、勅使が幕府に突きつける「三事策」の作成に加わった。この「三事策」こそ彼の薩摩出立、京都入京、勅使派遣の動機づけを如実に示す。その内容は、①将軍が諸大名を率いて上洛し、天皇の下で国政を討議すること、②幕府が雄藩大名五名を五大老に任命し、国政を「諮決」させること、③一橋慶喜《よしのぶ》を将軍後見職とし、松平慶永《よしなが》を「大老職」とすること、が主な内容だった。(6)

大原勅使は八百人もの薩摩兵に護衛され五月二十二日京都を出立、六月七日江戸入りをし、すぐさま三事策に基づき交渉に入った。大原は「薩州の兵力を帯びて我意を振るい、閣老衆を指斥すること家人のごと」く、「三百年の幕威を挫《くじ》きて、皇威を関東に輝かさん」ことを狙っていたそうだが、(7)十週間も江戸に滞在して収めた成果は大きかった。三事策の①の将軍上洛は勅使下向を契機に実現の運びとなったことだけここで指摘する。②は棚上げとなったが、③については、一橋慶喜が将軍後見職に任命され、松平慶永は「政事総裁職」――大老職でなく――に就任した。そのほかにも例えば勅使は先月罷免になった所司代の酒井忠義を在京させ、新就任所司代の松平宗秀も「人心に応ぜざれば」転任させることに成功した。(8)このように朝廷は雄藩と合体して江戸幕府のセンター、その特権的な空間に押し入り、幕府の権力構造に容喙《ようかい》したのだが、その意義はしかし政事総裁職の松平慶永がすぐに着手した、抜本的な政治改革とあわせて考える必要があろう。改革には重大な空間的、儀礼的な側面があったからである。(9)

その側面は、ほかでもない参勤交代の事実上の廃棄である。参勤交代は、幕府が諸大名を統制する最大の装置であったが、冒頭でも触れたとおり大名を江戸城の儀礼的空間に「流しこむ」という意味で最重要であった。つまり参勤交代は江戸にそのセンターたる性格を付与する装置だったのである。改革の結果、外様大名が毎年四月交代で江戸に参勤、譜代は二月八月の半年交代、という本来の制度が次のように変わった。つまり譜代、外様を問わず——これ自体が重要で慶喜が猛烈に反対した——すべての大名をそれぞれ春、夏、秋、冬四種の在府に分けて、三年に一回だけの出府という制度に切り替わった。[10] これで在府が百日間以上の大名はほとんどいなくなった。江戸居住の妻子にも帰国が命じられ、在府の家臣も最低限度に減らされた。参勤交代の改正により諸大名が将軍に接触する意味も根本的に変わった。改正前まで求められたのは儀礼への参列だったが、改正以後は「在府中時々登城致し、御政務筋之理非得失を始、存付候儀《ぞんじつけそうろうぎ》も有之候者《これありそうろうは》、十分被申立《もうしたてられ》」、「国郡政治之可否、海陸御備等」の意見が求められた。[11] 大名は要するに横井小楠が言う「述職」——すなわち「職事の状況を報告する役」——になればいい。[12]『大君の都』の著者、ラザフォード・オールコックが、この参勤交代の「緩和」を「革命」と評価したのは無理もないことだろう。[13] 勅使の斡旋で幕政を牛耳《ぎゅうじ》った松平慶永は、その後将軍と諸大名との儀礼的な絆をずたずたにしていった。まず正月、二月、四月、五月、七月、九月の月次礼、御謡、嘉祥、玄猪などを廃止し、年始の礼も放棄も同然となった。[14] さらに年始、八朔を除いて大名からの献上物も禁止され、将軍と諸侯の贈答関係もなくなった。[15] 衣服制の抜本的な改正も同時に施し、諸大名登城の折り、平服と規定した。[16] 挙げ句の果て、江戸城の儀礼専門家たる奏者番の役職も——当時慶永派の小笠原長行が就任——同時に廃止されたのである。当時幕府通弁を務めていた福地源一郎は、この一連の法令について次のような評価を下した。

幕府の政略にもっとも堅要なりける武家の秩序、典礼、格式、礼儀は、これがために一時に破棄せられたるが故に、将軍家の尊厳はその時よりして大いにその威光を墜されたること、争うべからざるの事実なりき(17)。

松平慶永はこの一連の政策を大名の財政救済、武備充実のためと正当化したが、それだけでは理解できない。彼はむしろ将軍上洛、京都での国政討議とあわせて考え、もはや江戸でなく、京都をこそ天下の「センター」として想定していたにちがいない。島津久光も同様であっただろう。大原勅使と相前後して八月二十一日江戸を去り、同日生麦事件に巻き込まれた久光は、そのまま京都に向かった。「官位なく、鹿児島藩主の父たるにすぎざる彼の目的は参内して孝明天皇に拝謁することにあった(18)。久光は長橋局で拝謁したが、簾の中の孝明天皇は真の太刀を久光に賜い、久光は天皇に太刀と黄金五枚を献上した(19)。この「近世絶無の」謁見は、武家に御所の門戸を開く端緒でもあり、また参勤交代から解放され、将軍への献上物も禁止された諸侯が相次いで上洛し、謁見を許され、そして天皇と贈答関係を確立する大きな契機ともなった。文久二年の冬だけでも久光の後を受けて、早くも長州、土佐、鳥取、安芸《あき》、久留米、佐賀、阿波各々の藩主が幕府の許可なしに上洛したのである。[20] 間接的ではあるが、この現象も勅使下向の産物の一つと見なければならない。

三条実美の勅使下向と江戸の空間

十月十二日京都を出立した二度目の勅使下向の目的は、攘夷決行と親兵設置の実現にあった。天皇は土佐藩主に勅使三条実美の護衛を命じ、そして土佐、薩摩、長州など十四の藩主に「叡旨貫徹に尽力」するよう勅命を下したが、「叡旨」とは攘夷決行の勅書と親兵設置の御沙汰書のことである。[21] 三条が江戸城に登城して勅書と御沙汰書を家茂将軍に手渡したのは十一月二十七日であった。勅書は、攘夷を決定して諸大名に早急に布告し、衆議を尽くしたうえで「醜夷拒絶の期限」を奏聞せよ、という内容で、御沙汰書は、天下に攘夷を布告すれば外夷が必ず京都に攻めてくるとの立場から親兵の必要性を説いた。[22] 将軍家茂は、十二月五日江戸城で三条に奉答書を渡し、攘夷の策略は諸侯と衆議を尽くして上京のうえ委細を奏聞するが、親兵設置は、将軍こそ征夷の任を負い、右近衛大将の「官」を有するのであるから拒絶すると答えたのである。[23]

三条はしかし攘夷決行、親兵設置のほかにも大きな課題を抱えてきていた。それは江戸幕府による天皇＝朝廷に対する待遇改善である。この課題は実現され、江戸の空間を抜本的に変質せしめる契機となった。三条勅使は、京都を発つ前にも待遇関係の要求を幕府に突きつけ、大きな論争を呼んだが、慶永は、慶喜、老中の反対を押し切って全面的に容認した。三条が江戸の伝奏屋敷に到着した時の待遇ぶりはその結果でもあった。「幕府の高官も三家、三卿、大小名も皆天威に畏縮し、勅使の門前に馬を繋ぎ、市を為せり［中略］王政復古も近きにあるべし、愉快々々」と随行者が日記に書いたが、(24)肝心なのは勅使が入城した十一月二十七日のことであろう。三条はその朝老中に護送され、輿《こし》に乗ったまま書院門を潜って城の玄関の式台まで乗りつけた。輿を降りた後の展開は以下のとおりである。(25)将軍は玄関の式台まで出て、慶喜を左、慶永、老中をその右に従え、三条を歓迎し、自ら大広間まで案内する。将軍は下段から中段へと進み、中段に留まって着座するが、しかし三条は勅書、御沙汰書を持参して上段に上がって奥の方で座を占める。将軍は勅使の合図を待って上段にあがり、勅書をもらい、音読して御礼の言葉を述べた後、中段に下がる。将軍はまもなく勅使を玄関まで案内して、見送る。

勅使護衛を命じられた山内豊信《とよしげ》は、「君臣之義」が「明白」になったこの儀礼を「恐悦之至《いたりと》奉《ぞんじ》存《たて》候《まつり》」と述べたが、(26)ここに十四代将軍家茂の「朝臣化」の始まりを見てとる必要がある。実は家茂は十二月五日に三条に渡した奉答書二通ともに、自らのことを「臣家茂」と記し花押を据えてあったのである。(27)これらの儀礼は江戸城がもはや将軍の特権的な空間でなくなり、将軍がもはや秩序の原理でないことを雄弁に物語ってくれる。次節では、「御威光」問題を念頭におきながら、二百三十年ぶりの上洛、御所の謁見儀礼を検討する。

2 将軍家茂上洛の歴史的意義

三月七日のイベント

徳川将軍の御威光は、江戸城中の儀礼が生産するものだが、渡辺浩氏が言うように、行列も御威光の重要な契機であった[28]。ここでは、まず家茂の三月七日の二条城から御所までの行列を考察してから、御所の中まで将軍の後を追ってこの日の歴史的意義を考察する。それは、結論を先に言ってみれば、将軍の「御威光」を挫《くじ》き、将軍を「朝臣化」する結果を生んだが、ここで言う家茂の朝臣化とは、言うまでもなく、家茂が将軍の宣下と同時に、内大臣の宣下も受けたことによって正統化されるものである。

寛永十一年（一六三四）以来二百三十年ぶりに京都の町を通った将軍家茂の行列は、大勢の京都人民が目撃したらしい。実に「中には跡人に押倒され気絶致候者も、両三人見受け申候。その外怪我人も大分見受け申候」ありさまだった[29]。これらの人民と将軍との関係がまず注目される。江戸時代は御威光を放つ具体的な装置として道の掃除や蒔砂《まきすな》、家の前の盛り砂、飾り手桶などの「馳走」があったが[30]、三月五日京都町奉行が出した触れをみれば将軍行列の馳走がほとんど省かれたことがわかる。将軍の行列が通ったら、下座をすればいいが、往来留もないから普通に行き来をしてもいい、窓に蓋をする必要はない、とあって、将軍が結局京都人民との「権力者的」関係を自ら否定したことになる[31]。将軍は同時に朝廷との間で被権力者的関係を強いられていることに注目すべきである。そのことは朝廷が作成し、広く流布させた『大樹公参内次第書』なる史料からわかる[32]。

『次第書』には、寛永十一年三代将軍家光上洛当時の朝幕の権力関係を覆すという明白な狙いがあった。例えば、寛永年間は、参内当日、武家伝奏などの勅使が二条城に入り、将軍に奉仕をしたが、今回はそれを省く、というのが『次第書』の第一項目。第二、第三は将軍が衣冠に着替える施薬院から御所までの将軍行列に「行粧官品格質素」を強制し、威光顕示の機会を奪うものであった。行列そのものには不明な点が多いが、土佐藩主のように在京しながら供奉《ぐぶ》しない者もいれば、長州藩主のように将軍上洛の直前に京都を去った者もいた。全国二百六十余の大名のうち、その日供奉したのは十八人だけで、松平慶永を除いて有力な者は一人もいなかった。『次第書』の第四、第五項目は将軍の下輿する場所と御所の門を入ってからの接待を制定した。家光の場合は、明正天皇に引見された長橋局に最寄りの四足門の門台（門の真下）で輿を降り、昵近《じっきん》の公家に迎えられ、門を入ると大臣や殿上人が「庭上に群居して拝し奉る」光景だったが[33]、家茂は唐門の門台でなく透垣《すいがき》の手前で輿を降り、そこには公卿、殿上人、昵近どころか地下官人の姿すらなかった[34]。車寄まで歩いた将軍は、先着大名だけが迎え、御所に上がると、地下官人が武家伝奏の待ち構える糸桜杉戸まで案内した。このような将軍の歓迎ぶりは『次第書』の第六、第七項目の規定によった[35]。

謁見儀礼そのものはどうか。儀礼は、三つの「幕」からなり、小御所における献上の儀と天盃式が第一幕で、第二は同じ空間における将軍の朝廷有力者との対面式、第三は御学問所での対面式、という構成であった[36]。御所における将軍の朝臣化が謁見儀礼の狙いだが、それは大臣が毎月朔日天皇に拝謁する式を――多少のいじめも含めてだが――将軍に強制することによって実現しようとしたのである。

さて、第一幕は、孝明天皇が小御所上段の座、将軍が中段に着いてから、献上の儀が行われ、将軍が献上する太刀は正月上使が献上する木製のものでなく真の太刀で、普段の「馬代《ばだい》」――つまり紙に包んだ代銀――にかわって本当の馬を献上した。馬は幕府の高家が小御所の東庭に連れてきて天皇と将軍が一緒に観察する。式三献《しきさんこん》の天盃式が引き続き行われた[37]。天皇を含む朝廷の有力者との対面の第二幕は、将軍の「朝臣化」の決定的なモメントだった。有力者は天皇、関白、三大臣、両役のほかに、前年設置の国事御用掛、寄人職などの若い過激な尊攘公家がいた。上段の天皇の左手に関白、大臣が官位の順で中段に列座し、右手の中段に四十人もの尊攘公家が、二列を作って、ずらっと座っていた(38)。将軍は、武家伝奏の案内で小御所に入り、内大臣(徳大寺公純《きんいと》)の隣の座に座らされた。将軍が尊攘公家の視線にどれだけ晒《さら》されたかわかりかねるが、しばらくしてから彼らが見守るなかをまた退座したのである。

この幕の決定的なのは、「座次」であろう。座次は、権力、身分を空間的に表現する普遍的な技法で、将軍でも内大臣でもある家茂の座をどこにすればいいかが朝廷内で論争となった。文久三年一月当時関白を務めていた近衛忠熙は三大臣にこう語った。家光が明正天皇に拝謁した時、「当職之上に被列《れつせられ》候」つまり関白の上だったが、今回は、名分を改正する必要から、そうはいかないだろう(39)。「関白之次座左右大臣之上哉、又官次に任せ左右大臣之次座にても可有之《これあるべき》哉」が問題になる。近衛は「左右大臣之次座」がいいとの立場をとったが、問題はそればかりでない。武家の内大臣たる将軍家茂のほかに、朝廷の内大臣職(徳大寺)もあった。近世官位制の一矛盾がここに表れたが、将軍を徳大寺の上にするか下にするかもまた問題となった。近衛の問いに対する大臣たちの返答は不明だが、結論は、将軍が三大臣でもっとも身分の低い内大臣の、さらに下の座へ着座させられることとなった。東坊城はその日の日記に「大樹と[徳大寺]公純公同官と言えども、公純公上首、

大樹下臈［中略］今般之有様誠に喜歓之至也」と、その喜びを記したのである。(40)

謁見儀礼の第三幕にも、上述の朝臣化過程の延長を見てとれる。毎月朔日、十五日の三大臣の対面の場でもある御学問所は、座次がやはり小御所同様で、内大臣徳大寺の次座へと家茂が案内され、陪膳役も天皇、関白、三大臣それから将軍家茂、という順で煙草、薄茶、蒸菓子を給仕したのである。(41)

最後にこの日の諸大夫間控えの供奉大名に簡単に触れたい。将軍が彼らと切り離されたのも朝臣化過程の一部だろうが、彼らも朝臣化を免れなかった。三位以上の一橋慶喜と水戸中納言徳川慶篤は、諸大夫の間の虎の間、従四位下の老中、従五位下の若年寄はともに鶴の間控えで、それはそれでいいが、問題は高家の扱いである。朝廷の儀礼などが責務の高家は、四位という伝統があったために、この日若年寄や老中よりも高い座に着かされることになった。下橋敬長が回想したように「高家がどんと上に行く、高家から御老中、若年寄という順で、旦那さんが家来のようになった」というありさまだった。(42)朝廷は、幕府からの痛烈な反対に備えて、上に見た『次第書』にわざわざ「不論老中若年寄高家等守位次着座」と規定したのであった。(43)

二条城からの行列に始まり、御学問所での対面式に終わったこの日の出来事は、御威光を挫かれた将軍の朝臣としての「通過儀礼」とも理解できるように思う。将軍は宣下により内大臣だが、実際上朝臣という意識があったはずもない。将軍がここではじめて朝臣を「演出」したのである。将軍は将軍だが、それ以前に朝臣である、朝臣であるから天皇を原理とする朝廷の秩序に位置し、天皇、朝廷の統制下に入る。以下に検討する孝明天皇の行幸は、この新しい権力関係のダイナミックな演出にほかならなかった。

賀茂社行幸

冒頭で紹介したシルスの「センター論」をさらに展開したギアーツは、ヨーロッパ、アフリカ、アジアにおける王の行幸の政治的・権力的意義を論じ、行幸こそ王が天下を象徴的に掌握する、社会全体のセンターを形成し、カリスマを生産する契機だと力説する。[44] 孝明天皇の文久三年の行幸もまさにそのような意味を持ったと思われる。賀茂社行幸の発想は、攘夷の実行と密接に関連していた。文久三年二月に在京中の慶永や慶喜は朝廷に攘夷決行を四月中旬にすると奉答すると、[45] 長州の尊攘志士がそれを受けて行幸を討議しはじめ、二月二十日長州藩主が行幸を正式に建議した。行幸は「御親征」の「御基本」となり、「草莽の者ども鳳輦翠華の余光仰がば、如何ばかりか感激奮興せん。攘夷の大業も又此に於てか立たん」[46]。英国の軍艦が大坂湾に今にも攻めてくるという一層高まった危機意識がこの背景を成したが、将軍が入京する前に賀茂行幸が決定済みとなった。

図１　天皇の賀茂社行幸。中島有章画『加茂行幸図屏風』（霊山歴史館蔵）。

三月十一日の午前十時頃、下賀茂・上賀茂両社に向け清和院門を雨の中出立した孝明天皇の行列構成は面白い。先陣は毛利、伊達のような外様、譜代、有力な藩主が十一名、後陣は徳川家茂、水戸藩主徳川慶篤、後見職一橋慶喜や老中、若年寄で、目付などいずれも「飾馬に跨《またが》」っていた[47]。行列の核心は孝明天皇の鳳輦や三大臣の輿で構成され、あとは両役、それに国事御用掛、国事参政が並んでいた。「各官位相当の衣冠を着し、束帯せられ」たありさまで朝廷の秩序が支配的だった[48]。行列の前後には銃隊数百人が護衛にあたっていた。

当時四十万とも言われた人たちが天皇のページェントを目撃した。その他、実物でなく錦絵を通して行幸を体験した人たちの数も相当あっただろう[49]。御所に押し込められていた天皇が世に出ることを尊王主義者がどう受けとめたかをみると、天皇の「御威光」に圧倒されたことがわかる。清和院門近辺で行列を見ていた土佐藩の吉村寅太郎は「鳳輦間近く相成候より、自然と涙に沈み、只管《ひたすら》平伏し、詳に存不申［中略］玉簾に天顔を拝し候」などと書き、「鳳輦之後将軍馬上にて供奉仕、君臣之分能く相分り、幕吏下民に至る迄天朝の難有御事《ありがたきおんこと》相弁《あいわきまえ》［中略］雨降り出でたるに傘を翳《かざ》すべくもあらず、将軍も衣冠装束のまま濡れしぼたれて、みる影もなく、ために関東公方の威光は頓《とみ》に地に墜ちし心地せり(50)」と。『顕微録』の著者は「誠に御輿之参る時は自然と地に伏、諸人も拍子を打拝し其音はむらしき《［ママ］》御事。私も難有涙と申歎、唯々落涙不絶胸一杯の成カ様之事《［ママ］》は前代未聞の訳に而［中略］神州之難有を含心《［ママ］》落涙絶言語候(51)」と。行列が下賀茂社に到着するのを見た『尊攘並街談混雑録』の著者は「一番に傘を被廃《はいせられ》其儘平伏被遊《あそばされ》候」と、将軍が雨の中平伏する姿が印象的だった。行列が下賀茂から上賀茂へ行く途中、賀茂川岸で長州藩の高杉晋作とその弟子が見ていた。晋作も名分が正された事実に大いに感動したが、将軍が通ると、大声を出して「征夷大将軍」と怒鳴り、弟子に「将軍が君臣の分を正し、主上に奉供して、攘夷をすると言うから、一つ誉めてやったのだ(52)」と説明した。しかし、いまだ攘夷を実行しないから「様の字を抜きにして呼び流しにした」と。尊攘激派の指導的存在だった晋作が将軍の新秩序における存在を肯定するという意味でそれは重視すべき発言だと思われる。

紙幅の制約があって、将軍が参列しなかった石清水《いわしみず》行幸の考察は別稿に譲るしかないが、センターを形成し、天皇を秩序の原理とし、その御威光を顕示するという意味では賀茂行幸の規模を一層大きくしたものであったことは言うまでもない。

国家意志形成の問題

シルスの「センター論」は、シンボルの次元だけを重視するのでなく、国家意志の形成権もセンターを定義づけるうえで肝心だとする。国家意志の形成問題は将軍上洛時に「大政委任」という形をとって現れたが、ここでそれに言及したい。大原勅使が文久二年に突きつけた「三事策」の第一は、将軍上洛のうえ「国政の討議」と規定したが、ここに国家意志を形成する場として朝廷を位置づける狙いがあった。それと前後して孝明天皇が国政に関し勅命、勅語、御沙汰書などを頻繁に出し、さらに朝廷が国事御用掛、国事参政、国事寄人を設置したのも、京都の空間を大きく変えたのである。「政令の出るところ朝廷幕府の二途に分岐せる」状態が生まれたのも当然で、それが文久二年末松平慶永などをして朝廷に大政を返上するか、委任されるか、と言わしめたほどだった[53]。将軍上洛は国家意志形成問題に決着をつける機会となったのである。

委任問題は慶喜が文久三年三月五日、孝明天皇に小御所で拝謁した時に頭をもたげ、慶喜は、孝明天皇に「この際改めて尚又御委任の御沙汰を下されなば、天下に令して外夷を

図2　将軍家茂の宮中参内。五雲亭貞秀「右大将頼朝公参内の図」（家茂を仮託。立命館大学アート・リサーチセンター蔵［arc UP2907］）。

掃攘仕る事を得ん」と言ったところ、天皇は「庶政は従来の如く関東へ委任する存慮なり。攘夷の挙は尚出精すべし」と答えた(54)。三月七日将軍が参内した時、委任問題が再び出た。家茂が御所を発つ直前に、鷹司関白に出した正式な請書は、国政を「総而是迄之通御委任之沙汰」を蒙《こうむ》り有り難い、「関東政治不行届事」あれば、御教諭をいただきたい、という内容で、天皇になんらかの形で政治的な発言力を許す意味で興味深いが、その時関白から「征夷将軍儀、是迄通御委任」だが、「国事之儀に付而《つきて》は、事柄に寄り直に諸藩へ御沙汰」という返答が下った(55)。天皇が大名を統制する幕府の権利をなかば否定するのも特徴で、天皇が文久二年から頻繁に勅命を出したのも上述のとおりである。

ここで注目したいのは幕府に委任された「中身」でなく、むしろ天皇が委任する主体として台頭してくる事実である。これこそ画期的であろう。公家諸法度の発布とともに事実上の委任体制が実現したという橋本政宣氏の見方もあるし、また幕末の政治言説に委任論が出回っていたことも否めない(56)。安政五年末、間部《まなべ》詮勝《あきかつ》が九条関白に条約調印を権威づけるのはほかでもない「政務委任」だと言ったのがその一事例だが(57)、天皇が勅書で将軍宛に「委任する」と言ったのは、これが初めてである。委任する主体としての孝明天皇に着目すると、その意味は、はっきりしてくる。つまり、大政は天皇のもの、決定権も天皇のものだが、将軍に当面、しかも限定的に、委託する、と解釈すべきだろう。天皇が将軍に対し「委任」すると言った時に、権力者としての天皇、秩序の原理としての天皇の姿が見えてくる。原口清氏が、この文久の委任が「朝廷が国家最高意志を決定する中心機関であり、幕府は従的な地位にある」ことを証拠づける、と力説するとおりである(58)。言うまでもないことであるが、ここに現れた委任する天皇は、御所で将軍を謁見した天皇、賀茂神社に行幸した天皇となんら矛盾しない。このように、家茂上洛をきっかけにシンボルの上でも国家意志形成の場の面でも京都に新しいセンターが形成されつつあるが、その中に芽生える政治形態をここで「孝明政権」と呼ぶことにする。それは第一に、原口氏が言う最高意志を決定する中心機関たる朝廷のトップに孝明天皇が位置していた、第二に、重大の国事に関する国家意志の形成はこれから、とりわけ八月十八日以降、簾前の朝儀で行われた、そして第三に、天皇はそれを勅命、勅書、勅語、宸翰《しんかん》、御沙汰書といった形で世に出すからである(59)。

最後に、この二百三十年ぶりの上洛は、幕府にとってどう評価すべきかについて福地源一郎の言葉を借りてみる。それは「幕府衰亡の上洛」「降伏の上洛」「示弱の上洛」で、「往時は上洛を以て幕府の名実を益々鞏固《きょうこ》ならしめ、今日は上洛を以てその名実を併せ失うにいたれるも、また宜《むべ》なるかな」と結論づけるのであった(60)。

3　「孝明政権」の成立と展開

朝廷をその「不可欠の構成要素」とする近世国家の伝統的形態は[61]、将軍上洛、御所謁見、孝明天皇による二度の行幸、それに限定的な委任をもって終止符が打たれた。文久三年に芽生えた、天皇、御所、朝廷をセンターとした新しい政治形態なる「孝明政権」は、逆に幕府をその「不可欠の構成要素」としたところに一つの特徴がある。そして政権そのものは、さまざまな重い打撃を受けながらも、一応慶応二年（一八六六）の孝明天皇の死没まで続くと考えられる。この節で将軍の元治元年（一八六四）の上洛、そして元治元年から慶応元年にかけての長州処分、将軍「進発」問題を起点に孝明政権の性格を探ることにする。

「孝明政権」と元治元年の上洛

八月十八日の政変直後に孝明天皇は島津久光の上京を依頼し、久光が十月に上京するや天皇はすぐさま久光の建議を受け、将軍の再度の上洛を勅命した[62]。天皇が期待したのは「公武和熟」や京都における「天下の大策」決定であった。その姿勢は、「朕は深く幕府を頼み、幕府は深く皇室を尊崇せば、万民自ら幕府を尊ぶべし」というところにあった[63]。将軍上洛が実現したのは、元治元年正月だったが、その時京都には久光のほか、慶喜、慶永、容堂、宗城《むねなり》などの諸侯がすでに滞在して、いわゆる参与会議が始動していた。ここで主張したいことは、将軍の文久上洛と元治上洛との構造上の連続性や類似性である。孝明天皇が後者の場合、前者と違い、将軍を優遇したことは事実である。天皇は参内する将軍にその板輿を貸し、車寄まで乗り付けさせたとか、「朕、汝を愛すること、如子《このごとく》」と驚くべき親しみを勅語で表したことも、その事例だろう。(64) しかし、元治の上洛も、京都は国家のセンターであること、天皇は秩序の原理であることを示すという意味で文久となんら変わらない。さらに、文久の国是と元治の違いを強調する研究も多いが、国家意志の形成を定義づける「委任」に焦点を当ててみれば、むしろその連続性、類似性が目立つと思われる。

孝明天皇は、元治元年四月二十日、暇乞いのため参内した将軍に「委任」に触れた勅書を下した。それは具体的に天皇が「先達《せんだつ》て幕府へ一切御委任被遊候事故、以来政令一途に出、人心疑惑を不生候様被遊度」とした上、「但、国家之大政大儀は可遂奏聞事」と締めくくった。勅書の別紙には四ヶ条が添付してあった。それは、①無謀な攘夷は望まないが、攘夷の第一歩として横浜鎖港を成功させる事、②海岸防御が急務である事、③(八月政変後、都落ちをした)三条実美や政変を起こした長州藩の処分は委任するが、「処置には仰出されたる旨を奉ずべ」き事、④物価騰貴の処置と人民救済、である。(65) この四ヶ条こそ国家が直面した最大の政治課題であった。さて、この委任の解釈だが、それは、天皇は「委任する」と言いながらも国家の意志を決定する権利を自分でにぎり、意志の執行は幕府に譲る、ということになろう。一切委任する長州問題にしても「被仰出候奉御旨」ことを要求した。天皇は、その意志をあくまでも幕府に尊重させたい、幕府が奏聞する事項で気に入らないものがあれば勅書、勅語、宸翰、御沙汰書をもって発言を辞さない、との立場である。この元治委任の意味は、大久保利謙氏が評価するとおり、「政権（大権）そのものは朝廷がこれを掌握し、幕府は下級の執行機関であるにすぎないことになる。これは徳川幕府成立以来の独裁体制の失墜にほかならない」(66)。この説得力のある評価は、文久委任との構造上の連続性、類似性を喚起するものである。

しかし孝明政権下の文久と元治の委任体制で違いがなかったわけではもちろんない。それはまず諸藩の位置づけであろう。文久の勅書は「直《じか》に諸藩に沙汰をする」とあった。元治は、藩に御沙汰しないと明言はしないが、それがおそらく天皇と幕府の共通理解であったと思われる。次に、諸藩の国家意志形成との関係も、文久と元治とで大きく動揺していた。文久三年八月の政変で長州が京都を追放され、影響力を失ったこと、そして同年冬から雄藩諸侯、それに慶永、慶喜がまた京都に集まり、天皇の下で「参与会議」を実施していた。将軍が上洛した元治元年一月頃は参与会議がまだ機能していたが、将軍が委任の勅書をもらった四月には会議はもう解体して、諸侯は帰藩、政治的な影響力を自ら放棄した(67)。さらに幕府そのものだが、その後、将軍がまもなく退京したが、京都に残ったのは、天皇が将軍後見職を罷免し、朝廷の役職たる禁裏守衛総督に任じた徳川慶喜、京都守護職の会津藩主松平容保《かたもり》、そして所司代の桑名藩主松平定敬《さだあき》だった。慶喜は容保、定敬をその支配下に置き、いわゆる一会桑の基盤を作っていった(68)。京都の一会桑と江戸の幕府との間の対立関係、分裂の可能性がここから生じる。孝明政権が不可欠な構成要素とした幕府は、もはや文久の幕府ではないことが明らかである。朝廷の顔ぶれも八月十八日政変以降大きく変わった。三条実美などの尊攘公家が追放され、同情する者も残ったが、皇族、とりわけ朝彦親王の権限強化が見られる。孝明天皇、朝彦親王、それに二条関白が一つの有力なグループを形成した。そして彼らは、将軍が帰府した後一会桑と信頼関係を深め、孝明政権の中枢を構成した(69)。にもかかわらず、孝明政権の文久版と元治版とでは注目すべき構造上の連続性がある。このような連続性を念頭におきながら、シンボル上の、元治元年の展開に目を向けよう。

将軍が四月二十日に孝明天皇に献上したいわゆる朝廷尊崇十八ヶ条なるもの(70)は朝廷と禁裏守衛総督の慶喜との合作だが、シンボルの次元を探る手がかりとなる。なかでも文久三年に始まった傾向を制度化する箇条が注目される。将軍上洛、天皇行幸の制度化がそれで、将軍は徳川家当主代替わりや将軍宣下の時上洛し、天皇は一年に春秋二度諸社へ行幸すべきと規定する（第五、第十一条）。慶喜は雄藩諸侯を国家意志形成過程から排除する姿勢をとったが、天皇と大名との関係を制度化した項目も興味深い。天皇はもはやじかに諸藩に沙汰しないが、三家、諸大名が家督官位の際、また諸大名が山城国を往来する節、必ず上洛し、天皇に拝謁する、諸大名は国産の品を年々も献上すべきだとする（第六、第十二条）。孝明天皇の誕生日（六月十四日）、孝明天皇の父の仁孝天皇、祖父の光格天皇の忌日（二月六日、十一月十九日）などを「仕置致《いたすま》間敷事《じき》」と規定して事実上の祝日にしたこと（第三、第四条）、さらに親王、大臣の薨日に全国的な鳴物停止令を敷くなどしたことも孝明政権存在の意識を広く普及させるうえでは注目すべきだろう（第九、第十三条）。

全国に布達されたこの十八ヶ条には神武天皇関係の項目が不思議にも入っていない。だが、神武天皇の恒例祭典が制定されたのもちょうどこの時期であった。神武陵の築造事業は、文久三年二月に勅使派遣をもって開始され、尊攘激派が天皇による神武陵親拝の企画を練ったのも同年三月だった。それは八月十八日の政変で実現しなかったが、神武陵築造は着々と進められ、同年十二月八日に勅使執行の修陵完工祭をもって完成された(71)。一貫して熱心にこの事業を応援した孝明天皇は、「当御宇に至り天祖以来連綿たる皇統顕然、尊奉之道相立」つところにその意義がある、と述べた(72)。神武天皇恒例祭典は元治元年は五月十一日だが、翌年から毎年三月十一日――『日本書紀』による神武天皇の薨日――と決定された。天皇はその日紫宸殿に出て神武の皇霊を遥拝し、勅使に陵前で祭祀を執行させる仕組みとなった[73]。長州が京都を追放されると彼らが抱いていた神武的な天皇像は破綻したが、それが元治元年の神武祭典執行により、限定的ではあれ、復活したことは注目に値する[74]。ともあれ、上に見た朝廷尊崇十八ヶ条なるものや神武陵の完成、神武祭典の制定・執行は、いずれも朝廷を国家のセンターとし、御威光の増大した天皇を秩序の原理として確定する働きをしたところにその歴史的意義が見出せる。

「孝明政権」の性格と禁門の変後の政治事情

さて、ここでは孝明政権の性格を元治の禁門の変から慶応元年五月頃までの政治との関係で検討する。まず注目したいことは孝明政権が儀礼をもって政治にかかわったことである。その儀礼とは謁見儀礼と祭祀とに大別できるが、前者についてみるに、軍事関係のものが多い。孝明天皇は、例えば禁門の変で尊攘派を掃討した軍労を賞するため一会桑の慶喜、容保、定敬などを小御所で謁見し、天盃を賜った[75]。天皇はさらに十月征長総督徳川慶勝を征討発向のため謁見し、御剣、寮馬そして御沙汰書を賜い、翌年二月慶勝が広島から凱旋して入京するとまた引見し、征討の細かい報告までさせた[76]。天皇はさらに幕府の関係者をも引見する。禁門の変直後の八月に天気伺いや国家大事の奏聞のため九月に入京した阿部正外《まさと》老中の謁見が一事例で、閏《うるう》五月に一年ぶりに上洛した将軍をも謁見した[77]。天皇はその他、禁門の変後、将軍入京まで諸侯をも謁見するのであった。これらの儀礼はいずれも天皇を天下の秩序の原理と確認する意味で重要である。

この頃の天皇祭祀は、孝明政権の政治対策の重要な一環であった。禁門の変直後から翌年にかけて多くの祭祀が復興され、元治元年十一月の北野臨時祭、慶応元年二月の春日祭、同四月の吉田祭、六月の祇園臨時祭、九月の神嘗祭、そして十一月の大原野祭などがそれである[78]。その多くは応仁の乱以来廃絶していたが、孝明天皇個人の意志によってこの時復活された。儀礼と政治との関係は宣命文からわかる。北野臨時祭の宣命文は例えば近年夷狄が渡来して、互市を求め、皇国を汚穢した、そして去秋七月九重近く干戈を動かし、今長門国の凶徒らを征《う》たんとするに及べり、とあって、「畏き天神、此の状を平けく安けく聞食《きこしめ》して［中略］皆悉く攘い神州は汚るること無く、戎夷は遠く退き、剣刃は鞘して凶徒は降り伏し、今より以後は来なむ禍を未だ萌《きざ》さざるに銷し滅し、益《ますます》神威を輝したまえ云々」とある[79]。これらの祭祀は天皇が勅使を派遣し、自ら紫宸殿などに出て、遥拝をするという形式をとった。このように孝明政権の政治対策に儀礼が大きな部分を占めるが、この現象に逸早く着目した藤井貞文氏は、明治の祭政一致の萌芽が見てとれると指摘する[80]。

次に、孝明政権下の国家意志がとりわけ禁門の変以後どのように形成されたかを考察するが、まず文久の上洛以来展開されつつあった孝明政権の基本的構造を思い起こす必要がある。政権の特徴は、①孝明天皇をトップに据え、幕府をその不可欠な構成要素としたこと、②幕府は元治以来京都の一会桑――天皇と信頼関係にある――と江戸の老中、将軍とに分裂していたこと、③天皇は、幕府に大政を委任するかわり、将軍が「国家之大政大儀」を奏聞するが、肝心な長州問題にしても将軍が「仰出されたる旨を奉ずべ」きこと、④天皇は八月十八日以来ほぼ一貫して簾前の朝議で国事を奏聞され、それらについて勅書、勅語、御沙汰書は下すが、諸藩にじかに沙汰をしない。

さて、禁門の変で大きなショックを受けた孝明天皇は長州を朝敵とし、追討の勅命を出すことを七月二十三日の朝議で決定し、朝議に出席した慶喜が勅命を諸藩に伝え、所司代が江戸幕府に伝えた。この八月以降の天皇の動きは不明なところも多いが、将軍上洛問題、長州征討やその戦後処理など、いずれも朝彦親王、二条関白などの公家が、多くの場合は一会桑のメンバーなどを交えて、小御所、御学問所の簾前の朝議で討議した。「例の御評日」と公家の日記などにあるから、朝議が定期的に行われていたらしい(81)。これらの朝議が生産した数多い「勅」は、江戸幕府の志向と対立的なものが目立ち、なかでも将軍上洛関係のものが注目される。禁門の変の直後に京都守護職の容保が将軍上洛を建議した理由は、一つには追討に必要な公武融和のためだったが、同時に一会桑の権限強化を狙うものであった。一会桑の本来の責任は、京都の守衛以上のものはなく、将軍を取り込んではじめて国家的な次元における自らの権限を確定できるという考えであった。幕府は一貫して上洛に抵抗したため、天皇は八月下旬になって勅命を出し、その後も一会桑が上洛を繰り返し督促したが、功を奏さず、天皇は正月にまたも勅命を出した(82)。この段階では第一次征長が終わっていたが、一会桑は依然として将軍の存在を必要としたのも当然だろう。

江戸幕府が将軍の三度目の上洛に頑《かたく》なに抵抗したのは、センターとしての江戸を回復し、将軍の御威光を立て直し、自らが国家の意志を形成する権限をとり戻し確保する、というきわめて非現実的な計画を抱いていたからである。幕府が九月に参勤交代の復旧、嫡子・妻子の江戸居住を命じたのも、その計画の一環であった(83)。そしてその実現に向け、慶応元年二月に阿部、本荘二老中が八千とも言われた大軍を率いて上京した。一会桑のメンバーを江戸に召還しようというのであった。

この上京事件は老中の屈辱に終わったが、決定的なのは二老中が二月二十二日に参内して、簾前の小御所会議で二条関白に詰問された場面であった。この詰問は要するに京都の孝明政権こそ国家の意志を最終的に形成し、江戸幕府はそれを執行する機関にすぎない、という事実の演出であった(84)。関白は天皇の「厚き朝命」を無視して上洛を実現しないのは、

「不都合の次第」と言い、長州問題について「今度吃度《きつと》被安叡慮候様処置方、巨細可被中上」と主張した。次は幕府の参勤交代の復旧に触れ、「国家の大儀は、伺朝意候《ちようをうかがい》筈《はず》」なのに、「右次第柄情実、具《つぶさ》に可被申上候」と付け加えた。関白は簾前の詰問をこう締めくくった。「前条之外、総て朝廷の御趣意徹底於不致は、次第不相立〔中略〕被悩叡慮候儀に付、実地の基本、関東の見込、可有言上候[85]」。同日阿部には江戸に戻って将軍上洛を実現させよ、本荘には兵を率いて下坂せよ、と勅命を出した。本荘は、さらに三月十四日に大坂から京都へ呼び戻され、参内して、三ヶ条の勅書をもらい、東下させられた。その時の勅書は、①長州藩主父子の出府（後述）も、②参勤交代の復旧も止めるべし、そして、③将軍上洛のうえ国是の熟評を天皇に聞かせよ、という内容であった[86]。孝明政権が、幕府の独断的行動こそ「委任」に抵触するという姿勢をとったことは明らかだろう。勅書の結果、将軍の三度目の上洛は実現し（将軍は閏五月二十二日入京、即日参内）、参勤交代の復旧も取り止めとなった。幕府の独断的長州処分も中止されたが、長州問題そのものは未解決のままであった。孝明政権のとった長州対策はさらに検討する必要がある。征長総督の徳川慶勝は長州藩主父子の服罪、五卿の他所移送をもって元治元年十二月に解兵をした。幕府はそれを受けて藩主父子、五卿の江戸護送を決め、以後の処分は幕府が江戸で決定すると発令したのは、江戸をセンターとして立て直す作戦の重要な一環であった[87]。だが、上に見た三月十四日の勅書は作戦の挫折を意味したのである。この勅書は、君命を受けて当時入京中の大久保利通の影響が大いにあったことが注目される(88)。大久保は、朝彦親王、二条関白、近衛父子に会い、参勤交代の復旧中止、寛大な長州処分、将軍の上洛を主張したほか、天皇が将軍上洛のうえ、諸侯を召集するように促した。ここに大久保の、孝明政権によるこれまでの国家意志の形成過程を根本的に覆す狙いが見てとれるが、一会桑の介入で諸侯召集だけは棚上げにされた。同時に、センター立て直しを断念した江戸の老中も、朝廷や一会桑に対し、今度の将軍上洛をもって巻き返しを図った。老中が選んだ手段は、長州「再征」という「非常事態の創出」であったと、久住真也氏が力説するところである(89)。朝廷が勅命した戦後処理評議のための進発＝上洛を、老中は「不容易企《よういならざるくわだて》有之趣」「更に悔悟の体も無之」ゆえの「毛利大膳父子始征伐」にすりかえ、京都の朝廷、一会桑に対する自らの権限強化を図ったのである(90)。朝廷も一会桑も「征伐」は三月十四日の勅命の無視だと自覚しながら黙認することにした。ここには、禁門の変以来孝明政権が目指してきた将軍・老中を抱えた公武融和、国家統一の機会をまたも逃すことへの恐れが見てとれる。黙認は、朝廷にしても一会桑にしても、長州征討に同意していたことを決して意味しない(91)。

さて、将軍は閏五月二十二日に一年ぶりに入京して、即日老中を従えて参内した。天皇は将軍を小御所、常御所、そして小座敷で――つまり天皇のプライベートの空間で――謁見し、「去年来之儀色々と御噺」したらしい。(92) 将軍は、そこで長州の「不容易企」を特定し、自らの進発について長州藩内の激徒再発、藩主による家臣の外国派遣、大砲・小銃の密商に進発の大義名分を訴えた。いずれも孝明政権が放置するわけにはいかない新しい事態であった。留意したいのは、この新事態に対する朝廷、一会桑の姿勢と解決策の形成過程である。天皇の将軍参内時に下した勅語がヒントになる。(93) その勅語によれば「天下を太平に至らしむるの策、急度《きっと》可致執行之事」、「防長之処置、遂《おって》衆議言上之事」、さらに、将軍に対し滞坂し「公武一途之政可取計《とりはからうべき》」こと、征長先手総督の徳川玄同以下「一会桑等へも総て談候様之事」と主張した。ここには、将軍などが征討を唱えていたが、天皇はそれに消極的で、平和的な戦後処理を奏聞せよと言っていること、さらに、天皇、一会桑、老中、将軍の強固な連帯作りを希望していること、最後に、一会桑の国家意志形成におけるこれまでの位置づけの保証を狙った志向などがわかる。

舞台裏では将軍進発に合わせて再び入京した大久保利通が活躍していた。大久保は二月同様に朝彦親王、二条関白のほか、近衛、正親町三条などに働きかけ、長州の処置は将軍が滞京して評議を遂げ、公論で決定する、というかねてからの企画を持ち出したが、一会桑はそれを結果的に排除した。幕府に勅命を無視されても公に詰問しない朝廷に幻滅した大久保は、「幕威甚《はなはだしく》敷候故此節之所も迚《とても》無致方次第」と諦め、しばらくして退京したのである。[94] しかし、重要なのは、勅語あるいはその後の展開は江戸幕府が押しつけたものではなく、むしろ天皇、朝廷、一会桑との合作であったことだ。久住氏が論ずるように、将軍に滞坂させ、長州までの進発を是非断念させること、それに外国との密通、密商を糾問し、長州の「正義」と「激徒」とを分離したうえ、激徒を処置すること、降伏条件は最高指揮者の裁量に委託するが、最終的には「天下人心公平無異論」解決、つまり半国召し上げとすることであった。[95] これらは大久保利通の言う「幕威」の結果ではない。朝廷と一会桑はむしろこれで大久保などの手入れを却下し、幕府の過激な征討論を抑制し、これまでの国家意志の形成過程の枠を基本的に保持することに成功したのである。

将軍、老中、総督の徳川玄同が謁見直後京都を出立し、大坂城で陣を取り、慶喜と容保も大坂城に入って、「幕議」に参加し、長州処分案を推敲した。慶喜自身が回想したところによれば、老中は「今更兵を大坂以西に進めんよりは、徐《おもむろ》に服罪使の至るを待つに如《し》かず」と考え、なかなか真剣に評議に取りかからなかったらしい。[96] しかし征討のための将軍進発から二ヶ月経った六月十七日となって、長州の服罪の兆しがなかったため、慶喜、容保、阿部正外老中が処分案を作成して再び入京、参内して閏五月の勅語どおりにそれを天皇に奏聞した。奏聞案は次の二点からなった。①徳山藩主毛利元蕃《もとみつ》や岩国藩主吉川経幹（徳山も岩国も長州支藩で、両藩主はくみしやすいと見られていた）を大坂に喚んで糾問する、服罪するなら寛大に処分するが、そうでない場合は厳罰を加えること、②長州の出方により「不仕言上《ごんじょうつかまつらず》取計に可及も難計《はかりがたき》」事情があるから、あらためて勅許をえずして行動をとりたいこと[97]。天皇はどちらも「御承知之旨御返答」した。そして孝明政権は、二十三日に今度は幕令をもって毛利、吉川の上坂を命じ、ほとんどの藩――外様、譜代、親藩を問わず――が傍観するなか、両者の上坂を待つことになったのである。

慶応元年九月の長州征討勅許、十月の条約勅許、翌二年六月の追討御沙汰書、八月の休戦御沙汰書や公家の列参などと相次いだ危機をめぐる孝明政権の動揺の考察は別稿に譲ることにする。本論のより限定的な目的は、文久三年の将軍上洛を基軸に江戸をセンターとした近世国家形態の崩壊や京都をセンターとする新しい国家形態、孝明政権の創出の分析にあった。前者に関しては文久二年の勅使下向、後者に関しては元治の上洛、慶応の進発＝上洛にかかわった政治、シンボル両次元を考察してきた。

文久三年の上洛を契機に創出された孝明政権は、確かに多くの矛盾を孕んでいたし、幕府をその不可欠な構成要素とし、諸侯を究極的に排除したところに示されるように不安定なもので、あくまでも過渡期的な性格のものであった。しかし、維新を展望した場合、孝明政権の次のような性格をこの時期の産物として重視すべきだろう。①天皇が、御威光を有する存在、秩序の原理として台頭してきたこと、②それはシンボルの次元においてとりわけ新しい謁見儀礼、（二回のみの）行幸、数多くの祭祀などによって実現されたこと、③国家意志の形成という政治的な次元については、天皇は委任する主体として、結論的には国家の大政大議をすべて奏聞され、そして天皇が出す勅命こそ、国家意志を実現可能にすること、この三つの特徴はいずれも文久三年の将軍上洛をきっかけに決定的となったのである。

注

（1）ちなみに宮地正人氏は、「過渡期国家論」において島津久光の上京を「幕政史上、前代未聞の画期的大事件」と評価し、「過渡期国家」の出発点として位置づけている。「過渡期国家論」（『天皇制の政治史的研究』、校倉書房、一九八一年）、七二頁。なお、久住真也氏は、十四代将軍家茂の上洛を『幕末の将軍』（講談社選書メチエ、二〇〇九年）で扱っている。将軍上洛の政治的背景については、青山忠正「公武一和システムと国事審議――文久三年の将軍上洛をめぐって」（『明治維新の言語と史料』、清文堂出版、二〇〇六年）参照。

（2）Edward Shils, "Centre and periphery", in Paul Ignotus, *The Logic of Personal Knowledge: Essays Presented to Michael Polanyi*, Routledge and Paul, 1961 参照。

（3）Edward Shils, "Charisma, order, and status", *American Sociological Review*, April, 1965, pp. 200–201.

（4）渡辺浩「「御威光」と象徴——徳川政治体制の一側面」（『東アジアの王権と思想』、東京大学出版会、一九九七年）、二八頁。

（5）宮内省先帝事蹟取調掛編『孝明天皇紀』三（平安神宮、一九六七年）、八四一—八四二頁。

（6）同前、八八三—八八四頁。大久保利通がすでに一月段階で勅使派遣を提起していた（佐々木克『大久保利通と明治維新』、吉川弘文館、一九九八年、三一頁）。

（7）『再夢紀事』（日本史籍協会、一九二二年）、四一頁。

（8）島津公爵家編『島津久光公実記』二（一九一〇年）、三五—三七頁。

（9）ここで触れない軍事改革については、三谷博『明治維新とナショナリズム——幕末の外交と政治変動』（山川出版社、一九九七年）、二二一—二三二頁。

（10）『新訂増補国史大系 五一 続徳川実紀 四』（吉川弘文館、一九三六年、以下『徳川実紀』）、三六九—三七八頁。

（11）同前、三七〇頁。

（12）維新史料編纂会編『維新史』三（吉川弘文館、一九八三年）、二〇二—二〇三頁、『徳川実紀』四、三七〇頁。

（13）ラザフォード・オールコック『大君の都』二（岩波書店、一九八九年）、三七二頁。

（14）石井良助・服藤弘司編『幕末触書集成』一（岩波書店、一九九二年）、三六三頁。

（15）同前、三六三頁。

(16)『徳川実紀』四、三七七頁。
(17)福地源一郎『幕府衰亡論』(平凡社東洋文庫、一九六七年)、一三九頁。
(18)宮内庁編『明治天皇紀』一(吉川弘文館、一九六八年)、三〇四頁。
(19)これらの儀礼については、『孝明天皇紀』四(平安神宮、一九六八年)、一二〇―一二一頁、『島津久光公実記』二、四六―四七頁。
(20)『維新史料綱要』六(東京大学出版会、一九六五年)。
(21)『孝明天皇紀』四、一九八―一九九頁。
(22)『維新史』三、二八二―二八三頁。
(23)『続再夢紀事』(日本史籍協会、一九二一年)、六一頁。
(24)「丹羽筑前介日記」(『勅使関東下向一件』所収、宮内庁書陵部)。
(25)「勅使入城の次第」(『続再夢紀事』二四三―二四五頁)。
(26)『維新史』三、一七二頁。
(27)同前。
(28)渡辺注(4)前掲「「御威光」と象徴」、二二一―二二七頁。
(29)鈴木正三編『近世庶民生活史料 藤岡屋日記』一一(三一書房、一九九二年)、六頁。
(30)馳走の概念については、久留島浩「盛砂、蒔砂、飾り手桶、帚――近世における「馳走」の一つとして」(『史学雑誌』九五―八、一九八六年)参照。
(31)京都町触研究会編『京都町触集成 別巻二 補遺参考史料』(岩波書店、一九八三年)、六七五頁。
（32）『大樹公参内次第書』（『孝明天皇紀』四）、四六五―四六九頁。
（33）『徳川実紀』四、六四四頁。
（34）武家を迎えることが専門の昵近は、将軍の京都入り前日の三月三日に廃絶された。
（35）なお諸侯は平唐門を潜って諸大夫の間に入り、将軍と完全に分離させられた。
（36）以下の式次第は『野宮定功公武御用日記』（宮内庁書陵部所蔵）によった。
（37）式三献は、酒肴を出し、三つの杯を一杯ずつ飲ませて膳を下げるということを三回繰り返す、正式な饗応のやり方。
（38）「何分大臣の儀に候間、摂家方大臣様御同様云々」（「中山忠能日記」『維新史料稿本』）。なお、下橋敬長はこの謁見について「朔日御対面之通也」と語った（『幕末の宮廷』、平凡社東洋文庫、一九七九年、一三八、二五一頁）。
（39）『一条忠香日記抄』（東京大学出版会、一九六七年）、三九二頁。
（40）『任長朝臣記』（『孝明天皇紀』四）、四七二頁。
（41）「下段一拝起進中段着内府公次座」（『野宮定功公武御用日記』）。
（42）下橋注(38)前掲『幕末の宮廷』、二二一頁。
（43）『次第書』第九項目（『孝明天皇紀』四）、四六六頁。
（44）Clifford Geertz, "Centers, Kings, and Charisma", Joseph Ben-David ed., *Culture and Its Creators: Essays in Honor of Edward Shils*, Chicago University Press, 1977, pp. 153-160.

(45) ちなみに攘夷期限は最終的に五月十日に繰り下げられたが。
(46) 末松謙澄『防長回天史』四(一九二一年)、一〇頁。
(47) 『徳川実紀』四、五七四頁。
(48) 渋沢栄一『徳川慶喜公伝』二(平凡社東洋文庫、一九六七年)、一八七頁。
(49) 佐々木克「「公武合体」をめぐる朝幕藩関係」(田中彰編『日本の近世 一八 近代国家への志向』、中央公論社、一九九二年)、一四五―一四七頁。
(50) 『大日本維新史料稿本』文久三年三月。
(51) 『顕微録』(『大日本維新史料稿本』文久三年三月)。
(52) 『東行先生遺文』(『大日本維新史料稿本』文久三年三月)。
(53) 『伊達宗城在京日記』(日本史籍協会、一九一六年)、一三四頁。
(54) 『孝明天皇紀』四、四六四―四六五頁。
(55) 『徳川慶喜公伝』二、一七三―一七四頁。
(56) 橋本政宣「近世統一政権と天皇」。例えば、大久保利謙「幕末政治史と政権委任問題――大政奉還の研究序説」(『大久保利謙歴史著作集』、吉川弘文館)、飛鳥井雅道「幕末における大政委任論――天皇の復権過程と復古の論理」(『天皇と近代日本精神史』、三一書房、一九八九年)。
(57) 維新史料編纂会編『維新史』二(吉川弘文館、一九八三年)、六〇〇頁。
(58) 原口清「近代天皇制成立の政治的背景――幕末中央政局の基本的動向に関する一考察」

（遠山茂樹編『近代天皇制の成立——近代天皇制の研究一』、岩波書店、一九八七年）、一〇〇頁。

(59) これはまさに宮地正人氏が言うところの「勅命主義」にあたる（宮地注(1)前掲「過渡期国家論」、七五頁）。孝明天皇は、文久三年十月ごろ島津久光に「八月十八日以来朕が座前の評決となりて、中途の軽策もなく深く安心するところ云々」と語った。『徳川慶喜公伝』二、二八七頁参照。

(60) 福地注(17)前掲『幕府衰亡論』一四七—一四八頁。

(61) 宮地正人「朝幕関係から見た幕藩制国家の特質——明治維新政治史の一前提として」（注(1)前掲『天皇制の政治史的研究』）、三〇頁。

(62) 『孝明天皇紀』四、九〇〇頁。

(63) 『徳川慶喜公伝』二、二八六—二八七頁。

(64) これについては例えば箱石大「公武合体による朝幕関係の再編」（山本博文編『新しい近世史 一 国家と秩序』、新人物往来社、一九九六年）、三六四—三六五頁参照。

(65) 孝明天皇は二月十三日の朝議の際、征長は当然だが、慎重に行動すべきだと言っているので、「仰出されたる旨」はこのことを指して言っているのだろう。『孝明天皇紀』五（平安神宮、一九六九年）、六一頁。

(66) 大久保注(54)前掲「幕末政治史と政権委任問題」、二四頁。

(67) 参与会議の推移については原口清「参与考」（『名城商学』四五号、一九九五年）、三谷博

『明治維新とナショナリズム』（山川出版社、一九九七年）第七章参照。

(68)「一会桑」の形成、崩壊過程については、家近良樹氏の研究が刺激的で面白い。『孝明天皇と「一会桑」』（文藝春秋、二〇〇二年）。

(69) 原口注(58)前掲「近代天皇制成立の政治的背景」、一〇三―一〇四頁。

(70)『維新史』三、七〇一―七〇二頁。なお、十八ヶ条の形成過程については、箱石注(64)前掲「公武合体による朝幕関係の再編」、三七〇―三七四頁。

(71) 神武陵の築造については、武田秀章「文久、元治期における神武天皇祭の成立」（『維新期天皇祭祀の研究』、大明堂、一九九六年）、および上田長生「江戸時代の天皇陵――幕末期の陵墓修復と地域社会」（高木博志・山田邦和編『歴史のなかの天皇陵』、思文閣、二〇一〇年）参照。

(72)『孝明天皇紀』五、七一〇頁。

(73) 武田注(71)前掲「文久、元治期における神武天皇祭の成立」、七九―八一頁。

(74) 武田秀章氏は神武祭典を「国家祭祀」と位置づけるが、氏の国家祭祀概念がはっきりしない。それに対する筆者の書評（『神道宗教』一八四・一八五合併号、二〇〇二年、一二三―一二七頁）を参照されたい。

(75)『孝明天皇紀』五、三五四頁。

(76) 同前、三八八―三九六、四九七―五〇一頁。

(77) 同前、三七一―三七六頁。この事情については、青山忠正「家茂の参内と勅語――慶応元年夏の場景」(『明治維新の言語と史料』、清文堂出版、二〇〇六年)参照。
(78) これらの祭祀については、『孝明天皇紀』五、四〇一、四六六、五三五、五八一、六二五、六九五頁。
(79) 同前、四〇六頁。
(80) 藤井貞文『近世に於ける神祇思想』(春秋社、一九四四年)、二六五頁。
(81) 例えば『孝明天皇紀』五、四九三頁。
(82) 山川浩『京都守護職始末——旧会津藩老臣の手記』二(平凡社東洋文庫、一九六六年)、一〇六、一四六頁。
(83) 『徳川慶喜公伝』三(平凡社東洋文庫、一九六七年)、一一一—一一二頁。
(84) 『孝明天皇紀』五、四八三—四九二頁。
(85) 『七年史』二(続日本史籍協会叢書、東京大学出版会、一九七八年)、二五—二六頁。
(86) 『孝明天皇紀』五、五〇五頁。
(87) 『徳川慶喜公伝』三、一三六頁。
(88) 勝田孫弥『大久保利通伝』上(同文館、一九一〇年)、六〇七—六〇九頁。
(89) 久住真也「慶応元年将軍進発態勢の創出——長州「再征」に関する一考察」(『史学雑誌』一〇九—六、二〇〇〇年)。
(90) 同前、七五—七七頁。
(91) 同前、七八頁。

(92)『朝彦親王日記』上（日本史籍協会、一九二九年）、二八四頁。
(93)同前。
(94)勝田注(88)前掲『大久保利通伝』上、六三六頁。
(95)久住真也「長州再征と将軍畿内滞在問題」（『日本史研究』四七八号、二〇〇二年）、六一七頁。
(96)『徳川慶喜公伝』三、一六四―一六五頁。
(97)『朝彦親王日記』上、三一二―三一三頁。

付記　本論作成にあたって高木博志、岸本覚、佐々木克、落合弘樹、青山忠正、森田朋子、Simon Breen の各氏をはじめ多くの方々から貴重なご教示をいただいた。この場を借りて厚く御礼申し上げたい。

第二章　天皇の権力——国家儀礼としての「五ヶ条の誓文」

五ヶ条の誓文の研究で草分け的な業績を残したのは、尾佐竹猛《たけき》、大久保利謙《としあきら》、稲田正次、原口清の各氏だろう。尾佐竹、大久保、稲田の三氏は、主に土佐の福岡孝弟《たかちか》、越前の由利公正、そして長州の木戸孝允、公家の岩倉具視、三条実美などの活躍に焦点を絞り、五ヶ条の作成過程に主眼をおくが、原口氏は五ヶ条をより広く王政復古の政治史に位置づけ、五ヶ条の誓文後の行方をたどり、その恒久性を強調する。[1]本章は、これらの先行研究に学びながらも、別の方向から五ヶ条の誓文に迫る試みである。というのも、先行研究に一つの大きな盲点があることに気づくからである。その盲点は、「誓文」というものの基本的な性格の誤解に由来する。イギリスの著名な哲学者J・L・オースティンが主張するように、誓文は、「分析すべきテキストとして、特定の文言、一連の文言のみとして理解すべきものでない」、誓文はまさに「演出以外のなにものでもない」[2]。演出は、社会学的に換言すれば「儀礼」であって、誓文は、儀礼として理解されるべきだというのである。慶応四年（一八六八）三月十四日付の誓文も、その例外であるはずがない。我々は、したがって先行研究と違って五ヶ条の誓文を演出、つまり儀礼として把握すべきである。本章は、こうした儀礼的観点から五ヶ条の誓文を取り上げることにする。この見方の妥当性は、テキストを重視する「誓文」という名称が、王政復古当時に見当たらず、もっぱら「儀礼」、「祭り」を意味する「誓祭」となっていたことからも理解できる。儀礼は、のちに見るように権力関係の構築に欠かせないものであって、五ヶ条の誓文も王政復古後の「王政」における権力関係の構築装置として作用した、と論証する。

「五ヶ条の誓文」については、これをテキストとしてのみ理解する研究がほとんどだが、若干の例外もある。武田秀章氏は、誓文を誓祭として的確に把握し、それを近代天皇祭祀の創出過程のうちに位置づける。武田氏は、誓祭について次の三点を指摘する。①誓祭は、天皇主体のイベントである、②近世的な朝廷祭祀と異なり、誓祭は、さらに「官武一途」の、まさに国家的祭祀である、そして、③「列祖・列聖」、つまり天照大神や神代の「皇祖」および神武天皇以降の「人皇」を対象にした祭祀である(3)。いずれもきわめて重要な指摘であるが、武田氏は、祭祀も儀礼という普遍的な範疇に入ることを認識せず、祭祀＝儀礼の権力関係を構築する働きを見逃している(4)。他方、松尾正人氏の指摘もある。松尾氏は、天皇の天神地祇に対する誓文よりも諸侯の天皇に対する誓約を重視し、次のように述べる。

「誓約は新政府との臣従関係を確認する意味に他ならない」、また「天皇を万機親裁の絶対君主に位置づけ」るのに不可欠であった、と。(5)松尾氏の指摘は、的を射てはいるがごく短いもので、儀礼そのものを吟味しないで終わる。

本章はまず、十分認識されてこなかった演出、儀礼としての誓文（ここでは誓祭儀礼と呼ぶ）を『復古記』、『明治天皇紀』などの記述により復原する。そしてそこに浮上してくる、天皇を中核とした新しい権力関係の分析を行う。次に、この誓祭儀礼の歴史的意義の解明を試みるため、王政復古以後の天皇と「王政」との移り変わる関係を概観し、そうした政治史的文脈に誓祭儀礼を位置づけなおす。最後に「誓祭」から「誓文」に目を転じ、とりわけ五ヶ条の解釈を、誓祭儀礼のなかに位置づけ、検討する。

1　国家儀礼としての誓祭

紫宸殿における誓祭儀礼

慶応四年三月十四日午《うま》の刻（正午）、議定職の公家、大名、その他の公家、大名は、京都御所の紫宸殿の母屋（東側）に着座をする。東庇に徴士が、南庇に殿上人が着座する。いずれも衣冠姿。紫宸殿の中央に「臣下軾」つまり天皇の臣のひざつきがあって、さらに

図１　五ヶ条の誓文の誓祭儀礼。乾南陽「五箇條御誓文」（壁画、聖徳記念絵画館蔵）。

筆、硯、紙も置いてある。北側の中央に天皇が着座する、四季屛風に囲まれた御座。西側は、神座と御拝軾[6]。全員着座となると、神祇事務局の儀礼専門家が「塩水」、「散米」それぞれの儀を行い、神祇督の白川資訓《すけのり》が神於呂志歌《かみおろしうた》を唱え、天神地祇に献供する。そこで、北側障子から入場して紫宸殿に姿を現すのは、引直衣《ひきのうし》姿の天皇である。天皇は、副総裁の三条実美と岩倉具視、議定職で「輔弼《ほひつ》」の中山忠能《ただやす》と正親町《おおぎまち》三条実愛《さねなる》に伴われ、御座に着座する。三条は、天皇の代理として立ち上がり、神座の神々を前に御祭文を読み上げる。自分がここに大政を執り行おうと、親王、公卿、諸国の諸侯、百官などを引き連れ、これから神々に誓いを行うのは、天下に混乱が収まらないからだ、と。そして自分は、人々が力を合わせ、「皇我政《すめらがまつりごと》」をたすけることを願い、今日の誓約に逆らう者がいるならば、天神地祇がたちまち刑罰を賜うことを祈る。

次は、天皇による誓いの幕となる。今まで不動だった天皇は、立ち上がり、神座まで進み、そこで「親しく幣帛の玉串を奉献したまう」。御誓書の読み上げは、天皇着座直後に行われる。天皇の代理としての三条が、神座の神々に向かって次の五ヶ条を読み上げる。

・広く会議を興し万機公論に決すべし
・上下心を一にして盛に経綸をおこなうべし
・官武一途庶民に至るまで、各《おのおの》その志を遂げ、人心をして倦《う》まざらしめんことを要す

・旧来の陋習を破り、天地の公道に基づくべし
・知識を世界に求め、大いに皇基を振起すべし

天皇は、続けて（相変わらず三条を通して）議定その他の政府官僚に次の勅令を下す。「我国未曾有《みぞう》の変革を為さんとし、朕躬《み》を以《もち》て衆に先んじ、天地神明に誓い、大いにこの国是を定め、万民保全の道を立てんとす、衆亦《また》この旨趣に基づき、協心努力せよ」と。勅令に直接答える形で、議定誓約の儀がはじまる。まず三条と岩倉が奉答書を掲げ、自らの姓名称号を注記する。次に、中山、正親町三条その他の議定職の公家、諸侯が順番に立ち上がり、中央に進み、正座をする。天神地祇の神座に、そして天皇の御座に向かい頭を下げ、筆を手に取って次の意味の奉答書に署名する。

勅意宏遠誠に以て感銘に不堪《たえず》、今日の急務、永世の基礎、此他に出《いづ》べからず、臣慎んで叡旨を奉戴し、死を誓い、黽勉《びんべん》従事、冀《こいねがわ》くは、宸襟を案じ奉らん

天皇は議定職三十名の署名を見守ってから立ち上がり、三条、岩倉、中山、正親町三条に伴われ、儀礼の場をいったん去る。しばらくしてから天皇は再び紫宸殿に出御して、今度は三百人以上もの新政府の官僚、官僚でない公家、諸侯の「執筆加名」を目の当たりにする。午後八時になって「群臣退出」となり、神祇督が神阿計神歌《かみあげうた》を唱える。これをもって国家儀礼なる誓祭に幕が下りたのである。(7)

誓祭儀礼にみる権力関係の構築

儀礼がきわめてダイナミックなものであることを我々は見逃してはいけない。自らのそうした性質をうまく隠蔽するのに成功することが儀礼の一特徴でもあるが、儀礼のダイナミズムは、権力、権力関係を構築することにある。儀礼は、まさに権力関係の生成に欠かせないもので、権力もまた自らを表現するのに儀礼に訴えざるを得ない。(8) 木戸孝允が三月になって「至尊親敷《したし》く公卿、諸侯及百官を率い、明神に被為誓《ちかわせられ》、明らかに国是の確定ある所をして、速やかに天下の衆庶に被示度《しめされたし》」と建議した時、彼は儀礼のこうした働きを熟知していたはずであり、木戸の発案を積極的に支援した大久保も三条も岩倉も同様である。(9) だからこそ彼らは、王政復古前後から出回っていた、二条城における「簾前盟約」という儀礼案、天皇を周縁に置き、公家を受け入れず、諸侯を主役とするこの儀礼案を却下し、御所のもっとも厳《おごそ》かな空間である紫宸殿における天皇主役の誓祭に差し替えたのである。(10)

この誓祭儀礼によって構築された権力関係を確認しよう。誓祭儀礼は、神々→天皇、天皇→「王政」（総裁職、議定、参与からなる天皇の政府）、「王政」→諸臣（その他の公家、諸侯）というふうに重層的な上下関係——つまり権力関係——を構築する働きをする。そうした働きは、二項対立というシンボルの空間配置や、それらのシンボルをめぐる、天皇らの行為によって実現する。天皇は、例えば紫宸殿母屋の「中央」の「南北」の軸を占めるのに対し、議定、公家、諸侯が「周縁」の「東西」の軸に位置している。天皇は、「聖」(＝神座の神々)と「俗」(＝「王政」)の両次元に跨《また》がる存在だが、議定らは明らかに「俗」の次元のみに属する。天皇は、(副総裁を代理に)神々に向かって祭文を唱え、五ヶ条を誓い、そして議定その他の公家、諸侯に勅令を下す。それに対し、議定などは、無言である。天皇の「静」に対して、議定などは「動」であるが、天皇が動くと議定は着座のまま(静)である。これらのシンボルが語ることは、議定らに政治的意志がないのに対し、天皇にそれが認められるという事態である。

天皇は、このように神々をその右手に、議定、諸臣らをその左手にし、紫宸殿の時空間を支配するが、その政治的意志の所持および表示がもっとも重大なポイントである。祭文は、大政を執り行う天皇、百官を紫宸殿に引き連れ、神々に誓い、祈る天皇を描く。五ヶ条の文言に目を転じると、その項目が「受動態」でなく、天皇自身の意志を表現する「能動態」であることにも留意しよう。そして「我国未曾有の変革」をし、「国是を定め」、「万民保全の道を立」てるのは、すべて朕＝天皇自身である。このような、政治的意志を有し、能動的で、変革する、すなわち文字通り新たに建国をする天皇は、神話時代の神武天皇を彷彿させる。それは、決して偶然でない。新政府は、王政復古の意味合いを神武天皇の建国に見出すような布告を頻繁に出していたからである。王政復古の大号令は、「諸事神武創業の始めに基づき」云々と訴えたし、天皇はまた三月八日に幕末以来の神武天皇祭を同じ紫宸殿で行い、そして誓祭儀礼の前日にあたる十三日に祭政一致の布告が出された。そこではまた「王政復古神武創業の始に被為基《もとづかせられ》、諸事御一新、祭政一致の御制度に御回復被遊《あそばされ》候に付て云々」とある。誓祭の前日に発布されたこの布告は、明らかに新天皇を神武天皇に、この日の「大変革」を神武天皇の創業に、重ね合わせている。神武天皇が「天神を郊祀《まつ》りて、用いて大孝を申《の》べたまうべし。乃ち霊畤を鳥見山のなかにたてて〔中略〕皇祖天神を祭りたまう」ごとく、新しい天皇もまた天神を祀って、大孝を申べる。(11)誓祭儀礼の狙いは、初代の神武天皇との関連づけによる、絶対的な権力の天皇への付与である。王政復古当時の「神武創業」の条件は、やっとこの儀礼的時空間において実現されたのである。

宸翰を読む

紫宸殿における権力関係の構築を考える時、もう一つ重要な点がある。それは、天皇が自ら認《したた》めたとされた宸翰《しんかん》である。土佐藩士の神山郡廉《こうやまくにきよ》がその日記に書いたように、宸翰は儀礼参列者全員――議定、参与、その他の諸臣(公家、諸侯)――に事前に配布された。(12)彼らは、宸翰を読んで、すなわち宸翰を媒介に、儀礼に臨んだのである。我々も、したがって宸翰を読んで誓祭儀礼に接近する必要がある。(13) 宸翰が天皇をどのように描いているのかを、まずみてみよう。

宸翰をたまい、直接「億兆」(万民)に親しく語ってくれる天皇が、自分を列祖と億兆との間に位置づけていることが、ひとまず注目される。天皇は宸翰で「億兆」に頻繁に触れる。「億兆の父母」、「億兆の君」(二回)、「億兆を苦しめんことを恐るる」、「汝億兆、旧来の陋習に慣れ」、「汝億兆、能々《よくよく》朕が志を体認し」などというふうに。この天皇は、しかし神武天皇そして神武以来の歴代天皇を億兆以上に強く意識する存在である。「列祖に事《つか》え奉らんやと」、「列祖万機を自らし、不臣のものあれば自ら将としてこれを征し玉い」、「列祖の尽くさせ給いし跡」、「列聖を辱《はずか》しめ」、「列祖の御偉業を継術し」、「列祖の天下を失わしむる也」、「列聖の神霊を慰し、奉らしめば」などのように。天皇は、億兆に対し「安撫」する責任を痛感するが、列祖に対する責任をもっと重く感じる君主である。宸翰の次のくだりは、そのことを端的に示す。

汝億兆、旧来の陋習に慣れ、尊重のみを朝廷のこととなし、神州の危急をしらず、朕一度足を挙ぐれば、非常に驚き、種々の疑惑を生じ、万口紛紜として、朕が志をなさざらしむる時は、是朕をして君たる道を失わしむるのみならず、従って列祖の天下を失わしむる也。

天皇は、続けて「朕が志を体認し、相率て、私見を去り、公義を採り、朕が業を助けて」云々というふうに、天皇の億兆（ここでは議定ら「王政」を構成する人々を含む）との権力関係を描くのに主眼をおく。誓祭儀礼に登場した天皇は、まさに宸翰にあるこの権威的な君主を演じるのである。

宸翰は、具体的な政治政策にも触れる。それは①日本の国際関係について、②天皇自身のありようについて、である。どちらのテーマも誓祭儀礼にも反映される。宸翰は、「各国四方に相雄飛するの時にあたり、独り我国のみ世界の形成にうとく旧習を固守し、一新の効をはからず」と歎くところは、五ヶ条の第四、第五条に照応する。そして自分が「徒《いたずら》に九重に安居し、一日の安きを偸《ぬす》」んできたのが諸悪の根源だと反省するが、自分が動き出そうとすると、億兆が妨害をすると歎く。「一度足を挙ぐれば、非常に驚き、種々の疑惑を生じ、万口紛紜」する億兆に批判の矛先を向ける。こうした意味で天皇が誓祭儀礼で動く（一、議定らが着座してはじめて出御する、二、議定らの前で立ち上がって神々に玉串を奉献する、三、その後また入御し、出御、そして最後に入御となる）ことは、きわめて象徴的のように思われる。天皇が億兆の前で一人で動いたことが今までなかったからである。王政復古以来の外国人を狙った過激事件や当時話題になっていた天皇の親征をめぐるトラブル（どちらも後述）は、この宸翰とこの誓祭儀礼の直接の背景をなすのである。

儀礼と芝居

権力関係の構築については、最後にもう一つ重要なポイントを指摘しておきたい。天皇は、宸翰に見え、儀礼に演出されたような、政治的意志、先見性の持ち主ではもちろんなかった。天皇は政治的な教育を一切受けていない十五歳の青年だったからである。宸翰も、儀礼のパフォーマンスも、天皇個人の政治的意志の育成に大いに役立ったと思われるが、誓祭儀礼は、まさに木戸が言っていたところの「芝居」であった。いずれにせよ、誓祭という儀礼は、長州の木戸孝允が発案し、三条実美も岩倉具視もそのデザインに加わったもので[14]、宸翰も木戸が薩摩藩の大久保利通、岩倉の考えを組み入れて認めたものである。つまり儀礼、宸翰に登場する天皇は、木戸、大久保、岩倉などの思いどおりの天皇であり、天皇の政治的意志は、彼らの意志で、そしてその天皇を中核にした「王政」も、彼らの思いどおりの「王政」であった。誓祭儀礼参列者は、天皇の絶対的な権力の演出に圧倒され、このことを「誤認」する[15]。大久保も木戸も誓祭儀礼に不在であったことは、この事実の「誤認」を大きく助けたにちがいない。原口清氏の言葉を借りて言うなら、「武力討幕派」の木戸、大久保、岩倉などが「王政」全体に「自己の意志を天皇の意志という形で」押しつけたのである[16]。誓祭儀礼はそのための装置にほかならなかった。

さて、次の課題は、権力関係を構築する働きをしたこの誓祭儀礼の、より歴史的な位置づけだろう。上に試みた分析は、誓祭儀礼をそうした文脈から切り離して行ったが、次節では、①王政復古以来の天皇と「王政」との変遷する関係、そして、②「王政」が王政復古直後から直面した基本的な政治問題を視野に入れてみる。そうすることによって誓祭儀礼を維新史のうちにより正確に位置づけることができると思われる。

2　天皇と「王政」

天皇の出現

天皇が自らの政府の前に姿を現すはじめは、紫宸殿の誓祭儀礼ではもちろんない。ことの始めは、その三ヶ月以上も前の「王政復古」と呼ばれるクーデタの当日、慶応三年十二月九日であった。天皇はこの日の夕方、御所の小御所に出御し、簾のうちに着座していた。そこで総裁有栖川宮熾仁《たるひと》親王、議定の山階宮晃《あきら》親王、中山忠能、正親町三条実愛、中御門経之（いずれも公家）、そして議定の島津茂久《もちひさ》、浅野長勲《ながこと》、山内豊信《とよしげ》、松平慶永《よしなが》、徳川慶勝（諸侯）、それに岩倉具視をふくむ参与公家、参与藩士を引見した。「王政」はこのように天皇、総裁、議定、参与から構成されるものであった。天皇は、岩倉具視が用意した「王政復古の大号令」をそこで「王政」に「たまわった」。この大号令は、「諸事神武創業

図2　「王政復古」。壁画画題考証図（明治神宮蔵）。

の始めにもとづ」くというふうに、「王政」の復古を神武天皇による建国に重ね合わせる、革命宣言と称すべきものだった。革命宣言に相応《ふさわ》しく、大号令は徳川将軍の辞職、徳川幕府そのものの廃絶、近世朝廷を支えた摂関制の廃止、総裁・議定・参与なる「三職」の設置などを布告した。天皇を中核とする「王政」は、こうして生まれたのである。大号令発布のために開かれたいわゆる小御所会議は、まさに「簾前公議」というべき形式のものであった。議定諸侯、公家および参与は、玉簾のうちにすわっていた若い天皇を前に激論をかわしていた(17)。このときの天皇はまだ、大号令に登場する能動的な神武天皇にはほど遠い、政治意志を有しない、受動的な存在である。

「王政」はこれで復古したとはいえ、天皇はその後、実は二ヶ月近く、政府の前に現れることがなかった。その理由は、山内豊信、松平慶永、徳川慶勝など、「公議政体派」を構成した議定諸侯が新政府内において優位に立っていたことにある。公議政体派は、いわゆる「武力倒幕派」と違って、その政治決定を三職会議という「公議」によって正統化するため、正統化の手段としての天皇を必要としなかった。では、「王政」の中核であるはずの天皇が、再び政府の前に姿を現すのはいつか。それは、武力討幕派が慶応四年二月三日の鳥羽伏見戦で圧倒的な軍事的勝利をおさめた後となる。その勝利を契機に公議政体派の力が決定的に衰退しだしたのである。

　そうした意味で天皇が二月三日に太政官代（当時は二条城にあった）へ行幸したことは、王政復古史上特記すべきイベントであろう。親王、公卿、諸侯が供奉《ぐぶ》役を務めたこの行幸は、幕末期の孝明天皇以来の行幸ゆえ多くの観衆を集め、「衆庶拝観、堵《かき》のごとし」のありさまであった[18]。天皇は、二条城の白書院に出御し、上段でしかも垂簾の内に孤立して着座、（中段に着座の）総裁、議定、参与の討論を聞く、という「小御所会議形式」ではあったが、空間が政治決定機関の太政官代であった意味は大きい[19]。「公議」は、「賊徒親征」、大総督設置の問題に集中したが、今度は、天皇が総裁の有栖川宮熾仁親王を簾中へ呼び、「親征の令」を渡す幕があった。自分が戦闘に赴くに吝《やぶさ》かでないことを意味するこの「親征の令」は、大総督などを日ならず任命する、また畿内七道の諸藩に軍旅の準備をせよ、という内容であった[20]。総裁、議定、参与の三職は、このように太政官代に集まって、簾前「公議」を行ったが、注意を要するのは「親征の令」が事前に用意されていたことで、公議がどんな結論を出そうと、親征の令は出されることになっていた。この日の行幸は、「親征の令」の授与で終わったわけではない。天皇は、その後奥書院で諸臣を引見し、さらに諸臣が前庭で騎乗しているのを天覧した。その後、総裁、議定、参与に茶菓を賜った[21]。

二月二十八日に新たな展開があった。それは、天皇による諸侯との「ご対面」であった。天皇は、議定大名をふくむ在京諸侯三十七人を御所の御学問所に招き、謁見を許し、勅諭を出した[22]。その時、薩摩・長州の両藩主だけ特別扱いをし、「勤王御賞」を授けたことも注目されてよい。その後、「官武一同、相和有勤酬奥座、官武三職端座非役武士着座」の小御所で、天皇は、諸侯全員に酒肴を賜った[23]。興味深いのは勅諭だろう。それは、三人称の「親征の令」と違って、「国威の立不立、蒼生の案不案は、朕が天職を尽不尽に」あるなどというふうに、一人称になり、天皇が直《じか》に諸侯に話しかける形式をとったからである。天皇は、そこで「討幕」と外交からなる「王政」の基本的方針を打ち出した。前者に関しては、徳川慶喜が「不軌を謀り〔中略〕万民を塗炭の苦に陥んと」するため、「朕、不得已《やむをえず》断然親征の議を決」したと言う。後者は「外国交際有之上は、将来の処置尤《もっと》も重大に付き」と前置きしながら、自分が「身を以て艱苦に当り誓って国威を海外に振張し、祖宗先帝の神霊に対せんと欲す」る、と言う。最後に「汝列藩、朕が不逮《およばざる》」をたすけるよう呼びかける。(24) 同じ謁見儀礼は、三月六日にも別の諸侯十九人を対象に行われた。(25)

「王政」における天皇の出現過程を考える時、二月三十日と三月三日の両日に（誓祭儀礼と同じ）紫宸殿で行われたイベントを考慮する必要がある。画期的としか言いようのないこのイベントとは、天皇による外国公使の謁見であった。万国公法式による公使謁見儀礼において天皇は、まずオランダ、次にフランス、最後に英国の各公使を引見し、直接「貴国帝王安全なるや、朕これを喜悦す」と挨拶をした。謁見儀礼の詳細は別稿に譲るが、(26) 英国公使の通訳を務めたミットフォードが残した印象だけを記録しておこう。「今や突然に神殿のヴェールは引き裂かれ、［中略］現人神の少年が雲の上から降りてきて、人間の子と同じ席に着いたのである。それればかりでなく、彼はその貴い顔を人の目に触れさせ、「外夷」と親交を結んだのである」と、その画期性を評価したのである。(27)

天皇は三月十四日の誓祭儀礼を控え、もう一度自らの政府の前に出御した。それは、三月九日、再び太政官代へ行幸した折りである。一週間ほど前に「外夷」に顔を見せた天皇は、もはや三職からその顔を隠すわけにはいかない。今度は「垂簾」でなく「捲簾」にしたのは、そのためである。(28) 天皇は、三職が蝦夷開拓について討論しているところに臨んだ。

上に引用したミットフォードは、このイベントをもその視野に入れ、「天皇が新時代初の議会で議長をつとめた」との評価を下した(29)。天皇は、公議後、黒書院で例のとおり酒饌をたまい、諸臣の騎乗を天覧したが、この時岩倉が読み上げた勅旨がとくに留意すべき内容を含む。天皇は、三職の力によって「方向」がほぼ定まっているだけに満足している、今日の酒肴は労苦の慰めのためである、戦争はしかし終わったわけではない、不安を抱いている人々が大勢いる、そのためこの場において諸侯に「忠誠を尽くし、志を遠大に期し皇威を振起」するよう呼びかける(30)。今日は「内外御多難の砌《みぎり》」で、やり残した仕事が実に多い、と主張したのである。これはまさに誓祭儀礼の前夜である。

さて、ここでもう一度三月十四日の誓祭儀礼に目を向けてみると、その歴史性がいっそう明らかになると思う。誓祭儀礼における天皇ははじめて、①三職、朝廷、諸侯、百官——つまり天下全体——の前に姿を現す、②(個別的な政策でなく)国是＝五ヶ条を自らのものとして天下の前に打ち明ける、さらに、③自らの政治を祭祀の中に持ち込み、その結果、祭政一致を実現するのであった。こうした意味において誓祭儀礼は、上述のご対面、謁見などの延長線上にありながらもきわだって新しい展開でもあったことがわかる。

「王政」の実質

天皇が自らの身体を「王政」の中に位置づけ、「王政」に実質を付与する条件は、上述のように確定するが、確定する理由は、公議政体派、そして守旧的な公家が衰退しはじめたからにほかならない。それらの衰退もまた武力討幕派による鳥羽伏見戦での勝利によって可能になった。ここで概観したいのは、岩倉、大久保、西郷、木戸らの討幕派と、公議政体派の諸侯そして公家との間にあった「王政」の実質をめぐる確執である。こうした確執の存在もまた三月十四日の誓祭儀礼の重要な政治的文脈をなすからである。

確執の存在は、王政内に深い断層線が走っていたことを意味するが、それがはやくも十二月八日の小御所会議に浮上したことを指摘しておこう。断層線は実は二つも浮上した。その一つは、当時参与職の岩倉具視と、公議政体派代表の議定山内豊信、議定松平慶永との激論に見える。激論の中身に関しては詳細を知ることができないが、容堂は、政権を奉還して国体を永久に維持せんことを図った「英断の内府公」(徳川慶喜)をすぐ呼んで小御所会議に参加させるべきだと主張し、「幼主を擁して権柄を窃取せられたる杯《など》としたたかに中山殿を挫折した」ことが明らかである。それに対して大久保も岩倉も反論、内府公が信頼できる証拠を示せ、とせまった。「岩大二氏尚《なお》正邪を実行に証せんことを強弁して屈せず」、収拾がつかない状態であった[31]。同じ会議で浮上したもう一つの断層線は、岩倉と議定の中山忠能との間に見える。天皇の外祖父でもある公家の中山は、当日司会役を務めていたが、徳川慶喜の辞官納地をめぐる議論に結論が出ないため、司会席を離れ、仲間の正親町三条実愛（議定）や万里小路博房（参与）と「私語」しはじめた。岩倉は、そこで激怒して「聖上親臨し、群議を聞き給う、諸臣宜しく肺肝を吐露し以て当否を論弁すべし、なんぞ妄《みだ》りに席を離れて私語するを用いんや」と戒めたらしい(32)。

討幕派と公議政体派の諸侯、討幕派と公家、そして――小御所会議では現れなかったが――公議政体派と公家との間に収拾のつかない確執が王政復古当初から存在していた。この確執は消えることなく、ずっと引きつづいて誓祭儀礼の背景をなしていたことをここで確認したい。「王政」内の確執は、基本的な政治路線の相違に由来する。それは、①徳川慶喜の辞官納地問題、そしてそれに続く、②鳥羽伏見以後の討幕問題、③大坂遷都論やそれをうけた親征論にかかわる天皇の問題、④国際関係の問題などである。これらの問題についてコメントをしていきたいが、確執が「王政」内限りのものではなく、日本社会全体に反映されていたことは、もちろんである。

「王政」内確執のいろいろ

まず①の辞官納地に関して、岩倉、大久保らは、徳川慶喜が領地を返上しないことには大政奉還が実質を伴わない、と主張するが、下坂していた慶喜との周旋を依頼された慶永、慶勝などは、納地が先決問題ではない、辞官にしても前内大臣を名乗らせたい、そして慶喜を逸早く上京、参内させ、議定職につかせるべきだ、と三職会議で訴えていた。[33] この時、中山などの議定公家も同じ立場であったことは興味深い。[34] こうした状況を当然熟知していた慶喜は、謝罪するどころか、王政復古の大号令の中止を求めた。大久保らは、これをうけて王政復古そのものがもはや「水泡画餅」だと嘆き、現状打開には、「勤王無二の藩、決然干戈を期」するしかないと、岩倉に主張した。[35] 大久保がこのころ下した、三職会議のメンバーに対する評価は、辛辣なものであった。「今、在京列侯藩士因循苟且《こうしょ》の徒のみ、就中議定職の御方、下参与職の者、具眼の士一人も無之《これなく》、平穏無事を好んで諛言《ゆげん》を以て雷同を公論になし」云々と歎く。公議政体派が推進する、慶喜との周旋についても「周旋尽力するの次第、実に憤慨に不可堪《たうべからず》」と訴えた。[36] 辞官納地をめぐるこうした問題の解決は、鳥羽伏見開戦を待たなければならなかった。

さて、②の鳥羽伏見そのものでまず留意すべきは、開戦(一月三日)の決定過程だろう。下山三郎氏が指摘するように、それは、大久保、西郷、岩倉が、公議政体派の牛耳《ぎゆうじ》る三職会議にかけず、独断で決めたからである。一月三日夕方に三職会議が開催されるが、そこに集まった議定諸侯は、開戦の情報に接するや一斉に辞表を出す。辞表はしかし受け付けられない[37]。討幕派は先手を打って、慶永、豊信、伊達宗城などを「官軍」参謀に任命するが、三人ともたちまち辞退する。その後展開される討幕路線に対する公議政体派の立場は、基本的に変わらない。鳥羽伏見戦は「私闘なり。なんぞ征討の令を発することを用いんや」と彼らは訴え、その後進撃に歯止めをかけようと躍起になる[38]。慶永は、二月中旬にも「征東の進軍被為止、行幸も被為止、而以天下公議」と主張する[39]。しかし「東征大総督を被置候上は、右手を経ずして難被聞召筋に付き、宜しくその順序を以て執奏有之候」という「勅答」によって撥《は》ねつけられた[40]。江戸総攻撃を控えた三月十一日——つまり誓祭儀礼の前夜——にも、慶永は「何分にも御進軍を被止候や〔中略〕。この件公議に付せられたい、と空しく願った[41]。興味深いのは、議定職の慶永が進撃の抑制のみでなく、「公議」による政治の決定過程を一貫して主張しつづけていたことだろう。

③の大坂遷都論や親征論をめぐる「王政」内の確執はどうだろう。大坂遷都論は、大久保利通が一月十七日に三職会議に提出したものだが、その主眼は天皇のありようにあった。天皇こそ彼ら討幕派の目指す「王政」、国内・国際政治路線を実行する切り札である。大久保利通の当時の分析によると、天皇が「玉簾の内に在し、人間に替わらせ玉う様に」みられ、「玉体は寸地を踏玉わざるもの」になっていることこそ「王政」に実質がない原因だとする[42]。そこで大久保は「従者一、二を率して国中を歩き、万民を撫育」する天皇、同

時に「命令一度下りて天下慄動する」天皇を求めるのである。大久保が描く天皇は、ほとんどそっくりそのまま三月十四日の宸翰にも、そして誓祭儀礼にも現れることに注意しよう。[43]このような天皇を生成する条件は、京都の「一塊したる因循の腐臭」を離れて、大坂へ遷都するしかない、と大久保は言う。[44]遷都論は「今日急務の最も急」であるのだが、「王政」内に痛烈な反対を呼んだ。久我建通《たけみち》が「薩長二藩が提携して天皇を大坂に擁し奉り、大いに私権を弄せんと企つるもの」と言ったのは、[45]ある意味で正鵠を射た解釈と認めざるを得ない。議定公家の中山が「大いに反対し」たことは驚くに値しないが、[46]議定大名の慶永と豊信の反対も強かった。それは、慶永の「諸侯の衆議をもって決す」べきだとの意見にみえるように、武力討幕派への巻き返しの側面が強かった。[47]

「王政」内の遷都論への抵抗があまりに頑強なため、岩倉は、今度は妥協策として「大坂親征」を持ち出した。親征は、「天下の耳目を一新し、体制の綱紀を拡張するの御基」になる、と岩倉は言う。神武天皇が東征したように天皇も「親征の大典を御挙行被為在《あらせらる》」べきである。岩倉は、「聖上、躬親《みずか》ら万卒に先んじ、御苦労被為在候而先ず摂海に親臨、軍艦の運転砲銃の作用など御点検被為在候」ところを求める。そうすると、「天下一同感激仕り、従来浸染の陋習を脱離し、大いに奮発」する結果をもたらすと言う。[48]天皇が二月三日に太政官代に行幸したのは、親征の欠かせない布石であったが、親征そのものは、またも議定の反対にあった。三月十一日になってもまだ行幸が決まらないとわかった岩倉は、中山忠能の妨害が原因だと推測し、「中山隠策歟」と、正親町三条に漏らした。(49)ともかく、誓祭儀礼を迎えた三月十四日にも「今日御急務中の御急務」とされた親征は、実現の運びとなりそうになかった。誓祭後の十五日に四回目の親征布告が出され、二十一日にやっと実現したのである。天皇の親征に対するもっとも執拗な反対は、公家（議定も含む）にあったが、蜂須賀茂韶《もちあき》のような諸侯も、天皇はあくまで九重の内にあるべしとの立場をとったことを付言しておこう。(50)

最後に、④の国際関係をめぐる王政内、朝廷内における確執について言及したい。公議政体派の諸侯は、鳥羽伏見開戦の直前までは「王政」の外交権を徳川慶喜に譲る考えを持っていたが、(51)討幕派は開戦にともない、外交権を握り、開国和親を宣言して、天皇による公使謁見の実現を早くも図った。しかし一月の神戸事件、二月中旬に土佐藩士が起こした堺事件、そして二月末紫宸殿に向かう英国公使パークスを巻き込んだ襲撃事件などは、尊攘的な分子がまだ広範にあったことを端的に示した。上に触れた大久保の遷都論は、神戸事件を背景に書かれたもので、日本の国際関係を重大なものとして配慮していた。岩倉の親征論にも同様の配慮があった。つまり、大久保も岩倉も、天皇を担ぎ出し、天皇のもとで新たな開国和親外交をうちたてではじめて新たな外交が成立することを主張したのである。慶永らの議定諸侯も、公使謁見となれば基本的には討幕派と相違はないが、それでも諸侯会同を開催してはじめて決めるべきだとまず抵抗を示す。最後まで抵抗してやまないのは、公家である。

中山などは、謁見が「叡慮」だと知らされると「大いに失望の形状」だった。他の公家数人が自殺したという噂までもひろまった[52]。岩倉が、そうした人々に囲まれた天皇を説得するのにどれほど苦心したかはわかりかねるが、二月十五日、慶永に伴われ、天皇のもとに行き、君主が他国の公使を引見するのは万国の通儀だと説き伏せ、功を奏した。天皇は、そこで「中山忠能を召して外国公使賜謁を命じ給う」ことになった[53]。この中山はしかし、その娘なる中山慶子《よしこ》（つまり天皇の母親）とともに公使謁見を阻止する陰謀をめぐらす。事情は必ずしも明らかでないが、中山は、謁見前日の二月二十九日に、天皇は病気で翌日にはとても紫宸殿に出御できないと御医藤木静顕が診断した、と岩倉に知らせた。岩倉は驚き、別の医者を呼んで再度診察をさせた。すると、玉体にはなんら異常のないことが判明した。岩倉は、そこで中山に「明日出御のことを奏請せられんことを願う」と言った[54]。中山慶子はその夜になって、「さて明日は異人参内〔中略〕。天顔迄拝奉候御こと、誠に誠に何と中候、世の末に相成候哉」と、絶望のどん底に落ちていた[55]。

再び誓祭儀礼

以上、討幕派が推進した基本的政治路線——将軍、幕府の処分、天皇のありよう、外交——に対する「王政」内、朝廷内の抵抗を中心にみてきた。こうした問題をめぐる確執は、当然「王政」外の社会全体にも広く反映していた。三月十四日の誓祭儀礼を実現させた木戸孝允の建議は、この点を重視し、王政復古以来の社会をこう語る。「維新の日尤浅く、御主意未普《いまだあまね》く通徹不致《いたさず》、諸藩尚方向を異にし、随って草莽輩も擲身命《しんめいをなげうち》、却って国家の加害を醸成し、僂誤方向候者も現に不少《すくなからず》、国家の不幸不容易《よういならず》、且於彼惘然の至《いたりに》候」と。木戸が指摘するこうした社会全体の問題を解決する前提条件は、もちろん「王政」内、朝廷内の問題の解決にあったのである。

上述の観点から、三月十四日の誓祭儀礼を見なおしてみると、その政治的「必要性」がいっそうはっきりしてくるように思う。紫宸殿に集まった諸臣が目の当たりにしたのは、天皇、総裁、議定、参与からなる「王政」。彼らの注目を引いたのは、「王政」の中核にすわる、その大方向を自ら決める天皇、そしてその天皇の政治を権威づける神々である。彼らの前に展開されたのは、要するに「王政」そのものの誕生で、天皇による新たな「建国」にほかならない。彼らに紫宸殿で求められるのは、神々にその政治を権威づけられ、「王政」を意味づける天皇に対して、「臣等慎んで勅旨を奉戴《ほうたい》し死して誓」う意味の奉答書に署名することのみであった。

紫宸殿における議定の姿にも、今一度目を向けてみよう。「王政」に統一性が欠けていたのは、議定が大きな原因であった。議定諸侯による「公議政体」の絶え間ない主張も、議定公家による攘夷志向も、「王政」内における深い断層線をなしていた。誓祭儀礼の場において、議定は天皇の御座にもっとも近く着座し、最初に奉答書に署名する特権も与えられるというふうに、儀礼は、彼らの「王政」における（議定としての）特権的な立場を承認するようにみえる。しかし祭政儀礼は、同時に彼らの権力を剝奪するように働くものでもあった。というのも、この儀礼的時空間に生まれた「王政」は、議定諸侯、議定公家がそれぞれ別の観点からつねに反対してきた「王政」でもあったからである。この「王政」は、明らかに公議政体を否定したもの、攘夷志向を放棄したものであった。彼らは、もはや「王政」の形成を左右することは許されない。では、その大方向の真ん中に据えられた五ヶ条なる国是は、どう理解されるべきであろう。それを次に検討してみたい。

3　誓文の五ヶ条

五ヶ条の評価

誓文を誓祭儀礼として正しく理解した時にまず気になるのは、五ヶ条というテキストの位置づけだろう。つまり五ヶ条は、多くの儀礼的シンボルの中の一つにすぎない。五ヶ条のほかに、「神於呂志歌」、「祭文」、（五ヶ条に続いた）「勅令」、「奉答書」、そして「神あげ歌」など多くのテキストとしてのシンボルがあの儀礼の場に登場するのである。シンボルは、テキストのみではもちろんない。紫宸殿の儀礼空間を形成する神座、御座、臣下軾なども、またそれぞれの場を占める神々、天皇、議定、公家、諸侯も存在する。つまり、紫宸殿に配置されたシンボル全体を考慮した時、天皇が神々（＝列祖）に（神武天皇らしく）誓った事実、議定その他の公家、諸侯がその天皇に忠誠を誓った事実、そしてそれゆえに新しい「王政」が生まれた事実などは、五ヶ条というテキストよりはるかに重要性を帯びていることがわかる。儀礼は、権力関係を構築する劇的なイベントで、テキストは受け身的な「もの」にすぎないのである。それにしても、五ヶ条は「王政」の「国是」、その「大方向」をなすのであり、我々の注目に値することも当然である。

今までにも五ヶ条の評価はいろいろになされている。「その趣意は、ともかく諸侯会議という精神から出ました。この諸侯会議ということが立憲政体の精神の基礎にあったのであります」というのが明治期の坂崎斌《さかん》の見解で[56]、『維新史』の編纂者は、「憲法政治の根元は、ここに存する」と賛成の意を表す[57]。戦前の尾佐竹猛は、五ヶ条の「主眼とする所、万機公論の一条にあり」と考えたが[58]、戦後の学者は、立憲制との関係性を論ぜず、その「開明性」に対して懐疑的な姿勢をとる。だからといって低く評価するわけでは決してない。大久保利謙氏などは、「革新政治の宣言文書として確かに傑作である」とまで言う[59]。原口清氏は、全く異なった政治的な観点から五ヶ条に接近して、「絶対主義の本質を持つ維新政府の、成立宣言としてその歴史的位置づけがあたえられよう」と言う[60]。ここでは日本であまり知られていない欧米の日本史研究者が下す、五ヶ条に対する評価を簡単に紹介したい。

維新史をもっとも明快に考察した欧米の研究者は、ウィリアム・ビーズリーとマリウス・ジャンセンだろう。ビーズリーはその名作 *The Meiji Restoration* で、ジャンセンは、複数の論文で五ヶ条に触れている。二人は、不思議にも同じ結論を導き出す。五ヶ条は、諸侯を「なだめる」、「安心させる」狙いをもつという。ビーズリーは、誓文が「維新を実行した者たちの態度と目的について諸藩を安心させるために」作成された、と主張する[61]。ジャンセンも、御誓文は「諸侯をなだめ、彼らが今から形成されていく新しい秩序の中で地位を保てることを宣言する」ものだとする[62]。ジャンセンはさらに誓文が指導層の「注意深く、周到な」態度を反映したもので、「特権階級の反感をかい、彼らの恐怖感を醸成するような、あらゆる対決を避ける」意図があった、と理解する。また、指導層は、「一切の急進的な変化を鼻であしらう姿勢」をとったことが五ヶ条に見てとれる、と付け加える。(63)こうした見方は、五ヶ条の第一条の「広く会議を興し万機公論に決すべし」を最重要視した結果であることは、言うまでもない。

五ヶ条の機能

先行研究が繰り返し分析してきた五ヶ条の作成過程は、本論とほぼ無関係なので詳しく触れないが、①木戸孝允が、由利公正と福岡孝弟が全く別の目的を持って慶応四年正月に作った「五ヶ条」を三月になって手に入れたこと、そして、②三条と岩倉と相談した木戸が、修正を施し、歴史に残った五ヶ条を完成したこと、③木戸が介入することで公議政体派の政治理念が、討幕派の全く別の(誓祭儀礼にも宸翰にも投影された)政治理念に差し替えられたこと、だけに注意しておこう。(64)原口清氏によると、木戸の修正によって出来上がった第一条の「広く会議を興し」云々は、「極度の幻想性」を示すという。誓祭儀礼を分析しないが、宸翰を重視する原口氏は、五ヶ条の内容と宸翰の内容とを対比してみたところ、五ヶ条の第二条以下はみな宸翰で触れられているが、第一条の公論振興についてのみはなんら触れられていないという。原口氏が幻想性をとやかく言うのはそのためである。(65)

筆者も基本的に原口論に賛成であるが、木戸が「公論」を五ヶ条の頭に掲げたことは無意味でないはずだ。では、坂崎が言う「立憲政体の精神」をそこに見出すのか、またビーズリーなどが言う「なだめ」効果が期待されたかと言えば、そうではないだろう。なぜならば、この「広く会議」云々は、由利・福岡作成の「五ヶ条」にあった「列侯会議を興し」の否定だからである。松平慶永が最後まで主張してきた「公議政体」論は、この第一条で終止符を打たれた。「広く会議」云々が公家を完全に排除した「列侯会議」より「包摂的」であることは確かで、諸侯も公家もどちらも排除しない公論を掲げる意味だとの解釈は可能だろう。(66) 第一を第二、第三条とあわせて考える必要があろう。諸侯、公家のみでなく、「上下」(第二条)や「官武一途庶民」(第三条)までがなんらかの形で「王政」に加わることが期待されている。(67) いずれにせよ三月十四日に成立した「王政」は、諸侯、公家の特権を保障するものではないことを、五ヶ条の第一、第二、第三条が表現するように思われる。

ここに諸侯を「なだめる」とか「安心させる」とかいう配慮があったとは思えない。同じことが第四条、第五条についても言える。第四条の「旧来の陋習を破り、天地の公道に基づくべし」は、木戸が挿入した新しい条目である。「旧来の陋習」が何を指すかについてはさまざまな説がある。最近では、アメリカの歴史家ジェームス・ケテラーは、「旧来の陋習」を「仏教」と解釈し、新政府が誓祭儀礼直後から展開する神仏分離＝廃仏毀釈へ

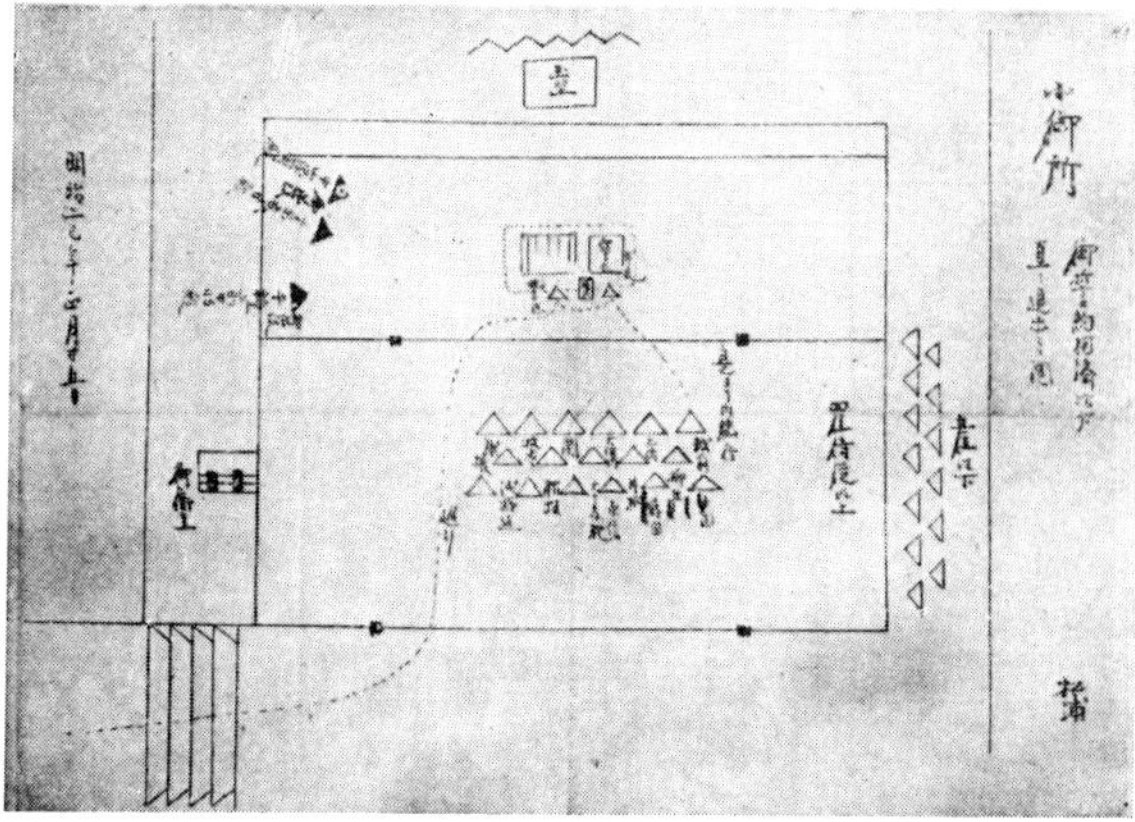

図３　誓約式、明治二年正月。『復古記原史料』（東京大学史料編纂所蔵）。

の布石をここに見出す[68]。大胆かつ魅力的な読みではあるが、木戸は反仏教的では決してなかった、という基本的な事実を著者は見逃している[69]。第四条はしかし確かに曖昧《あいまい》で、さまざまな解釈を許す。その分だけ多くの不安を諸侯、公家に惹起したであろうことは、想像に難くない。とにかく第四条も、「知識を世界に求め」云々の第五条も、「王政」内、朝廷内、社会全体に広く深く残っていた鎖国・攘夷志向の排除を意味し、天皇の意志としての開国和親を宣言したことは、もちろんである。

五ヶ条の遺産

五ヶ条がこれまで非常に注目され、繰り返し分析されてきたのは、廃藩置県後の一八七〇年代になって一人歩きしだしたことによるだろう。江村栄一氏の研究が明らかにしたように五ヶ条――とりわけその第一条――が自由民権運動の大きな刺激となったわけである。(70) しかし慶応四年三月当時の五ヶ条は儀礼の中にあってはじめて意味を持つものであった。『復古記』が示すように、「誓約式」が三月十四日以降にも繰り返し行われた。原口氏の計算によると宮、公卿、諸侯五百四十四名、中下大夫二百八十八名がその式に参列したという。(71) 図3から、明治二年正月に小御所で行われた誓約儀礼の基本的なダイナミズムが理解できる。(72) 三月十四日の誓祭儀礼と対比した時に浮かび上がる、もっとも顕著な違いは、神々が不在であること。式場にあるのは、玉座に着座の天皇と諸臣のみである。諸臣は膝行して天皇の前に設置してある「御誓詞」まで進み、拝礼そして署名をする。事情は必ずしも明確ではないが、『復古記』の記述から判断すれば、諸臣が署名したのは「勅意宏遠」云々という文章だったが、(73) 五ヶ条そのものはこの時諸臣の前になかったようだ。どうみても、維新当時は、五ヶ条というテキストよりは天皇が主役の儀礼（誓祭儀礼および後にたびたび行われた誓約儀礼）が重視されていたようである。

誓祭儀礼が可能にし、必要としたプロセスは、明治四年七月にその完成を見る。その詳細については別稿に譲るが、その主な流れを概観すると、次のようになる。まず、天皇には政治的意志があって、その意志を実施するだけの行動力があることを証明する大坂親征を天皇が行った。次に天皇が大坂親征から京都に戻り、それから軌道に乗った宮中改革が注目に値する。「後宮」から、「御勉学」「御乗馬」が可能になる「表」に天皇が移行した宮中改革は、後の江戸（東京）への親征後もさらに続くが、この宮中改革と同時に行われるのは、「王政」そのものの改革である。天皇を「王政」の中軸に制度的に位置づける動きである。その一端は、例えば、岩倉具視と三条実美が占めていた総裁職の廃止をうけ、天皇を補佐する輔相職があらたに設置されたことに見える。この輔相職を大久保利通は「天皇の内閣」と説明している。このような制度上の展開が完成されるのは、言うまでもなく明治四年七月の官制改革においてである。その改革は、「太政官に親臨して万機を総判」する天皇の登場を実現したのである(74)。

誓祭儀礼に現れた能動的で政治的な天皇は、このような宮中改革、官制改革を必要とし、可能としたのであるが、誓祭儀礼は、もう一つ重要な遺産を残した。それは、祭祀と政治とを同時に執り行う、神武天皇のような、祭政一致的な天皇の生成である。その過程は、多くの葛藤を伴った複雑極まるもので、詳細は武田秀章氏などの先行研究に譲りたいが(75)、要点は次の三つであろう。

①天照大神を祀る賢所《かしこどころ》、そして神武以降の天皇霊を祀る皇霊殿を、明治四年、皇居内

に宮中に設置したこと（のちに天皇を守護する八神などを祀る神殿も設置され、現在もある「宮中三殿」が完成する）。②同じ明治四年に、「四時祭典定則」がさだめられ、天皇がこの宮中三殿を中心に行うべき近代的儀礼の体制が決まる。その儀礼は、元始祭、神武天皇祭、皇大神宮遥拝祭、新嘗祭《にいなめさい》などのように、いずれも万世一系の神話を語るものである。③慶応四年の誓祭儀礼でみたように、天皇はこれらの儀礼を自ら執り行う、また太政官員、各省長官もその儀礼に参列することがさだめられる。

上に考察してきた慶応四年三月十四日の誓祭儀礼そのものは、天皇を軸にした権力関係の構築に影響を与え、「王政」そのもののありようを形づくった「未曾有の大変革」を意味したことがわかる。五ヶ条の内容のみが注目を浴びてきたが、誓祭儀礼は、実は多くの政治的波紋を投げかけ、重大な遺産を残したのである。

注

（1）尾佐竹猛『維新期における立憲思想』（明治大学史資料センター監修『尾佐竹猛著作集九　憲政史三』、ゆまに書房、二〇〇六年）、大久保利謙「五か条の誓文に関する一考察」（『大久保利謙歴史著作集一　明治維新の政治過程』、吉川弘文館、一九八六年）、稲田正次『明治憲法成立史』上（有斐閣、一九六〇年）、原口清「明治初年の国家権力」（原秀三郎編『大系日本国家

史四　近代二』、東京大学出版会、一九七五年）。

（2）J. L. Austin, *How to Do Things with Words*, Oxford University Press, 1962, p. 6.

（3）武田秀章『維新期天皇祭祀の研究』（大明堂、一九九六年）、一七九―一八二頁。

（4）この点に関しては筆者の『維新期天皇祭祀の研究』の書評（『神道宗教』一八四・一八五合併号、二〇〇二年、一二三―一二七頁）を参照されたい。

（5）松尾正人『維新政権』（吉川弘文館、一九九五年）、五一頁。

（6）『明治天皇紀』一の記述によると、神座は紫宸殿母屋の東面にあるとされるが、『復古記』の掲げる斎場図（「島津忠義家記」による）から判断してこれは誤りで、西面が正しい（『明治天皇紀』一、吉川弘文館、一九六八年、六四七頁、『復古記』二、内外書籍、一九二九年、八三三二頁参照）。

（7）『明治天皇紀』一、六四七―六四九頁、『復古記』二、八三〇―八三四頁参照、日本史籍協会編『嵯峨実愛日記』二（東京大学出版会、一九七二年）、二四二―二四三頁、『神山郡廉日記』（東京大学史料編纂所）。

（8）Catherine Bell, *Ritual Theory Ritual Practice*, Oxford University Press, 1992, pp. 204-218 参照。

（9）「木戸孝允建議」（『復古記』二）、八五三頁。

（10）大久保利謙氏は簾前契約について詳しく述べている（大久保注（1）前掲「五か条の誓文に関する一考察」）。

(11) 坂本太郎他校注『日本書紀』（日本古典文学大系、岩波書店、二〇〇〇年）、二一四頁。誓祭における明治天皇と神武天皇との関係に着眼した武田秀章氏の研究を参照されたい（武田注（3）前掲『維新期天皇祭祀の研究』、一七九―一八〇頁）。

(12)「一 御告諭書を諸侯一同並びに公卿一同へ拝見被仰付、一 右相済南殿へ一同宮、公卿、諸侯列座」（『神山郡廉日記』）。なお、ここで言っている「御告諭書」は、宸翰のことを、「南殿」は紫宸殿のことを指す。

(13) 以下の引用は、『明治天皇紀』一、六四九―六五三頁による。誓祭と宸翰との関係を別の観点から取り上げたものに武田注（3）前掲『維新期天皇祭祀の研究』、一八〇―一八一頁がある。

(14) 坂崎斌によると、誓祭の「決議の上において福羽美静君が余程働かれています」。福羽は、大国隆正の弟子で、当時津和野藩主の亀井茲監とともに神祇事務局を牛耳っていた人物である（坂崎斌「五か条御誓文」『史談会速記録三〇』、原書房、一九七三年、二三〇頁）。なお、福羽については武田秀章「近代天皇祭祀形成過程の一考察――明治初年における津和野派の活動を中心に」（井上順孝・阪本是丸編『日本型政教関係の誕生』、第一書房、一九八七年）、武田注（3）前掲『維新期天皇祭祀の研究』、および本書第四章「近代神道の創出」参照。

(15) 儀礼の、誤認を引き起こす働きはよく知られている。それについては、ベルが詳しく述べている。例えば、Catherine Bell, "Ritual: further considerations", Lindsay Jones ed., *Encyclopedia of Religion*, second edition, Thomson-Gale, 2005, pp. 7852-7853.

(16) 原口注(1)前掲「明治初年の国家権力」、八一頁。

(17) 『明治天皇紀』一、五五八—五八九頁。『岩倉公実記』二の示す激論の中身については、高橋秀直氏が鋭い分析を行っている。岩倉具視が容堂に対して、「卿、当《ま》さに粛慎すべし。聖上は不世出の英財を以て大政維新の鴻業を建て給う。今日の挙は、悉く宸断に出づ」と反論したくだりはきわめて有名だが（『岩倉公実記』二、一五九頁）、その反論があった証拠は存在しない、と高橋氏は論証する。岩倉具視のこの台詞は、『岩倉公実記』の編纂過程で「天皇の権威を高めるために」にわかに登場したのである（高橋秀直『幕末維新の政治と天皇』、吉川弘文館、二〇〇七年、四四一—四四五頁参照）。

(18) 『岩倉公実記』二、三〇〇頁参照。

(19) なお天皇は、この二週間ほど前の一月十五日に元服したのである（『明治天皇紀』一、五九三—五九五頁）。

(20) 『明治天皇紀』一、六一一頁。「徳川慶喜と婚戚の親ある」総裁熾仁親王が九日、東征大総督に任命された（同六一一頁）。

(21) 同前、六一一—六一二頁。

(22) 『嵯峨実愛日記』二、二三三頁。

(23) 同前、二三三—二三四頁。日本史籍協会編『戊辰日記』（東京大学出版会、一九七三年）、二二四—二二五頁。

(24) 『明治天皇紀』一、六一一頁。

(25) 同前、六四〇頁。この日のご対面に参列した鍋島直正の記録がある(中野礼四郎編『鍋島直正公伝』六、侯爵鍋島家編纂所、一九二〇年、一三一—一三二頁参照)。
(26) これらの謁見の画期的な性格については前掲拙稿「近代外交体制の創出と天皇」一一九—一二二頁や「天皇の外交と国際認識——1868~94年」(小風秀雅編『大学の日本史——教養から考える歴史へ 4近代』山川出版社、二〇一六年、四九—五二頁)および本書第三章「明治天皇の外交」参照。
(27) A・B・フリーマン・ミットフォード『英国外交官の見た幕末維新——リーズデイル卿回想録』(講談社学術文庫、一九九八年)、一七九—一八〇頁。
(28) 『明治天皇紀』一、六四四頁。なお、「捲簾」については、注(23)前掲『戊辰日記』、二五二頁参照。
(29) Mitford to Parkes, 9 April 1868, FO 46-93 (132).
(30) 『岩倉公実記』二、三四九頁。
(31) 『丁卯日記』(日本史籍協会叢書、一九七四年)、二六〇—二六一頁。
(32) 同前、一六〇頁。なお、小御前会議の政治的意味全体に関しては、高橋注(17)前掲『幕末維新の政治と天皇』、四四六—四五〇頁参照。
(33) この事情については下山三郎『近代天皇制研究序説』(岩波書店、一九七六年)、二二一—二四頁が詳しい。
(34) 『岩倉公実記』二、二一三頁。

(35) 同前、二三二頁。
(36) 同前。
(37) 開戦にあたっての公議政体派の動きについては、下山注(33)前掲『近代天皇制研究序説』、二三九―四〇頁参照。
(38) 『岩倉公実記』二、二三三―二三四頁。
(39) 『戊辰日記』、二〇九頁。ここで言う行幸は親征を意味する(後述)。
(40) 同前、二一五頁。
(41) 同前、二六七頁。
(42) 日本史籍協会編『大久保利通文書』二(東京大学出版会、一九六七年)、一九三頁。
(43) 宸翰の天皇については、本章第一節参照。
(44) 『大久保利通文書』二、一九三―一九四頁。
(45) 維新史料編纂会編『維新史』五(吉川弘文館、一九八三年)、四三五頁。
(46) 『明治天皇紀』一、六〇三頁。
(47) 慶永の動向については、注(45)前掲『維新史』五、四三五頁参照。山内豊信および後藤象二郎の反対に関しては、日本史籍協会編『大久保利通日記』一(東京大学出版会、一九六九年)、四三八頁参照。
(48) 『岩倉公実記』二、二九五―二九七頁。
(49) 『嵯峨実愛日記』二、二四〇頁。

(50) 下山注(33)前掲『近代天皇制研究序説』、八一頁参照。
(51) 『大久保利通日記』一、四二一—四二二、四二三頁。
(52) 松平慶永『逸事史補』(原書房、一九七三年)、三六〇頁。自殺については、副島種臣『使清日記』(外務省編『日本外交文書』六、日本外交文書頒布会、一九五五年)、一四九頁参照。
(53) 『明治天皇紀』一、六二七頁。
(54) 『岩倉公実記』二、三三四—三三五頁。
(55) 「中山慶子建言」(『維新史料稿本』慶応四年二月二十九日、東京大学史料編纂所)。
(56) 坂崎注(14)前掲「五か条御誓文」、二三〇頁。
(57) 『維新史』五、三九四頁。
(58) 尾佐竹注(1)前掲『維新期における立憲思想』、二四五頁。
(59) 大久保注(1)前掲「五か条の誓文に関する一考察」、五八頁。
(60) 原口清『戊辰戦争』(塙書房、一九六三年)、一四八頁、原口注(1)前掲「明治初年の国家権力」、八二—八三頁。
(61) W. G. Beasley, *The Meiji Restoration*, Stanford University Press, 1972, p. 322.
(62) Marius Jansen, 'Meiji ishin: the political context', Nagai Michio and Miguel Urutia eds., *Meiji Ishin: Restoration and Revolution*, United Nations University, 1985, p. 13.
(63) Marius Jansen, "The ruling class", Marius Jansen, Gilbert Rozman eds., *Japan in Transition: from Tokugawa to Meiji*, Princeton University Press, 1986, p. 76.

（64）三条、岩倉の役割については、稲田氏が詳しく述べている（稲田注（1）前掲『明治憲法成立史』一、一五一—一八頁）。

（65）原口注（60）前掲『戊辰戦争』、一四一頁、前掲原口「明治初年の国家権力」、七四—七五頁参照。

（66）この点に関して前掲原口『戊辰戦争』、一四三頁。

（67）閏四月の政体書では、「諸侯以下農工商各貢献の制」という言い方をする。

（68）James Edward Ketelaar, *Of Heretics and Martyrs in Meiji Japan: Buddhism and Its Persecution*, Princeton University Press, 1990, p. 62.

（69）ケテラーの議論については本書第四章参照。

（70）江村栄一『自由民権運動の研究』（法政大学出版局、一九八四年）、六六—九一頁参照。

（71）原口注（1）前掲「明治初年の国家権力」、六九頁。

（72）『復古記原史料』XXX—（2）—八九（東京大学史料編纂所）。なお、宮地正人「『復古記』原史料の基礎的研究」（『東京大学史料編纂所研究紀要』、一九九一年）、六五—六七頁参照。

（73）『復古記』二、八四三、八四四、八四五、八四七、八四九、八五〇頁参照。

（74）この宮中改革および太政官改革については、原口前掲「明治初年の国家権力」が詳しく述べている。

（75）武田注（3）前掲『維新期天皇祭祀の研究』、および同「近代天皇祭祀形成過程の一考察」。

第三章　明治天皇の外交

軍服姿の明治天皇は、明治二十四年（一八九一）五月十二日朝早く臨時汽車に乗って京都へ駆けつけた。前日、露国皇太子ニコライが大津市を巡覧中に襲われて、頭を太刀で切られた、という重大事件が起きたためである。天皇は京都に到着するや皇太子の旅館に行って、皇太子の安寧を尋ね、枕元で一時間ばかり懇談した。皇太子は露国軍艦で安静を保つことにしたため、天皇は、皇太子と汽車に乗って神戸に向かった。波止場で二人が握手をして別れた。二十日、天皇は、帰国を決めた皇太子の御召艦へ別れの午餐に行った。伊藤博文などは、天皇が誘拐されはしないかと危惧していたが、天皇は「露国は先進文明国なり、豈《あにあ》敢えて爾等《なんじら》の憂慮するがごとき蛮行を為さんや」と言い、自ら行くことに決めた。天皇と皇太子は「対食」をし、食後タバコを勧め合って一緒に吸いながら、露国の音楽も楽しんだ。「露国公使は高声に談笑せられし」天皇を初めて見たと語った(1)。

露国の軍事発動に発展しかねない重大な危機であったこの「大津事件」は、明治天皇が近代日本の外交と密接に関係する存在であったことを我々に雄弁に語ってくれる。本章では、明治天皇がどのような過程をへて、何故に、外交の先端に立つ存在となったかを検討するものである。従来の明治天皇論は、外交的な考察が欠落している。近代日本の外交史も、天皇の役割を検討してこなかった。しかし、本章の結論を先に言ってしまえば、天皇は、とりわけ日清戦争が勃発するまでの間、近代日本の外交に欠かせない存在であった。したがって明治天皇を近代日本史にただしく位置づけるとき、天皇の外交的活躍を見逃してはならないのである。

以下において、①主権と儀礼、②天皇と外務、③飾りと身体、という三つのテーマに焦点をしぼって論じていく。

1　主権と儀礼

維新政府にとっての最大の課題は、独立主権国家としての承認を列強から獲得することにあった。日本が主権国家になる条件は、まず万国公法を受け入れ、そして万国公法が定める文明国家に生まれ変わることにあったが、この過程では、天皇のありようも当然問題視され、近代日本を代表する天皇が「文明化」せざるを得ない。では、近代天皇の文明化とは何か。それは、後にみるように天皇が欧州君主の「兄弟たりうる存在」になることを意味する。欧州君主の「兄弟」になるのには、まず君主の身なりが問題となろう。明治初年、天皇が平安朝の大礼服を脱ぎ、軍服姿に着替え、散髪をしたり、髭を生やしたりしたのは、そのきわめて重要な戦略であった。それは、お雇い外国人のウィリアム・エリオット・グリフィスが指摘したとおりで、天皇が「兄弟であることを全世界に認めさせる上に大きな助けとなった」(2)。我々は天皇の君主としての「身体」をも同時に重視すべきだろう。天皇は、欧州の君主のような身体技法も、欧州君主の代表との兄弟らしき肉体的接触も求められた。君主のこのような「文明化」は、天皇が儀礼的時空間において「もの」および「ひと」を欧州の君主と対等に贈答する方法によって実現可能となったのである。このことは後に論ずる。

しかし、維新政府にとっても、天皇が自らの国内における主権を承認してもらうことが先決問題であった。そのためには、儀礼的戦略が必要であった。儀礼は、権力およびその諸関係を形成し、意味づける。他方、権力が儀礼およびそのシンボルを、自らを表現するために必要とする(3)。言ってみれば、君主の権力でもある主権は、儀礼なくして成立しない。このことに早くも気づいたのは、アーネスト・サトーと岩倉具視であった。サトーと岩倉がほぼ同時に、天皇による公使の謁見儀礼を提案したのは、そのためである。サトーは、

図1　「各国公使召見」。壁画画題考証図（明治神宮蔵）。

謁見儀礼こそ「全世界に御門《みかど》の地位を闡明《せんめい》することになるだろう」と意見を述べたが(4)、とりわけ岩倉などは、謁見儀礼をもって万国公法の世界への門戸と理解していた。「御前に候し、君主が他国の公使を召見するは万国普通の礼たることを具奏す、上之《かみこれ》を納《い》れ給う」と理解していたことが分かる(5)。維新政府は、早くも二月中旬に「万国普通の次第を以て」各国公使を天皇が謁見する布告を出した(6)。それは、万国公法という枠の中にしか列強からの承認や国家主権が存在しないことを悟り、謁見を万国公法が支配する世界への第一歩と捉えたからである。

　このように理解された謁見儀礼は、すぐさませめぎ合いの対象となった。例えば、徳川を支援してきたフランス公使ロッシュは、自らの拝謁が、天皇が主権を持つ証拠となることを理由に、ひとまず断った。(7)アメリカ、イタリア、露国それぞれの公使も、謁見が「大君を侮辱する」ことを恐れ断った。(8)朝廷内でも反対は当然起きた。前章でも述べたように、天皇の祖父に当たる中山忠能《ただやす》、母なる慶子が反対の中心となった。謁見の前夜、天皇が病気でとても謁見できないことを中山忠能が岩倉に告げたが、岩倉は医者に天皇の検査を委《ゆだ》ねてみたら、健康に異常はないことが分かった。慶子は「明日は偉人参内［中略］。天顔迄拝奉候御こと誠に誠に何と申候、世の末に相成候哉。更に落涙の他なく候」と絶望のどん底に落ちた。(9)朝廷の反対は、謁見儀礼が実現することによって天皇が開国和親のシンボルになることを彼らが熟知していたことに由来するのである。では、前代未聞のこの天皇による公使の謁見儀礼は、どんなものだったのか。三月三日の英国公使の謁見の様子を検討しよう。

謁見の場は、即位式等、主要な朝廷行事が執行される紫宸殿だった。金色の刺繡の付いたきらびやかな制服姿で、羽毛飾りの帽子を片手に、靴を履いたままの英国公使のサー・ハリー・パークスは、紫宸殿の東階段から昇殿した。御帳《みちょうだい》台や、その中で椅子に凭《もた》れている、烏帽子を被った引直衣《ひきのうし》姿の天皇が彼の前に現れた。眉を剃られ、ほおに紅を差され、唇は赤と金に塗られ、歯はお歯黒で染められている、十六歳の明治天皇である。(10)パークスが紫宸殿に入ると天皇は立ち上がった。パークスは御帳台に近づき、特別に拵《こしら》えられた一段と高くなった台の上に昇った。天皇はそこでささやかな声で挨拶を読んだ。

　貴国帝王安全なるや、朕これを喜悦す、自今両国の国際益《ますます》親睦永久不変を希望す。

伊藤博文が英語に訳して読んだ。パークスは答えた。

　我本国帝王陛下安全也。天皇陛下御尋問の件々且御懇親の勅意、余欣然として本国政府に可奉通達《つうたつたてまつるべき》也［中略］。この節貴国において全国一般の御政体を被為立《たたせられ》、万国の法律を公法を基根と被為遊《あそばされ》し故、追々外国交際盛なるべき議、必然と奉存《ぞんじたてまつる》也。

天皇は、

　去る三十日貴公使参朝途中、不慮の儀出来、礼式延引、遺憾の至りに候。今日改めて参朝、満足に存じ候。

パークスが、

　今日の厚きの御待遇を以て過日の不幸は奉忘除候也。

と答えて西階段から退出すると、この十分たらずの謁見儀礼は終わった[11]。

ちなみに、天皇が触れた「不慮の儀」とは、二月二十九日にパークスが紫宸殿に行く途中、攘夷分子に襲撃された事件をいうが、謁見はそのため三月三日に延期された。ここでは、謁見の通訳を務めたミットフォードの感想を引用して、儀礼の画期性について注意したい。「今や突然に神殿のヴェールは引き裂かれ、［中略］現人神の少年が雲の上から降りてきて、人間の子と同じ席に着いたのである。そればかりでなく、彼はその貴い顔を人の目に触れさせ、「外夷」と親交を結んだのである」。そして「ここに日本は国際礼譲の場へ諸国と対等の条件で入る準備が整ったのである[12]」。

パークスが主役となった、同年閏四月一日に大阪の東本願寺で行われた国書の捧呈儀礼では、ミットフォードがいう「対等の条件」が一層現実性を帯びたようである。パークスが国書を天皇に捧呈した儀礼は、「日本外交史上、特筆大書すべき一事[13]」で「列国に先んじて英国が正式に明治政府を承認した」と『外務省の百年』は評価する。この国書の歴史性は、ヴィクトリア女王が明治天皇を主権者と認め、君主間の対等性を宣言したことに存する。いうまでもないことだが、国書は、聖なるもの扱いをされる、君主から君主に宛てた書簡である。君主が公使から直《じか》に手に取ることにより、君主、国家が直に結びつけられる装置でもある。ヴィクトリア女王からの国書でまず注目されるのは、呼称だろう。国書は、

the most high, mighty and glorious prince, his imperial and Royal majesty the Mikado of Japan. Our good brother and cousin, Most high and mighty Prince!

と切り出し、

Your imperial and Royal majesty's affectionate sister and cousin Victoria R.

と結ぶ。ヴィクトリア女王はここで天皇を「兄」、「従兄弟」と見なし、そして自らを「友愛にあふれた妹、従姉妹」と位置づける。公式な日本語訳は、血族めいた関係を省き、「兄弟に同じき大聖日本天皇」となるが、万国公法の原則たる対等性が国書のいたる所に見える。国書は、天皇も（ヴィクトリア女王も）同じ「インペリアル、アンド、ロヤル、マジェステイ」、英国も日本も従って同じ「エンパイヤ」である、そして相互の「友愛、良き理解」によってその帝国が結びつけられる、と強調するものである(14)。

英国の国家権力は、日本より遥かに優れていたが、これらの儀礼は、君主間の関係が対等な可能性を常に孕むことを示すもので、天皇が自らの対等性を列強に訴える場ともなった。維新政府がヴィクトリア女王第二皇子エジンバラ公の来日を「内外にとり実々大事」と歓迎した理由は、そこにあった。岩倉は新時代に相応しい、全く新しい儀礼の工夫――つまり「天皇自身が受けるのと同様な栄誉をもって遇」すること――をパークスに約束した(15)。例えば「道路わきの家の二階の雨戸は紙で目張りして、この高貴なお方を覗き見できないようにしてあった。［中略］殿下の馬車が通過する時、沿道の群がった人々はひれ伏して、額を地面にすりつけた(16)」。皇居内でも、まさに天皇とエジンバラ公の、兄弟に等しい関係を演じることにもなった。十六歳の天皇と二十五歳のエジンバラ公が大広間の上段で向かい合って挨拶を交わす幕があり、吹上の滝見茶屋で天皇とエジンバラ公が国際状況を対談する幕もあり、ギフトの贈答もあった。ヴィクトリア女王は「接待方を委細聞き喜悦に絶」えない、というのがパークスの評価であった。

エジンバラ公の来日前から燻《くすぶ》っていた問題に、「外国交際上第一義にも有之候」と外交団が理解していた「君主敬称」の問題があった。君主敬称は当然君主間の権力関係に密接に繋がる問題であった。天皇の勅語、海外国書の公式日本語訳等に見える列強君主の敬称は、確かに乱れていた。一例を挙げると、パークスは明治元年十一月に東京で天皇に拝謁するが、その口上書は「我主君たる英国皇帝」と和訳されたのに、勅答には「貴国帝王」とあった(17)。さらに翌年二月に外国官は、ドイツ公使宛の書簡でドイツ君主を「国王殿下」とした(18)。これらは、ドイツ公使が言う「一時之写し誤」に過ぎなかったかもしれないが、維新政府は敬称に対して実に過敏であった。寺島宗則などは「皇帝は支那の主の称」で、なぜ「支那を窃称」しなければならないのか、と言っていた(19)。寺島は、「貴国語を貴国文並片仮名文にて御認《したた》め」るよう提案した(20)。公使たちはしかし、片仮名は不可で、「皇帝」が望ましいと返答した(21)。明治三年になっても結着のつかないこの問題のために、パークスは事を起こして、解決をさぐった。

パークスは、明治三年（一八七〇）三月十五日、ホーンビー提督や通訳のシーボルトを連れて参内した。天皇の勅語をシーボルトが英語に直すと、パークスはシーボルトに向かって「天皇に伝えたいことがある、通訳せよ」と言った。それは、勅語の「帝王」を「皇帝」に改めてほしい、そうでなければ、我国の元首に対し不敬になる、ということだった。(22) この事件は、不明な点もあるが、同年六月十八日に横浜の英国公使館で外交団と維新政府の代表が出席する大会議を導き出した。維新政府が、「皇帝」も「帝王」も「支那の文字」なのでどちらも放棄して、君主の敬称はカタカナを使用してほしいと迫ると、外交団は、「皇帝」などが「西海万国に普《あまね》く流布候義に付、御改定無之《これなき》方可然《しかるべし》と存候」と拒絶した。(23) カタカナ案も同時につっぱねた。維新政府は君主間の対等的関係を歓迎する一方、天皇の特殊性を訴える、という立場をとった。つまりは「天皇」が「皇帝」にさし換えられ、その特殊性が埋没してしまうと危惧していたのである。なお、「我国皇帝は顕津神天皇」と述べた寺島に対し、フランス公使は、それなら我が皇帝ナポレオンにも「天皇」の字を当ててもらう、と反論した。(24) その場で柳原前光もまた「我国の如き、万世一系、各国無類の国体を存す」と主張すると、フランス公使はとどめを刺した。各国君主に同じ敬称の「皇帝」を使ってはじめて「交際上の礼挙《あが》りて、懇親の誠意貫徹」するのだ。日本側はようく、「其国敬称の尊卑に関係せず、皆大皇帝を以て呼」ぶ姿勢を示したが、この敬称問題は、明治六年(一八七三)まで尾を引いた。(25) その解決はのちにみることにするが、まず六月に議論されたもう二、三の儀礼関係の問題に触れておこう。いずれも、約束された君主間の対等性を損なう可能性を孕むものであった。

その一つは「公使参朝の節、随従の兵隊引率」の問題だが、「兵隊引率」は、「属国同様の訳柄にも相当り、実に国威を潰し候第一事」と外務省は評価していた(26)。外交団はこの六月の会議で日本側の主張を渋々ながら受け入れた。さらに、天皇の謁見について、国書捧呈のためなら天皇は立ち上がるが、そうでない場合は座ったまま外国公使に挨拶をする、という政府の主張も通った。他方、公使たちが「沓《くつ》のまま御前へ進み候」ことも議論した。パークスなどはブーツを履いて京都御所、東京宮城に昇殿したが、外務省内でいろいろと考慮した結果それを許すことにした。「何分彼《かの》沓を脱し候節は所謂我朝服に冠を失いしに等しきものに相当り候」と。禁止するかわりに畳を外して「桜の間辺廊下及び拝礼の場所」を全部板敷きにすることにしたのである(27)。

さて、敬称問題の解決だが、維新政府は三年六月の会議以降、やはり海外の君主を無差別に「皇帝」「皇帝陛下」と称することに決めたが、海外に対しては自らの君主を「大日本国天皇」などと訴えつづける。六年一月のイタリア皇帝宛の親書を契機に、海外向けにも「皇帝」に切り替えた(28)。明治政府はしかしこれで天皇の特殊性を訴えなくなったわけではもちろんない。実は四年十一月からの勅答などは、「天佑を保有し、万世一系の帝を践《ふ》みたる」天皇、というふうにその特殊性を一層強調しはじめる。このタイミングは、近代初の大嘗祭の執行と無関係ではなかろう。天皇の祖先を神話時代に位置づけ、万世一系の史実を上演する明治四年の大嘗祭は、列強の公使を対象にした国際的儀礼として催された(29)。言ってみれば、天皇号にこだわる必要はもはやなくなったのである。そこで明治六年一月をもって「天皇」をやめて「皇帝」に切り替えると同時に、政府は国書などにおいて西暦でなく神武暦を使いだした。そして上述のイタリア宛の国書は、「神武天皇即位紀元二千五百三十三年明治六年一月二十日」と締めくくった。このように、普遍的な「皇帝」がつねに特殊的な、つまり万世一系的な形容詞に装飾されることになったのである。

2　天皇と外務

日本が主権国家でない最大のシンボルは、いわゆる「不平等条約」だったが、その条約改正の決定権は列強にあるため、明治政府はしかたなく自らを列強のイメージに合わせて変容させていく。主権者たる天皇のあり方も、この過程の中で大いに注目される。では、国家主権獲得というプロセスの中で天皇が貢献できた領域は何か。それは「贈答」、つまり「ひと」、「もの」の海外君主との「贈答」であった。ここでは同じ身分を持つ「ひと」、同じ価値を有する「もの」を天皇が欧米君主と贈答する営みが、主権国家の承認を獲得する前提となることを論じる。贈答の内実については後にみるが、「贈答外交」は、天皇が独断でとりかかった訳ではなく、外務卿が常に主導権を握っていた。そこで、廃藩置県前後、天皇が外務とどうかかわっていたかをまず簡単にみてみよう。

明治四年後半の太政官制改革では天皇は太政官の「正院に臨御して万機を総判」し、太政大臣、左右大臣、参議を輔弼《ほひつ》とするが、最高の地位は太政大臣が占めた。外務省は、太政官の「分官」とされ、その卿は、天皇から委任を受けた「宰臣」として全権をもつ。「外務省事務章程」（四年八月）の第一条は言う。「各国帝王〔中略〕に対し我天皇陛下の御《ぎょ》璽《じ》を下し玉える文書を贈答するに当っては、外務卿其旨を奉じ、これを貫徹しこれを保護」する、続いて「我天皇陛下より各国帝王に対し慶弔依托許可などの勅書を贈答する」場合など「それに印すべし」。ここで天皇の贈答は、外交の最も重要な営みと位置づけられるが、究極的な責任は、外務卿にある。(30) 六年に改正された外務省の「事務章程」によると、外務卿が「諸省長官の最頂」とされ、その職掌は「朝政の万機に通知し恭《うやうやし》く聖意を体して時々の論旨を遵奉し、並《ならび》に邦国相交るの公法を照準し、海外各国政府と我帝国天皇陛下政府との交際事務を奉行する」とあるように、依然として天皇と外務卿が近代外交に臨むことが期待されていた。(31) 以下に天皇の贈答を検討するが、こうした天皇と外務卿との密接な関係がその背景をなすのである。

明治天皇は、外務卿指導の下で明治五年十月から条約国に「交際官」を派遣する目的を持って、人物の任命、委任状（国書）の発行に乗り出す。国書の嚆矢は、廃藩置県後の明治五年に寺島が大弁務使として英国に持参したもので、「天佑を保有し万世一系の皇祚を承くる大日本国天皇むつひと敬《つつしん》で大不列顚国皇帝陛下に曰《もう》す」と切り出し、「明治五年壬申四月二十八日東京城に於て自ら名を署し、璽を鈐《お》す」と結ぶ、万国公法にならったものだった(32)。同年十月、明治政府は特命全権公使、書記官等の欧米制度を導入し、その後すべての条約国に天皇委任の公使を徐々に派遣していったのである(33)。

天皇委任の外交官は、公使のほかにも特命全権大使があり、例外的には「特使」もあった。廃藩置県直後から特使、大使は重大な責任を負わされた。明治四年から米欧を回覧した岩倉大使、明治六年渡清した副島大使はよく知られるが、興味深い事例はほかにある。フランス駐在の公使の鮫島尚信は、明治十二年（一八七九）にスペイン皇帝の婚礼に派遣され、欧州諸国の皇族、大使らと共にアトチャ聖母カトリック教会であげた婚礼ミサに天皇の「特使」として参列した(34)。明治十四年柳原前光露国公使は、暗殺されたアレキサンドル二世の国葬に特命全権大使として参加した(35)。天皇が海外に派遣したさらなる範疇もあった。それは皇族である。天皇が自らの親族を海外に派遣したのは、有栖川宮熾仁《ありすがわのみやたるひと》親王を最初とする。そのきっかけは、明治十六年予定の露国皇帝アレキサンドル三世の戴冠式だった(36)。

ここでは、特使、大使、皇族の親任、海外派遣が、欧州皇族の通過儀礼たる即位、婚礼、国葬などと深く連関したことに留意したい。十九世紀後半の欧州君主は、血族関係にあり、みずからのことを一大家族と想像していた。これらの慶事、弔事は自らの家族感覚を固める重大な契機となった。明治政府は、明治十二年から天皇親任の大使などをこのような儀礼に参加させる必要性を痛感しはじめた。外務省は同年「御国は東洋に孤立し、欧州近接の帝王国相互いに血縁これありとは自ら親疎の差等は有之候得共《これありそうらえども》」と、問題意識をのべたが、大使派遣こそ解決だと提案した。「各国君主と慶弔の感覚を具し、吉凶の礼典に参し、以て各国をして我国の欧州諸国君主と同交社会にあるの感想を抱かしめ」[37]る、と。明治政府は、早急に大使派遣に踏み切った。その目的は、天皇そして日本の文明的存在を国際舞台において印象づけることにあった。上述の親任、派遣は、主権者なる天皇による贈答儀礼の片方だけである。もう一方は、赤坂仮皇居において行われた外国公使謁見であった。それを次に検討してみる。

3　飾りと身体

明治時代の日本人で天皇ほど外国人に顔を合わせた者は稀だろう。天皇は、ハワイ皇帝、アメリカ前大統領、英国、イタリア、露国、ドイツ、オーストリア、ギリシア、シャム（タイ）の皇族、ローマ法王使節、条約各国の特命全権公使、海軍艦隊司令長官、そして多くのお雇い外国人に謁見をゆるした。これらの臨時謁見のほかに、定期的な謁見も十四年以降設けられた。「三大節」と言われた正月、「紀元節」（二月）、「天長節」（十一月）がそれである。公使たち、およびその婦人は、十四年になって新年宴会で親王、大臣、参議、卿と同席を許された。天皇の誕生日である天長節も、同年から日比谷陸軍操練所の飾隊式と天皇主催の祝宴に公使を招聘するようになった。三大節のほかにも、天皇皇后両陛下主催の観桜会（四月）、観菊会（十一月）も同時に設けられ、外国公使の参加がその最大の狙いであった。

図2 「観菊会」。壁画画題考証図（明治神宮蔵）。

天皇が主役の臨時謁見儀礼は、公使の着任、離日が大多数だったが、勲章の授与・受理を目的とした謁見が特筆に値する。明治日本の勲章制度の形成過程などの詳細については、別稿にゆずることにして、ここでは、二、三の重要な事例を紹介するにとどめる(38)。

図3　明治天皇御真影。

明治十二年五月、ドイツ皇族ハインリッヒ親王は、軍艦士官として東洋巡航中、日本に寄港した。同月二十九日という日が歴史に残る理由は、明治天皇がハインリッヒ親王から勲章を授けられ、初めて佩用《はいよう》したからである。[39] 天皇は、参内した親王を小御所代の敷居際まで迎え、自ら佩用していた菊花勲章を外す。親王は、そこで黒鷲大綬章を天皇の左肩より右脇にかけ、黒鷲章を天皇の軍服の左胸につけた。『明治天皇紀』が誇らしげにいうが、まさに「該勲章は亜細亜諸国帝王には未嘗《いまだかつ》て贈与せられ[40]」ざるものだった。親王が六月に告別のため再度参内すると、今度天皇は菊花大綬章を授与し、親しく「佩用の方を示したま」わった。同年イタリアのアンノンシアード勲章を天皇がもらったのは、イタリアのジエノヴァ親王の二度目の来日の際だった。捧呈儀礼にも特筆すべき局面があった。親王が勲章を天皇の左胸にまず付け、綬をその首にかけた。すると、「従兄弟たるの契約を結ばせられしに由《よ》り、其儀を行うべし」と陳上したうえ、「進みて玉体をだきたてまつ」った[41]。宮中顧問官の吉田要作は、接吻を受けた「天皇の態度はまことに立派にあらせられた」と回想している[42]。明治天皇は後日、離日する親王に菊花大綬章を授与した。

エドアード・キヨッソーネ、丸木利共作の著名な御真影は、明治天皇と勲章との関係性を見事に示すものである。御真影の作成も、実は勲章と密接に関連しているのである。キヨッソーネが天皇をスケッチする直前の明治二十年（一八八七）十二月に勲章制度が改正され、大勲位菊花章頸飾、勲一等旭日桐花大綬章、瑞宝章と宝冠章が新たに設けられた。御真影の天皇は、これらの勲章を皆佩用している。新しい勲章を誇示するための御真影とでも言えそうである。多木浩二氏が言うとおり、最も強い印象は天皇の背をまっすぐにした姿勢から出ているが[43]、我々の目線はそれゆえ、しかたなく天皇が張っている胸、そしてその胸に輝いている勲章に行く。御真影は国内に下付され、聖なるもの扱いをされることはよく知られているが[44]、欧州君主と贈答する対象でもあったことを我々が忘れてはいけない。この御真影に見える天皇は、新たに栄誉の源泉となり、いつでも欧州の君主と交際をして贈答できる、まさに文明的君主なのである。

我々がこれまで見てきた、謁見し、親任し、贈答する天皇は、従来の研究がこだわった

「天皇像」の問題でないことをここで強調したい。注意が必要なのは、天皇像ではなくて、天皇の身体である。天皇は、欧米人と頻繁なる肉体的接触――ジェノヴァ親王の接吻、天皇自身による勲章の付け方、さらにグラント前大統領の来日を契機に定着した天皇の握手などなど――によって多木浩二氏が重視する「近代的身体技法」を身につけて、自らの身体をつねに再生産していく。

明治天皇の外交を評価するときに、立憲君主として決定権を有しない、無力の存在だった事実のみを見るべきではない。天皇は、自らの文明化をもって列強に対し日本の文明化をアピールする貴重な役割を果たしたのである。その「文明化」は、主権国家の承認を取り付けるための基本的条件であり、その過程においては天皇の贈答儀礼は最重要のものであった(45)。与えられた外交役目については天皇がどう考えていたのか計り知れないが、「外国人に対して拝謁仰せ付けられることは御嫌い」という万《ま》里小路《でのこうじ》通房の回想がある(46)。謁見における天皇の無口の態度は外国人の不満の種でもあったらしいが、天皇が自らの役を怠った形跡はないし、むしろそれが外交上欠かせないことを把握していたのだと思われる。

注

（1） 官内庁編『明治天皇紀』七（吉川弘文館、一九七二年）、八二九―八三〇頁参照。

（2）W・E・グリフィス『ミカド——日本の内なる力』（亀井俊介訳、岩波文庫、一九九五年）、二二八—二二九頁。
（3）儀礼と権力に関する古典的な議論は Catherine Bell, *Ritual Theory, Ritual Practice*, Oxford University Press, 1992で、とりわけ第9章を参照。
（4）萩原延寿『大政奉還　遠い崖6』（朝日文庫、二〇〇七年）、一四七頁。
（5）多田好問編『岩倉公実記』中巻（原書房、一九六七年）、三二〇頁。
（6）外務省百年史編纂委員会編『外務省の百年』（原書房、一九六九年）、一六頁。
（7）萩原注（4）前掲『大政奉還　遠い崖6』、三〇二頁。
（8）同前、三〇七—三〇八頁。
（9）『岩倉公実記』中巻、三三四—三三五頁。
（10）A・B・ミットフォード『英国外交官の見た幕末維新』（長岡祥三訳、講談社学術文庫、一九九八年）、一七六頁。
（11）謁見儀礼の詳細については、『法規分類大全　外交門三』「外賓折半」（原書房、一九七七年）、一二二—一二九頁参照。
（12）ミットフォード前掲注（10）『英国外交官の見た幕末維新』、一七九—一八〇頁。
（13）前掲注（6）『外務省の百年』、二二頁。
（14）式次第等については、「外賓折半」一二九—一三二頁、およびアーネスト・サトウ『一外交官のみた明治維新』下巻（坂田精一訳、岩波文庫、一九六〇年）、二〇一頁参照。

(15) 同前、二一六頁。
(16) ミットフォード前掲注(10)『英国外交官の見た幕末維新』、二四〇頁。
(17) 外務省編纂『日本外交文書』第一巻第二冊(一九五七年)、六七一―六七九頁。
(18)『日本外交文書』第二巻第一冊(一九五四年)、二〇九頁。
(19) 同前、三三二頁。
(20) 同前、二九六頁。
(21) 公使の度重なる議論に関しては、同前の、例えば三九―四二頁、三四五―三四八頁、四七七―四七八頁、六一五―六一八頁参照。
(22) この事件に関しては、澤宣和「英国元首敬称問題の顚末」(史談会編『史談会速記録』三〇巻、原書房、一九七五年)、一三三―一四二頁、および「英吉利公使謁見の不都合の次第に関する件」(『日本外交文書』第二巻第一冊)、六六三―六七三頁参照。
(23)『日本外交文書』第二巻第一冊、六八一頁。
(24) これに関しては、杉本史子「「天皇」号をめぐって」(『歴史評論』四五七号、一九八八年)参照。
(25)『日本外交文書』第二巻第一冊、六七八―六八三頁。
(26) 同前、六八〇頁。
(27)「外賓折半」、一〇一頁。
(28) 国内に対してはずっと「天皇」を名乗りつづけるのは、周知のとおりである。

(29) この近代初の大嘗祭の国際性については、武田秀章「明治大嘗祭の一考察」(『維新期天皇祭祀の研究』、大明堂、一九九六年、所収)を参照のこと。
(30) 前掲注(6)『外務省の百年』、八八―八九頁。
(31) 同前、九九―一〇〇頁。
(32) 『日本外交文書』第五巻(一九五五年)、五―六頁。
(33) 『法規分類大全 官職門一』(原書房、一九七八年)、五七六―五七九頁。
(34) 宮内庁編『明治天皇紀』四(吉川弘文館、一九七〇年)、七四六頁。
(35) 「外賓折半」、一九頁。
(36) 有栖川宮の巡航関係の史料は、『日本外交文書』第一五巻(一九五一年)、一一五―一五〇頁におさめてある。
(37) 「外賓折半」、二三―二七頁。外務卿が動き出したのは、欧州駐在の鮫島・青木両公使の書簡に刺激されてのことであったらしい。
(38) 詳細は、拙稿「近代外交体制の創出と天皇」(荒野泰典編『日本の対外関係7 近代化する日本』、吉川弘文館、二〇一一年)参照。
(39) 『明治天皇紀』四、六七二頁。
(40) 同前。
(41) 同前、八一〇頁。
(42) 木村毅『文明開化』(至文堂、一九五四年)、三二一―三三三頁。

(43) 多木浩二『天皇の肖像』(岩波新書、一九八八年)、一四二―一四五頁。
(44) 同前、一七六―二〇六頁。
(45) 明治天皇の外交は、欧米列強との関係だけで理解しきれないことは当然である。清国、琉球王国、朝鮮との外交関係においても、天皇の役割を検討すべきである。これに関しては、拙稿「近代外交体制の創出と天皇」を参照されたい。
(46) 堀口修編『明治天皇紀談話記録集成』一(ゆまに書房、二〇〇三年)、七六頁。

第二部　近代神社・神道の祭祀と儀礼

第四章　近代神道の創出——神仏判然令が目指したもの

近年、欧米の宗教史学者が維新政府の宗教政策に目を向け、注目すべき成果をあげている。アラン・グラパール氏をはじめ、四人の研究がそれである。

アラン・グラパール氏は、「神社仏閣複合体」（shrine-temple multiplex）というユニークなタームを用いて、藤原鎌足を祀る多武峯《とうのみね》（談山神社、奈良県桜井市）について先駆的な論文を発表した(1)。グラパール氏によれば、明治初年の宗教行政は失策であった、なぜならそれは神仏の思想交流の中断と、文化史の否定を意味したものにほかならないからである(2)。「文化センター」としての多武峯こそが「日本の宗教文化の基本的な側面」を担っており、それを破壊した神仏分離を「重大な文化革命」である、と(3)。このようにグラパール氏の関心が神社仏閣複合構造にあったとすれば、マーティン・コルカット氏の場合は、仏教の寺院と僧侶を、むしろ神道と切り離して捉えている。コルカット氏は、排仏が明治の新思想ではなく、徳川時代の大多数の知識人にみられる思想的特色であったことを指摘し(4)、さらに、明治政府の仏教攻撃を過度に単純化して批判すべきでないと警鐘を鳴らす一方、神道の振興が「理解への重要なキー」と理解する。彼はさまざまな側面から仏教の荒廃状況を調べただけでなく、貴重な統計的例証も提供する。それによると、徳川期日本の寺院の推計四十六万のうち、およそ一万八千が、一八七二年（明治五）から七四年の間に破壊された。そして、約五万六千人もの僧が還俗《げんぞく》させられた。コルカット氏によれば、明治初年の仏教は真に絶滅の脅威に直面したのである(5)。

ヘレン・ハーデカー氏も、近代日本の神道と国家に関する単著において、明治初年の宗教政策を論じている(6)。いわゆる「国家神道」は維新に始まった、と彼女は言い、それは仏教の甚大な被害を伴って、神道の地位を上昇させようとするものであった。すなわち、「神職は獰猛で執念深い破壊行為によって、うっ積した恨みを発散した。僧侶は聖職を奪われ、土地を没収され、彫像や調度品が大砲用に鋳潰《いつぶ》された(7)」。ハーデカー氏は不思議にも、神職がこうした活動に関与した証拠をなんら示していないのだが、とにかく神社に影響を与えた制度およびイデオロギー双方に関する、きわめて重要かつ有益な分析を行っている。彼女は大教宣布運動について、その展開と崩壊、そしてとくに大切な点として、黒住《くろずみ》教や金光《こんこう》教などの新宗教の出現にいたる経緯について論じている(8)。

最後に、明治仏教に関するジェームス・エドワード・ケテラー氏の研究がある。著書

『邪教／殉教の明治』は、明治日本の宗教的・政治的変革を解明する上で大きな成果をもたらしたものだが、とくに近代化による仏教の変容を中心に論じている。[9] 明治の終盤にもなると、仏教は「国家の文化的パラダイム」として立ち直り、教義と日本の社会や政治文化との調和をおおかた実現したが、その変容は、維新政府が仏教を「邪教」とか穢れ多いものとして扱っていたことに端を発していた、とする。[10] 明治初年における仏教の破壊的被害という認識が前提となっている。なるほど排仏の「論拠」は近世思想家の提供したものだが、その方針を継承し、実行したのは明治の官僚にほかならない。明治の廃仏毀釈は、「退廃的で、本質的に災禍」という仏教観の産物であった、とケテラー氏は言う。[11]

これらの研究はいずれも、西洋における明治初年の宗教政策に関する理解への重要かつ希少な貢献として評価したい。だが共通する問題点として、関与した人物の歴史的考察の欠けていることが指摘できる。宗教政策を創出・推進した学者や、それを支えた官僚に関する議論にいたっては皆無に等しいと言える。こうした関係者についての理解を深めないことには、当時の動向は解明できないというのが筆者の立場である。上述の欧米における研究業績では、当事者への誤解が多い。これは、仏教徒を犠牲者とし、神道者と官僚に加害者の役を振り当てるという、欧米の研究者に共有されてきた理解の枠組みによるものであろう。

本章ではまず、明治初年の宗教政策を指導したイデオローグに注目し、その言動を探究することによって、欧米研究史上の既存の枠組みを再検証する。第二に、明治期の官僚に注目し、彼らが抱えていた宗教的課題への考え方と、かかる対策を講じた理由を解明したい。そして第三の課題は、地方神職の動揺の実態を調査して、「加害者としての神道者」像を再考することである。

1 津和野派イデオローグの登場

すでに慶応四年（一八六八）三月二十七日の段階において、津和野藩主亀井茲監《これみ》、および幕末に藩政の指導的役割を担った家臣福羽美静《ふくばびせい》が、維新政府の宗教問題を扱う神祇事務局の主導権を掌握していた。亀井・福羽が早々と政府要職に就任したのは、長州藩の木戸孝允の後援による⑿。長州藩は倒幕と朝権回復に威力を発揮し、木戸ら長州人は旧幕府同盟軍に対する戦略および京都に拠点を置く維新政府の舵取りにおいて、政治力を誇示した。木戸の亀井・福羽への支援については、地理的環境と歴史的背景、そして人的交流の側面からうかがえる。長州・津和野両藩は隣接する地縁のみならず、文久年間以降、藩主同士が尊皇主義への挺身を根幹として信頼関係を構築した。さらに福羽美静は長州藩士をよそおい、京都の急進的な勤王志士に仲間入りしている。福羽は木戸に安心して政策理念を任せられる人物と見込まれ、大国隆正の師説を着実に提案していく。大国は津和野が生んだ江戸時代の偉大な思想家の一人であり、亀井と福羽が神祇事務局に赴いたわずか一週間後、七十六歳の老齢を厭わず政府への参画を果たしている。(13)

図1　福羽美静（1831-1907。山田静水筆、津和野町教育委員会蔵）。

この三人は、国家の宗教・イデオロギー政策の推進者であったが、彼らのみが政府のイデオローグであったわけではなく、また後述のように官僚を抜きにしては宗教政策を語ることは到底できない。福羽はしかし、近世朝廷の祭儀をつかさどった吉田家（吉田良義）・白川家（白川資訓）との抗争に果敢に挑み、津和野派に批判的な常世長胤ら平田派国学者とも意見を戦わせた。のちに門脇重綾（鳥取）や浦田長民（伊勢）などの同志を得ることができたものの、国家祭祀の整備と社寺行政にもっとも力を尽くしたのは、大国、亀井、福羽ら津和野派のイデオローグたちであった。(14)そしてなによりも、悪名高い神仏「分離」令の起草者は亀井と福羽であった。(15)

一連の草案は政府に提出され、慶応四年三〜四月に布告・通達された。そもそもこれらは何を意図し、起草の狙いはどの程度まで達成されたのだろうか。彼らの意志と動機を解明することは困難だが、手がかりは皆無ではない。亀井家所蔵の文書には、神仏判然令以上に大胆かつ包括的な宗教改革構想をうかがわせる草案が残されている[16]。その考察に入る前に、判然令公布の四日前の慶応四年三月十三日に政府が出した「祭政一致の御布告」にふれておこう。これは福羽と亀井の手で作成されたと思われるもので、判然令を考える上できわめて重要である。政府の機関誌『太政官日誌』で公表されたこの布告は、神武創業に基づいて祭政一致の制度を回復すべく、神祇官を再興して祭儀を執行し、諸神社の神職を付属しようというものであった。政府は、これらの公的機能を統合することを目指していたのである。布告は祭政一致が新しい制度でなく、神武創業に基づいて政府が定めたものであることを強調し、それは、神祇官という古代律令制度における祭祀の中枢を復興させること、同時に国内の神社の由緒ある祭儀を再興させること、そして原則上、すべての地方神社の神職は「私的」神道家である吉田家・白川家との関係を絶ち、神祇官の管轄下に入ることを意味したのである。

祭政一致の布告の狙いは、神社（とその神職）を国家儀礼（つまり祭祀）の場として国家に連結することであった。むろん方針を徹底するためにはさらなる変革が必要であった。

それは月日をかけて段階的に始動する。ただ、この布告は決して無効にされたり、否定されるということがなく、むしろ、太平洋戦争終了までの国家と神社との関係を設定したものとして理解できよう。

福羽と亀井が起草した最初の判然令は、四日後の三月十七日に神祇事務局通達によって日の目を見た。諸国大小の神社において別当あるいは社僧に復飾することを命じたものだ。[17]対象者の多くは、天台宗や真言宗の僧侶、そして修験者であった。次いで三月二十八日、「仏語を以て神号と為す神社は其の事由を録上せしめ、及び仏像を以て神体と為す神社を改め社前に仏像仏具ある者は之を除却せしむ」[18]と、仏教用語を神社の神号とする従前の習慣の改革が着手される。その結果、例えば軍神の八幡大菩薩は「日本土着」の八幡大神へと生まれ変わった。山王権現など「権現」の神号も同時に禁止された。権現は、日本人を仏教的救済に導くよう委任された、仏教神の土着的な姿であった。こうした仏教用語を本邦の神に適用することは、神々の本来の由緒を不明瞭にし、宗教的な真実を歪曲することとされた。そして第三に、四月十日の太政官布告において、仏教の象徴である鐘、絵巻物、何世紀にもわたり日本の津々浦々の神社を彩った仏像が、速やかに取り除かれるよう命じられた。[19]

こうして三月十三日の祭政一致に関する布告以降の状況をたどると、主要な目標が神社改革であったことがはっきりする。これまで神社に社会的・教学的意義を与えていた寺院や僧侶、仏教のシンボルなどを「分離」すること自体が一種の暴力行為であったことは否定すべくもない。福羽、亀井によるこれら一連の布告によって、前近代日本の宗教文化の複雑な構造に決定的な終止符が打たれたことは紛れもない事実である。

亀井家所蔵文書『勤斎公奉務要書残編』、前に触れた草案には、近代日本に関する次の改革案が含まれている。それは、①国民の神祇尊崇の徹底、②戸籍管理と切支丹対策の役割を寺院から神社に移行すること、③政府の宗教を司る機関たる神祇官がそれを統轄すること、④神葬祭の全国的普及、そして、⑤皇霊祭祀の古例を堅守すべく、天皇陵を仏教の支配下から取り除き、国家の公的機関に移す、といったものである[20]。もっとも大胆な提案は、復古神道を国教に据えるものだったが、これればかりは採用されるに至らなかった。

亀井と福羽が、これらの提案の中で「分離」なる言葉を用いていないのも注目に値する。通念上、「分離」は神道と仏教、神社と寺院、神と仏という、二つの既成のものを切り離すことを言う。しかし亀井、福羽の取り組みはむしろきわめて創造的なものである。徳川期の思想を受け継ぐ吉田家、白川家、本居派、平田派などを撥《は》ねつけたうえで、完全に新しい神道を創造し、その新しい実体を「判然」とさせることに努めたのである[21]。そして、三月十三日の祭政一致の布告以降の政策は、国家、社会と神社との理想的な相関関係を再構築することに腐心している。仏教に関しては具体的な提案が少ないが、仏教の国教制の廃止を目論んでいたことは、後述のように明らかであろう。

ここで亀井、福羽の改革案の基本的な性格を考察するために、ひとまず維新前年の慶応三年夏、津和野藩で着手された宗教改革に目を向けてみたい。津和野藩は、慶応三年五月に「社寺改正御趣意書」を通達した。それは、管内の神職に日夜「御上御武運長久ならびに万民幸福」を祈念し祭祀を執行するよう促すものであった。それ以前は、「自然と古来之風儀も相弛み、畏きは、神霊に奉仕之大切成《なる》職掌も弁じ兼、中には身上之不行跡、或は種々之奇説を唱え、諸民を致誑惑、仏法にも劣り候所業も有之哉に相聞え(22)」というありさまであったらしく、人々は神社の勧請《かんじょう》ほど縁起の良い催しはないと考えていた。疫病や災いの兆候があるごとに新しい神社を大急ぎで造営し、あらゆる種類の神を鎮座させた。その結果、「いつとなくあたらしき神のやしろ出来そいて、今は千あまりも増し［中略］人々理もなきことばにまよい、又ははやりにひかされやすきゆえここへも我も我もとあらそいまいるかとおもえば、かしこへはひとりもまいるものもなきようになるなり(23)」という陋習がはびこるようになった。つまり、新しい社が建てられるごとに一時的流行で「猥《みだり》に神社を致玩弄候風俗に相成」る状況のもと、「莫大之新社相増候に随い、古来有名之社は却って麁略に相成行［中略］なかには神霊も雨露に曝し候社も有之(24)」という深刻な問題が慶応三年夏の津和野では起こっていたのである。

亀井などの対策は、亀井家が津和野に入った元和三年（一六一七）以後勧請の社について、「新しき神は昔より古来之社へ御相殿に」合祀するというものであった。この方法によってのみ古社は生き残るとした。そして神職には藩主のために朝夜祈りと奉仕に携わることを義務づけ、神職は感謝をもってこれらの規則を遵守し、今後は一《いつ》に神道に献身し、陋習を改善し、社費を削減して、なによりもいにしえの手振りを尊び奉仕に勤《いそ》しむ結果をもたらすにちがいない、とした。要するに亀井・福羽には、「神社に別あり」という見識があったのだ。彼らが神社と神職に求めたのは藩のイデオロギー的価値であって、庶民にとっての宗教的価値ではなかった。同じ態度は、亀井、福羽の明治国家と神社に関する考え方にもはっきり表れている。

そこで維新直後の状況に再び目を向けなおしてみるに、津和野の神職もそうであったように全国の神職が大いに当惑したことが容易に理解できよう。神職の多くは次第に新しい改革に深刻な不安を抱くようになる。当初は、一連の判然令は新しい時代の神道の特権を確約しているもののように思われ、神職が熱意あまって寺の境内で暴力に及ぶこともあった。この神職による暴力がどれほど広範囲に及んだのかは明確ではないが、政府は速やかに「今日に至り社人共俄《にわか》に権威を得、陽に御趣意と称し、実は私憤をはらし候様之所業出来候ては御政道の妨を生じ候のみならず、紛擾を引起こし可申は必然に候」[25]と、神職に暴挙を慎むよう警告している。この達《たつし》の起草者は不詳だが、亀井茲監か福羽美静だった可能性もある。少なくとも福羽が、神職に宛てて書いた、内容のきわめて近い警告書状は現存している[26]。

津和野派イデオローグの構想は、徐々に実施に移され、全国へと波及する。例えば明治元年閏四月十九日には、「神職の者神葬祭に改め云々」[27]と、伝統的に神社では穢れと見なされていた神葬祭の執行が命じられた。翌年六月十日には、民衆にも葬儀の選択の余地が生じる[28]。明治二年から四年にかけては、天皇陵もしくは京都御所における皇霊祭祀が天台宗や真言宗の影響力から完全に離れ、神祇官の管轄となった。このようにして、亀井・福羽が望んでいた「復古神道」は、樹立に向かって順調に進んでいたのである。

亀井・福羽の構想は明治四年五月、太政官が下した歴史的な布告で頂点に達したと見ることができる。「神社の儀は国家の宗祀」と定義したことにより[29]、神社はもはや神職の私有財産ではなくなり、神社と神職の役割は、地域共同体の宗教的な必要を満たすことではなくなった。同布告が神官の世襲を禁じたことにより、多くの神職は、即時の解雇処分を受けている。さらに明治五年春には、官社以下神官の給禄が制定され、また神社の維持費、祭典費用の給付が保証されたが、対象となる神社があまりに多数にのぼるため、一年後には廃止となった。神社祭祀はすでに明治四年十月の「四時祭典定則」によって、近代国家のイデオロギー的要求に従属させられた[30]。同じく明治四年の郷社制度の改革は、村レベルにおける深遠な宗教的再編成を企図したものであった。戸籍制度改革と機を一にして、村ごとに一つの神社（郷社）を公式に定めようとするもので、明らかに津和野藩型の神社合祀を想起させるものであった。明治初年の宗教についての研究には、仏教の悲運に焦点をすえ、神道の犠牲者としての仏教、そして加害者としての神社・神官を映し出す傾向があった。しかし現実はさらに複雑である。地方神社の神職もまた早くから自らが近代国家の犠牲者であると考えていたし、その理由は察するに難くないものである。

さてそこで、亀井茲監と福羽美静の計画において、仏教はいかなる運命にあったのか。彼らの「復古神道」構想における仏教の位置はどうなっていたのか。この問題を考える上で、『邪教／殉教の明治』を著したジェームス・ケテラー氏の研究は、我々に挑発的な示唆を提供している。ケテラー氏の主たる論点は、明治の国学者や官僚が仏教を「退廃的で本来的に邪悪な」「異端」と見なし、そしてそのことが明治維新以降の仏教が悲劇をこうむった原因に直接結び付く、という点にある。その中心人物は亀井茲監であり、首尾一貫して仏教を邪法として扱ったと指摘している[31]。ケテラー氏は、慶応三年の津和野藩の改革は、まさに明治維新の宗教政策の青写真をなし、藩主亀井茲監が藩内における神葬祭の執行と寺院の閉鎖、仏葬の禁止を命じたというのである。(32) しかしこの見解は明らかに亀井の仏教政策の実態とかけ離れている。ケテラー氏が引用した史料において、確かに亀井は邪法について一度だけ言及している。しかしそれは、仏教ではなくキリスト教に関するものであることは明白であろう。亀井は、藩内におけるキリスト教の浸透を防ぐために、神社の神職が厳しく教導にあたる必要を述べているにすぎない。氏はさらに、津和野藩関係の神仏分離史料にある「議定亀井茲監封内衰頽の仏寺を廃合し、僧侶の還俗を許し、および喪祭の儀、神仏を併用せんと請う。之を聴《ゆる》す」という一件についても誤読している。この史料には次の五ヶ条の依頼が続く。「無檀にて難立行寺院は本寺へ取り結ぶ」こと、住職のない寺院は「堂舎取り除き、地所引払う」こと、帰俗を希望する僧侶は「還俗為致度《いたさせたき》」こと、還俗した僧侶は才能があれば「仕官をも為致度」こと、そして「庶民に至迄、志次第、葬祭之式は仏法を相転じ古典に基き、神道に為致」たいこと、(33) である。

この史料に明らかなように、亀井の主眼は仏葬の禁止や寺院の閉鎖にあったのではない。ましてて仏教を「異端」として取り扱った記録は見当たらない。ケテラー氏が犯した史料の誤読は理解しにくいのである。とはいえ、津和野藩の政策が及ぼした打撃は小さなものでは決してなかった。が、藩の当事者が「津和野藩は寺院を処理しました。別に、廃仏毀釈の騒動というほどでもありませんでしたが、仏教の僧侶は大いに打撃をうけましたでしょう」[34]と回顧するように、亀井と福羽は、仏教の破壊を目指したわけではなかった。では破壊でなかったならば、彼らは何を藩、国家の改革において、狙っていたのだろう。

　前述の『勤斎公奉務要書残編』には、仏教改革に関する構想が、微小ながら、垣間見える。仏教の、藩政との結びつきを断ち切り、特権を廃して、神社にその社会政治機能を移転させることこそが、彼らの最大の緊急の目的であった。その構想には、もう二つの条項が付加している。まず神葬祭を導入する際に、希望しない者は「勝手次第免ぜられ候」こと、次に、復古神道を国教とするものの、「仏帰帰依の輩は私にとり用居候儀は苦しからず候事」、つまり私的信仰が許容されていること。[35]このように福羽と亀井は近代日本において「神道」や神道のシンボルと切り離された仏教に一定の役割をはっきりと与えていることが理解できる。与えられたのは、限定された、私的な信仰の場であったと言える。維新前の津和野藩では、寺院について、神社と同様に、元和三年当時を基準とする縮小政策を行った。[36]統計上では政策が十分成し遂げられたかどうか判然としないが、亀井らは疑いなく明治維新を機に、一層の推進を図ろうとする構想を抱いていた。

　津和野藩の仏教政策には驚くべき連続性が見てとれるように思う。その起源は、大国隆正の幕末の著述に遡ることができる。大国は文久二年（一八六二）に書いたと推測される『神道教法弁』において、仏教の悪性は外来宗教であるがゆえに生じたという、同時代の多くの国学者の見解を批判する。仏教のルーツが海外にあることは事実だが、「隆正これにこたえていわく［中略］仏教はいまその本国にその本あれどもなきがごとく、諸宗のみなかみは大かた日本の教とにありてその門流いかばかり信仰しても異国へこころざしを運ばさねばその煩なし」とする。かくして大国は「一向宗は他力本願、後生善処と安心せしむるによりひとのこころ外にちらず一すじになりてしかるなり」と、多くの反仏教思想家（とくに水戸学）の警戒する真宗についても理解を示す。さらに仏教徒が一心に南無阿弥陀仏を祈ることで、キリスト教に対処しようとする姿勢も称讃している。「まずその耶蘇教を拒《ふせ》ぐべきものは仏法なり、儒はこれを拒ぐにたらず。そをいかにというに仏法は寺院あり、檀家あり、講中あり、それらよくいい合わせて、慈悲善根をほどこし、そのハライゾウ［天国――筆者注］よりも、仏力にて極楽往生するこそよけれど、かたまりてあらんには、その福音にしたがうこと遅からんとおもうことなり[37]」と。

要するに、大国隆正の構想では、仏教は従来の国教制が廃止された後、社会的に高い評価をもって受容され、国益に資しながらさらに発展するはずである。この基本的な姿勢は、明治政府が明治五年以降、教部省において展開した政策に継承される。教部省は、仏教徒（とくに真宗）にキリスト教対策と愛国心の涵養という重要な任務を与えた。津和野派の構想との連関性は、福羽が教部省の設置と政策作成にもっとも大きな役割を果たしたという事実によって説明できよう[38]。木戸孝允と真宗僧侶の島地黙雷とともに教部省設置に努めた福羽にしてみれば、このように仏教の国家的役割を一度廃止し、再度国政の責務を担わせるということは、なんら矛盾するものではなかった。福羽は発足当時の教部省において、江藤新平とともに高級官僚として活躍した。しかるに江藤は佐賀藩出身の悪名高き反仏教官僚であり、わずか二ヶ月あまりで福羽が省務から除外されたことは、彼の仏教徒擁護の姿勢と関係があったという説さえある。仏教の独自性は護持されるべきであり、「すべての仏教徒を神道に改宗させる」といった政策は不適切であると、福羽は強く主張していた[39]。

2　明治初年の官僚と社寺行政

明治元年春から明治五年にかけて亀井、福羽を中心に案出された宗教政策は、いずれも岩倉、大久保、木戸などを中軸とする維新政府の指導層に高い評価を得たからこそ採用され、着実に行政に反映されていったのである。しかし宗教政策全般を振り返った時、民部省、大蔵省などの官僚の役割も視野に入れておく必要があろう。ここで宗教行政に携わった官僚の事例として、まず松方正義に注目したい。薩摩藩士であった松方は、若くして九州の日田県知事を務め、侍給付土地の税制改革を行い、のちに蔵相となり財政改革で手腕を発揮したことがよく知られている。松方は、奠都《てんと》まもない東京に赴いた。その契機は明治二年（一八六九）夏の東京における上局会議（東京会議とも言う）の開催であった。上局会議は、新体制発足の祝典として企画されたもので、大名が続々と上京し、版籍奉還を実施するイベントでもあったが、同時に、天皇の威厳と聖性を示す機会でもあった。その意味でも天皇がこの年春、歴代天皇としてはじめて伊勢神宮に行幸の後東京に着輦したことは重大な意味を持った(40)。なお、会議における主要な諮問事項は「皇道興隆」であった。

この前後松方が岩倉具視に宛てた建白が注目に値する。建白は課税や地方行政・人口調査のみでなく、社寺や神職・僧侶の問題にも触れている。松方は「我邦忝くも神国と称しながら神道の仏説の盛んなるに抗せざる様相成候こと無限遺憾なり。是全く諸社の神職たるもの不学無術の人たりとも無意義その職を相続成りしゆえ自然と怠惰に陥り、末々の社家に至っては歎かわしき為躰たるは言うに堪うべからず」と神職を叱咤する。それにひきかえ、「彼僧侶は辺鄙の輩迄其の宗の意は知らざるものなく、巧妙に説法して俗を化す」るのに長《た》けている。ともかく「皇道興隆」は、「彼仏法を痛く挫《くじ》くよりは我が神道を盛んに講究主張するに及《し》くはなし」と力説し、国家の神社行政の最高府である神祇官の振興を望んだ(41)。要するに松方には、福羽らと違って、近代日本において仏教に一つの役割を担わせるという考えはなかったようだ。彼は、仏教の根絶が広範囲にわたる社会不安を引き起こすことを恐れながらも、大胆な提案を行う。「大抵万石に二、三か寺位にして其の僧侶は悉く大寺に集まり、宿らしむべし」。僧侶は生計の立つ大きな寺に集い、これに反抗する者は還俗させるべきだと。有能な僧侶は地方官吏に雇用して差し支えない。そして、仏教と国民の戸籍管理任務の関係が絶たれなければならないとした。[42]

松方は財政に明るい政治家だが、社寺の土地の没収などに一切言及しないことが注目に値する。その関心はもっぱら「イデオロギー」で、その寺院縮小計画に関しては、亀井や福羽の提案よりもいっそう過激であった。この松方案は岩倉具視の共感するところとなったらしい。岩倉は「適論多し、御熟覧被為在《あらせられ》度事」と付記して上局会議のメンバーに配布した。[43] それがどの程度の反響を呼んだか定かでないが、周囲には早々に漏洩していたと見られる。例えば東京滞在の僧侶松本白華は、仏教の説教と葬儀の禁止令が差し迫っていると案じ、「戸籍の件を僧に不可任こと」、「教導説法廃止」、「仏祭を禁止し、神儒祭を可致論」、「院宇合寺の論」の項目が教導局〔宣教使の前身〕で俎上に載せられたことを日記に付けた。そして、「彼小輩等〔福羽らの教導局のメンバー〕、破仏の禁胸より、論目中に加え候ども未決」と付言した。[44] このような「破仏」論が、明治二年夏に松方の建白に刺激され、政府内で議論されていた可能性は十分にあろうが、結論的に、そのような方針は政府に採用されなかった。注目すべきはむしろ次の展開だろう。まず第一に、富山藩では各宗派について一寺院のみ存続を認めるという抜本的な反仏教的政策が行われた。残った一寺院に宿泊設備を整えるよう命が下り、一瞬にして大多数の寺院が廃止された。拒絶すれば僧侶の職を剝奪するものであった。この政策は松方プランと共通するものが多く、全国的実施にあたっての実験的運動であったとも考えられるが、この実験の結果は惨憺たるものに終わってしまった。第二の展開としては、松方がその明治二年の建白で見落とした社寺の経済問題が台頭してきたことである。

明治三年夏、民部省を牛耳《ぎゅうじ》っていた大隈重信・大木喬任・伊藤博文は、神社・寺院の経済問題に関する建議をたて続けに立案し、年末にかけて順次実施した。最初に社寺所有の免税地を抵当にして収益を調達することを議論し、さらに社寺の管轄を府藩県に移行することを検討した。そして明治三年閏十月に松方正義が民部大丞になると、社寺の所有地の上地が提案された(45)。年末までに、これらの提言は採用されるところとなる。その狙いは、前年の版籍奉還に基づき、社寺のみを例外扱いとはしないということで、明治四年一月五日、「各藩版籍奉還之末社寺のみ土地人民私有の姿に相成候不当の事に付(46)」と通知された(上地令)。そして境内地を除くすべての社寺領・所有地が、少なくとも名目上は府藩県の管理に移された。土地の没収により権威を失墜され、さらに給禄が府藩県から給付されることなど、「社」と「寺」の間に行政上の区別はなかった。こうした関係で唯一新しい時代に相応しい配慮があったのは、徳川期の公文書で「寺社」と言っていたのが「社寺」になってしまったことだろう。上述の上地令などは、厳密な狭い意味においてはイデオロギー的なものというよりは行政的改革と位置づけるべきだろう。しかしちょうどこれらの動きをうけるかのような形で、維新政府の制度局、制度分局などにおいて、反仏教的、イデオロギー的としか言いようのない政策も真剣に検討されていた。

福羽美静は明治四年夏、神祇行政の制度改革に着手すべく、官職制の調査・制定を担った制度局（制度取調専務・江藤新平）の分局に出向した。福羽が作成して制度局の江藤や神田孝平、加藤弘之、副島種臣らに手渡した改革案にも、仏教国教制の廃止が明確に触れられていた(47)。一方、分局では宮中から仏教の影響を取り除くことも不可欠な作業として取り組んだ。皇霊祭祀の制度を確立することは維新当初から大きな課題であったが、仏教の影響力が長く尾を引いたのは京都御所であった。東京の神祇官には新たに皇霊社が整備され、明治二年冬以降、天皇親臨のもと祭儀がいとなまれたが、京都御所の御黒戸には歴代天皇の仏体・尊牌がいまだに安置されており、東京奠都後も真言宗と天台宗の僧侶によって日々の仏事が行われていた。制度分局は京都御所の仏体・尊牌を泉涌寺に、仏像・仏具を水薬師寺に移すことを立案している(48)。

仏教各宗は、長らく寺院の不動産とみなしていた神社に政府が干渉し、また所有地を没収したことにより、本山・末寺の自活能力を喪失した。太政官はさらに明治三年冬、府藩県に対して管内寺院の本末寺号などを掌握するよう布告した[49]。翌年初夏に仏教の社会的地位を抑止する政策を断行し、例えば末寺を本山の支配から切り離し府藩県の管轄の下に置いて、「寺格に拘らず寺院住職継目等地方官をして進退せしむ」ことに決定した[50]。国家と仏教の協力関係はほぼ皆無となり、七月四日、太政官が「大小神社氏子調べの方を定」めると、約二年前に松方が問題視した戸籍管理への寺院の関与がついに遮断された[51]。

国家から仏教の影響力が取り除かれていく経緯における、制度局官僚の動きには不明なことがまだ多い。江藤新平は、松方以上に過激な反仏教論者という評判だったようで、それは例えば明治三年の夏、岩倉具視に送った書簡に「陰祠を廃し、仏を廃し、儒を廃し、海内の人皆神道一方に奉崇することになす[52]」という台詞《せりふ》に端的に現れている。しかるに、江藤が牛耳っていた制度分局は、必ずしも徹底的な仏教排除を目指したわけでもなく、目論みはむしろ仏教の国教制廃止と弱体化を図る穏当策であった[53]。これは、明治三年秋の富山藩の仏教排除政策が不評を買い、政府の反省を促したことが関係していたと思われる。富山藩の仏教徒はもはや浄土真宗当局の手に負えなくなっていると、維新政府に抗議をし、政府を動揺させた。太政官は明治四年六月、富山県に対し、「下情怨屈之赴相聞、不都合の事に付、更に穏当之処置方取調可伺出候事」と命じ、異例の処置を講じている[54]。

しかし、仏教色を一掃するという江藤の理想が、一部の政治家の共感を得ていたことは間違いない。明治四年初秋の廃藩置県後、大蔵卿の大久保利通と大蔵大輔の井上馨によって書かれた建議は、その一事例になる。彼らはまず、富国の基盤は民にあると説き起こす(55)。「一人其の産業を得ざるある時はその者の衣食何人か之を償うの理あらん」。人々が各々仕事に精励することが肝要で、無就労者はかえって国にとって大きな負担である。仏教徒はまさに典型的な「無就労者」である。国民がこぞって僧尼になり、ひたすら座禅して梵語の経典を唱え、衣類と食物を人に乞うようになってよいのか。「実に本邦浮屠民の盛んなる概略五十万の大数に及ぶ。国家如斯浮民の多なる各国未だ曾て聞ざる処云々」。よって僧侶の取り扱いについて厳しく対処しなければならない、とする。大久保・井上は明らかに仏教「禁止の大令」を望んでいるが、「禁止の大令難被行御儀と相見え」と結論した。注目すべきことは、まず、福羽らと違って仏教が近代日本で貢献できる方向性を有すると認めないこと。次に、松方が提案したような抜本的な破仏論もあえて提議していないこと。最後に、神道にも直接言及しないこと、などである。神職を僧侶と同列においているのかどうか不明のままになっている。結論的には、大久保たちは、新たに僧尼になる条件として宗派の学業を修得することを課すと提案するにとどまった。その提議はただちに、同年十月十二日「自今僧尼となる者、実情糾方」に関する太政官布告へと反映された(56)。

3　地方神職の動向

イデオローグや官僚が手を組んで作成した宗教政策に直面した神職・僧侶で、新時代を喜び迎えた者はきわめて少なかったにちがいない。富山藩の廃仏問題をめぐる政府批判をリードした島地黙雷がその例外かもしれない。島地は木戸ら長州官僚との交わりが深く、政府の宗教政策に大きな影響力を及ぼした。浄土真宗本願寺派を代表した島地は仏教再興への対策を講じるべく、木戸・福羽・江藤とともに教部省設置にも携わっていた(57)。浄土真宗は神仏習合の形態をとらない宗派であったため、神仏判然令にあまり動揺することがなく、上地令による領地没収政策にもほとんど無傷であった。そして明治五年十一月八日、教部省が「無檀」「無住」の寺院の廃止を進めることになった際、島地らがそれに反対の立場をとらないで迎合したのは、仏教の劇的な改革を自ら志していたからである(58)。

一方、徳川幕府との関係が深い東本願寺を代表する石川舜台、浄土宗の鵜飼徹定などが、明治維新にどう対応したか、どういう作戦をもって生き残ったかを検討する価値は大いにあるように思う。明治二年の諸宗道徳会盟設立に主導的な役割を果たした鵜飼は、維新政府からの攻撃をいなしながらも、仏教側の誠意を政府にアピールし、キリスト教の脅威の撃退に身を捧げた。明治六年北海道で説教していた鵜飼は、次のように語っていた。つまり、「教法にいたっては我が国固有の神道ありて、存す。あえて他の宗教を仮らず。是皇国の皇国たる所以なり」と。[59] 鵜飼のような発言は浄土宗僧侶の一つの典型をなすと考えていいか否か。また、別当や社僧を務めていた修験者の動きも注目に値しよう。米沢藩の正光院のように、何の不安や未練もなく修験道を捨てて、熱狂的な神道神職に生まれ変わった者もいたが、正光院が典型的だったのかそれとも例外的だったのか、検討する価値があろう。[60]

しかしここで注目したいのは、こうした僧侶や修験者ではなく、一地方神職である。田中秀和氏の先駆的研究に頼りながら、小野正房の動向に焦点を絞る。[61] 弘前の八幡神社の宮司を務めていた小野は平田篤胤の没後門人として知られ、一方で江戸時代の神道界に権威があった吉田神道も学んでいる。小野は、江戸時代後半の神職の通例として京都の吉田家に「所属」し、上納金のお返しに免許状と装束を受領していた。弘前の八幡神社は、他の江戸時代の神社と同様、最勝院という寺院の境内地に鎮座し、最勝院の僧侶は八幡神社の社僧でもあった。小野正房は最勝院の僧侶に従属していたが、同時に弘前藩内の二人の社家頭のうちの一人であった。社家頭は、神職に藩から、また最勝院からの情報、指令を伝え、正しい奉仕を果たすことを監督する責務を担っていた。

明治二年の夏、小野は藩から奉務神社に関する一連の、判然令をはじめとする命令を申し受け、その実施にあたった。北日本では内戦が長引いたため、政府の神仏判然令などが届くまでほぼ一年を要したのである。[62] いずれにしてもその結果、小野が祀っていた対象の八幡大菩薩が八幡大神に生まれ変わってしまった。[63] それから小野は八幡神社が最勝院の支配から解放され、今後は弘前藩寺社役（のち社寺調方）から直接命令を受けることになった。藩はこの時、小野の社家頭（のち社家長）の地位と、大多数の神社・神職に対する彼個人の権威を再確認した。そして小野は神社の実態を調査するため管内の視察を始めた。彼のまなざしは、熱狂的排仏論者のそれではなく、むしろその実務的な姿勢が神祇官の福羽美静を髣髴とさせるものであった。実は、小野は明治二年の夏、神祇官（の福羽？）から「混淆之形無御座候え者宜旨申来候よし」[64]と伝達されており、実態はどうであれ、神仏混淆の兆しさえなければいい、と小野が解釈したのは当然だろう。

史料の制約によって、それ以降の小野の動向を一々確認することは難しいが、彼が神社祭祀関係の難題に遭遇したことは明白だ。僧侶の神前奉仕が判然令により禁じられ、神社の祭儀や規定を統轄していた吉田家の威信が、明治維新の最初の数ヶ月の段階で壊滅していたのだから、祭祀問題は緊急を要するものだった。小野は、これからの祭祀は自らが学んだ平田神道によるべきだろうと考えていたようだが、明治三年、祭祀関係の最新情報を把握するため、平田神道を継承する平田銕胤のもとに同僚を上京させた。小野の使者は東京の神祇官における平田門弟と福羽の神学論争を目の当たりにし、混乱状態であることを察知したことだろう。[65]弘前に帰った使者は小野に対し、地方神社の祭祀についてまだ結論に達していないと報告するや、小野は失望し、暫定措置として弘前藩大国主神社社家の山名家が所蔵する橘家神道の手引きをもとに祭祀を執行することに決めた。小野が将来を危惧したのは、この時からであった。

前年夏、政府は藩主らに版籍奉還を説得していた。それは、国内の土地や人民がすべて天皇のしろしめすものであり、藩主はもはや領地の支配者ではなく天皇政府の知事であるという革命的な発想であったが、これを前提に、明治三年早秋には抜本的な藩制改革が軌道に乗りはじめた。その特徴は二つあった。まず、新しい藩知事が中央政府に対する忠義を基準に選ばれたこと、いま一つは政府の歳入増大に努めるべく藩の経済改革が要請されたこと、である。このいわゆる「藩制」は小野ら神職に直結する問題をもはらんでいた。小野は藩制により就任した新しい官僚の手によって社家頭の地位をひとまず解雇された。小野は、神仏判然への厳格な対応がみられなかった点で、怠慢と見なされたようである。藩では、より学識の高い、強力な神職を求めようと努めたが、小野に代わる賢明・勤勉な人物は得がたく、結局復職することとなる。[66]しかし復職早々、藩当局の定めた新たな規則の問題に直面した。それは寺院ではなく神社に関係するものであった。基本的には、鎮守社と見なされない管内神社は、すべて破壊されるはめになってしまったが、例外もあった。例えば村に神社が二つ存在し、鎮守でない神社が仏具だらけでない場合は、即座に鎮守の地位を与えられても差し支えない、そして破壊された神社の宝物はもっとも近い鎮守の社へと移されなければならないとされていた(67)。とにかく、弘前の神社で鎮守社でないのは、二百五十二社だったが、そのうち二百四十六社もが明治三年に破壊された(68)。この明治初年の「合祀」問題はもっと研究される必要があるが、おそらく弘前における神社合祀は例外的なものではなく、むしろ全国にみられるものであったにちがいない。これらの改革は、同じく修験者の持屋であった寺院・神社にも当然及んだ。持屋が神社ならば、直近の神職に奉仕を委ねなければならない、しかし修験者が経済的困窮に陥るようであれば、神職への「還俗」の許可を申請することができる、と(69)。

小野正房は、藩内の宗教改革に応えるべく、社家頭時代の最勝院からの経済的・イデオロギー的支配から解放され、新しい「独立」の立場で政府・地方庁に貢献する道を探ったが、ますます事情が困難になってきた。例えば明治三年の暮れ、小野ほか六名の神職が社寺所に藩制の下で実施された神社給付の徹底的な削減について、祭政一致の本義に反するとして抗議したことがわかる。「祭政一致神祇道興隆之御趣意名実共に相失、千歳不可有之盛典に相戻《もと》り候のみならず神慮如何計《いかばかり》と深く恐入候」と(70)。神職たちの請願は、藩の社寺所が天照大神はじめ神々の崇拝と万民の健勝への祈禱に献身することを妨害しないように嘆願して結ばれている。給付の完全な修復なしでは祭政一致が不可能だと主張したのである。

弘前の神職が蒙った給付削減の具体的な内容は不詳だが、精神的な衝撃も少なくなかったであろう。[71] 神道の時代が到来したとばかり思っていた彼らは、豈図《あに》らんや逆に神社の財務環境が深刻に徐々にむしばまれていると察した。小野は藩の回答に失望したことであろう。藩制が「全諸神社御崇敬不施為有御趣意に無御座候」[72]と説明されたところで、満足するはずがなかった。事実、小野は藩の記録所に再び抗議した。彼および十七名の請願者は、悲しみに「耐えられない」と訴え、「格段之以御憐愁当月迄之処頂戴仰付被下置度、此段奉願候」[73]と嘆願し、神社護持の責務を放棄しないよう藩当局に再度申し立てた。しかし藩は同情を寄せることもなく、神社・神職への特別な保護を講じることもなかった。

その後、小野正房は弘前における維新史の記録に二度しか登場していない。二回とも約一年後に抗議を行ったものであり、問題は社家長としての彼の地位にかかわるものであった。すでに明治四年初めに、弘前八幡神社の領地が上地となっており、約半年後には、福羽が起草した神社改革が太政官より布告された。弘前八幡はこれで「国家の宗祀」と位置づけられたが、これを神社・神職の特権を保証するものと捉える希望的観測は、「神社世襲神職の廃止」が謳われたことですぐさま潰えていた。八幡神社における小野の将来はまったく予断を許さない事態となった。彼はそこで弘前に残った約三百の神社から、新しい行政単位（戸籍区）における郷社の選定に着手した。戸籍区（最大で四ないし五村を含む）につき一社を選定することは、福羽が立案した氏子調べの命題となっていた。[74]

明治四年九月、小野は弘前県当局に——弘前藩は二ヶ月前の廃藩置県により弘前県となっていた——神社からの追放に直面した神職への財政援助を嘆願した。[75] 県は小野の要請に応じる形で、神職の苦境の実態を統計的に調査すると約束した。福羽や松方がそれぞれの社寺改革で主張したように、弘前県は「才能」重視の神職採用をすでに始めていたが、神職はつねに自らの場所を追われ、他の神社に転勤させられる事態に陥っていた。[76] 小野正房は、その一ヶ月後、自らの運命を察知する。それはつまり、転任先を明示しないまま社家長を免ぜられる運命であった。彼は、県当局に長文の感情的な抗議書を提出した。

正房云う、先祖正歳儀当社神主職並びに御郡中社人頭相勤るより十三世累代無怠慢社家頭相務来候得共、今度之御改正の御場合規則に依り初めて社家長免るる事に相成り、御改革とは申しながら実に愁嘆の至に候。

小野は感慨深い言葉でこの抗議書を結ぶ。

扠《さて》長被仰付候てより以来御改革最中の場合中々以て大多端、書役等も無れば折々夜中に及び、あるいは朝鶏鳴より興《おき》、記録署へ罷出、又は日々未明より社家共出入勢の願伺暮に及び、如此心労苦痛の至出生以来覚無き事に候。扨、最早休暇に及び去る丑年以来の老屈を伸ばまほしく思える也(77)。

遺憾ながら、我々は明治五年初めの官社以下神官給禄の制定に、小野がどのように反応したのか知る手立てがない。早くもその一年後に給禄が廃止された時、小野はいかに狼狽したことであろう。さらに、青森県は明治七年に、太政官に神社合祀と神職解雇策の継続を申請したが（弘前では明治六年末にも大規模なリストラを断行）、神職は抗議したのだろうか、それとも沈黙したままだったのか、それも知るすべがないのである。

明治初年の宗教をめぐる大きな変革をどのように捉えるべきであろうか。一般論として、それは国民国家形成に必ずともなう普遍的な現象の日本版とも理解できよう。アントニー・D・スミスが言うように国家の官僚機構と政治的指導力が活動範囲を拡大し、「宗教的組織がしばしば強制的な没収によって多くの政治的・教育的機能や不動産・富を失う」現象である(78)。十九世紀中頃の欧州で、激しい反教権的な逆流が起こっているのはその現れでもある。反教権主義は、エリック・ホブズボウムによると、十九世紀半ばのフランス政治の重要問題であり、ドイツ、イタリア、スペインとポルトガルにも影響を及ぼした(79)。

明治初年の神仏判然令をはじめとする、維新政府による一連の宗教政策は国民国家形成にともなう宗教的「合理化」の典型的な事例と捉えられるだろう。しかし、これらの政策の影響を評価する際、こうした一般的視点に立つだけでは不十分であろう。

福羽美静のようなイデオローグたちと大久保利通ら官僚が手を組んでもたらしたのは、ほかでもない新しい「神道」と新しい「仏教」という二つの実体の創出であった。まず仏教について言うならば明治政府は、前近代の宗教文化を規定した「神社仏閣複合体」の終焉を実施し、そして、仏教の規模を削減して、公的でなくあくまでも私的な空間に閉じ込めたうえで、もはや神社と何のかかわり合いも有しない新しい仏教を認可した。むろん、すべての仏教が神仏習合の形態にあったのではなく、浄土真宗の強靭な組織は神社の神々を受け入れたことはなかったため、明治時代を最も順調に渡り歩くことができたのである。

「神道」はどうであったかとなれば、福羽・亀井・大国が「復古神道」と呼ぶことを好んだ明治神道は、吉田家、白川家、平田神道、あるいは橘家など諸藩に存在する諸神道の残骸の上にたちあげられた。大国隆正などは従来の神道を時宜にそぐわないとして撥ねつけ、唯一彼の提唱する復古神道のみが、国際的な新しい脅威に対峙して日本を導くことに適合するとした。この明治神道は新しい構成概念であり、それは、国家の承認する祭祀を、国家が任じた神官により、国家の定めた神社において執行するという、国家管理下のネットワークであった。

次章では、近代的神道の制度史的問題から、大国隆正に目を転じ、神道の思想面に光をあてることにする。隆正など津和野派の神道的特徴はどこに見出せばいいのか、を考える。

注

（1） Allan Grapard, 'Japan's Ignored Cultural Revolution: The Separation of Shinto-Buddhist Divinities and a Case Study: Tonomine', *History of Religions* 23, 3, 1984.

（2） *Ibid.*, p. 245.

（3） *Ibid.*, p. 265.

（4） Martin Collcutt, 'Buddhism: The Threat of Eradication', Marius Jansen and Gilbert Rozman eds., *Japan in Transition: from Tokugawa to Meiji*, Princeton University Press, 1986, pp.144–150.

（5） *Ibid.*, pp. 160–161.

（6） Helen Hardacre, *Shintō and the State 1868–1988*, Princeton University Press, 1989.

（7） *Ibid.*, p. 28.

（8） *Ibid.*, pp. 51–59.

（9） James Ketelaar, *Of Heretics and Martyrs in Meiji Japan: Buddhism and Its Persecution*,

Princeton University Press, 1990（岡田正彦訳『邪教／殉教の明治――廃仏毀釈と近代仏教』、ぺりかん社、二〇〇六年）。

（10） *Ibid.*, pp. 62, 68.

（11） *Ibid.*, p. 10.

（12） 津和野派の進出については、武田秀章氏の研究が先駆的。とりわけ武田「近代天皇祭祀形成過程の一考察――明治初年における津和野派の活動を中心に」（井上順孝・阪本是丸編『日本型政教関係の誕生』、第一書房、一九八七年）、八八―九七頁を参照されたい。

（13） 武田注（12）前掲「近代天皇祭祀形成過程の一考察」。津和野派の動きが詳細に論じられている。

（14） この動きについては、阪本是丸『明治維新と国学者』（大明堂、一九九三年）、一〇四―一一〇頁が詳しい。

（15） 維新当時は「分離令」という言葉はほとんど見当たらない。判然令が一般であったため、ここでも「神仏判然令」もしくは「判然令」と呼ぶことにする。

（16） ここで言うところの草案は、亀井家所蔵文書『勤斎公奉務要書残編』（後述、本書一六九頁）のことである。

（17） 宮地正人作成「宗教関係法令一覧」（安丸良夫・宮地正人校注『日本近代思想大系5　宗教と国家』、岩波書店、一九八八年。以下「宗教関係法令一覧」）、四二五頁。

（18） 同前、四二五頁。

(19) 同前、四二五頁。

(20) 宮内庁書陵部所蔵『勤斎公奉務要書残編』所収。これらの判然令が坂本の日吉神社に与えた打撃については、本書第六章「神社と祭りの近代」参照。

(21) この点に関しては、例えば大国隆正「存念書」および「極意存念書」参照。どちらも前掲注(17)『宗教と国家』所収。

(22) 村上専精・辻善之助・鷲尾順敬編『新編 明治維新神仏分離史料』五（名著出版、一九七〇年）、八三八—八三九頁。

(23) 「さとし書」、同前、八三一—八三二頁参照。

(24) 同前、八二四頁。

(25) 「宗教関係法令一覧」、四二五頁。

(26) 徳重浅吉『維新精神史研究』（立命館出版部、一九三四年）、四八三頁参照。

(27) 「宗教関係法令一覧」、四二七頁。

(28) 同前、四三〇頁。

(29) 同前、四三六頁。

(30) 四時祭典に関しては、武田秀章「四時祭典定則成立過程の一考察——明治二年「年中祭儀節会大略」を中心に」（『神道学』一三六号、一九八八年）、および本書序章「明治天皇を読む」参照。

(31) Ketelaar *op. cti.*, p. 8.

(32) Ketelaar *op. cit.*, p. 44, p. 241, note 1.

(33)「津和野藩の仏寺廃合僧侶還俗ならびに喪祭神仏併用の件」(『新編 明治維新神仏分離史料』五)、八四〇—八四一頁。

(34) 佐伯利麿「津和野藩の寺院処分」(『新編 明治維新神仏分離史料』五)、一一三五頁。

(35) 宮内庁書陵部所蔵『勤斎公奉務要書残編』所収。

(36)「社寺改正御趣意書」(『新編 明治維新神仏分離史料』五)、八二五頁。

(37)『神道教法弁』複写本、神崎福寿氏蔵。

(38) 福羽と教部省設置との関係については、阪本是丸「教部省設置の事情と伝統的祭政一致観の敗退」(『明治維新と国学者』、大明堂、一九九三年)、および同「日本型政教関係の形成過程」(井上・阪本編注(12)前掲『日本型政教関係の誕生』所収)参照。

(39) 高木博志「神道国教化政策崩壊過程の政治史的考察」(『ヒストリア』一〇四、一九八四年)、五三頁参照。

(40) この伊勢参宮に関しては、本書序章「明治天皇を読む」参照。

(41) 松方正義「版籍奉還処置の件に付、太政官への建言」(松方峰雄編『松方正義関係文書』一、巌南堂書店、一九七九年)、二〇三頁。

(42) 同前、二〇四頁。

(43) 同前参照。

(44) 松本白華『露珠閣叢書』(徳重浅吉編『明治仏教全集 八 護法編』、春陽堂)、八二六—八二七頁。
(45) 森一男編『寺院経済史研究』(三共書院、一九三五年)、二八七―二八八頁。
(46) 「宗教関係法令一覧」、四三六頁。
(47) 制度局、制度分局については、阪本注(38)前掲「日本型政教関係の形成過程」、二〇―二二頁に詳しい。
(48) 皇室における神仏分離に関しては、高木博志「皇室の神仏分離・再考」(明治維新史学会編『明治維新史研究の今を問う――新たな歴史像を求めて』、有志舎、二〇一一年)を参照されたい。
(49) 例えば、明治三年七月二十八日付、八月九日付の法令がそれである(「宗教関係法令一覧」、四三五頁)。
(50) これらの法令は明治四年五月から六月にかけて実施されたものである。詳細は、「宗教関係法令一覧」、四三九頁参照。
(51) 「宗教関係法令一覧」、四四〇頁参照。
(52) 高木注(39)前掲「神道国教化政策崩壊過程の政治史的考察」、五六頁。
(53) 江藤の仏教観については、阪本注(47)前掲「日本型政教関係の形成過程」、三三頁参照。
(54) 小柴直矩「富山藩合寺之顛末」(村上専精・辻善之助・鷲尾順敬編『明治維新神仏分離史料』上、東方書院、一九二六年)、八〇三頁参照。
(55) この建議については、阪本是丸がすでに検討している。注(47)前掲「日本型政教関係の形成過程」、一一三—一一四頁参照。

(56)「宗教関係法令一覧」、四四三頁参照。

(57)島地黙雷に関するすぐれた研究が近年多く出ている。とりあえず新田均『近代政教関係の基礎的研究』(大明堂、一九九七年)、川村覚昭『島地黙雷の教育思想研究——明治維新と異文化理解』(法藏館、二〇〇四年)参照。

(58)この法令は「総本寺末寺を除くの外、無檀無住の寺院廃止」を目的としたものである。「宗教関係法令一覧」、四四九頁参照。

(59)『教義新聞』二二号(明治仏教思想資料集成編集委員会編『明治仏教思想資料集成』別巻、同朋舎、一九八二年)、九一頁。

(60)正光院については、田中秀和『幕末維新期における宗教と地域社会』(清文堂、一九九七年)、二四八—二五二頁参照。

(61)以下の小野正房(磐根)に関する記述は、同前、一四七—二四三頁に負うところが多大である。

(62)同前、二〇三—二〇四頁。

(63)慶応四年四月二十四日付の太政官布告では「石清水以下八幡大菩薩の号を止め八幡大神と奉称せしむ」とある。

(64)田中注(60)前掲『幕末維新期における宗教と地域社会』、二〇五—二〇六頁。

(65)この神学論争については、例えば常世長胤「神教組織物語」(注(17)前掲『日本近代思想

大系5　宗教と国家』所収)、三六四頁参照。
(66) 田中注(60)前掲『幕末維新期における宗教と地域社会』、一七〇頁。
(67) 同前、二〇九―二一〇頁。
(68) 同前、二一七頁。
(69) 同前、二一五―二一六頁。
(70) 同前、二二〇―二三一頁。
(71) 同前、一七三頁。
(72) 同期、一八二頁。
(73) 同前、一七九頁。
(74) 「宗教関係法令一覧」、四三九―四四〇頁。
(75) 田中注(60)前掲『幕末維新期における宗教と地域社会』、一七三頁。
(76) 同前、二一七、二三八頁。
(77) 同前、一八四―一八五頁。
(78) Anthony D. Smith, *The Ethnic Origins of Nations*, Blackwell, 1986, p. 158.
(79) Eric Hobsbawm, *The Age of Empire, 1875-1914*, Weidenfeld and Nicholson, 1987, pp. 99, 265.

第五章　神道の可能性と限界――大国隆正の神道論

石見国津和野藩の大国隆正（一七九三―一八七一）は幕末維新変革期においてもっとも重要な思想家の一人であった。この事実に早くから気づいていたのは、同じ津和野出身の服部之総氏である。服部氏は大国が「交易を通じて日本国民もまた豊かになると信じていた」ことを指摘したうえで、彼の思想が明治絶対主義の青写真でもあったと評価した。(1)さらに、同氏は大国隆正の思想と明治の宗教変革との関係について「日本神道を、近代的絶対主義イデオロギーにまで改装するという課題は、所詮隆正の体系をもって完成点に達しているものと見られる」(2)と考えたのである。(3)また、大国の思想は五ヶ条の誓文の「額縁」を提供したと考えるに至ったのである。服部氏の大国論は、大変刺激的ではあるが、それ以上の論旨の展開は一切なく、ごく短い「指摘」程度のものにすぎなかった。

丸山真男氏が大国隆正に着目したのも、戦後のほぼ同じ時期であった。丸山氏によれば、大国は「偏狭な攘夷論の基礎になっている華夷思想を批判し、開国を合理化」し、また彼の国際認識が大橋訥庵的な攘夷論を中和する役割をはたしたことも事実であった、とする。[4]

丸山氏はさらに大国隆正を「もっとも熱烈な攘夷論者」でありながら「[もっとも]積極的な開国論者」であるとし、佐久間象山、吉田松陰などと同列に置いて、幕末日本の思想界の中枢に据えようとしたのである。[5] しかし、丸山氏もこれ以上に、例えば大国の攘夷思想とその開国思想の内的連関を探ったり、佐久間象山、吉田松陰の思想との比較をするような大国論を一切展開しなかったのである。

服部・丸山両氏が大国隆正に対するこうした評価を実証的に正当化しようとしなかったためか、その後の幕末維新期の思想史的研究は、ほとんどといっていいくらい大国隆正の存在を無視してきた。その結果、大国は数十年来「忘れられた思想家」となったのである。

図1　大国隆正（1793-1871。山田静水筆、津和野町教育委員会蔵）。

一九八〇年代に入って、服部・丸山両氏の指摘を確証する研究がようやく日の目を見始めた。荒川久寿男氏は大国独自の神代観、歴史観を考察し、それは大国が蘭学書などで見つけた西洋の古代史論に刺激されて、書き換えたものだと確証づけた。[6] 玉懸博之氏の「幕末における「宗教」と「歴史」——大国隆正における宗教論と歴史論との関連をめぐって」は、大国の思想構造全体を捉えようとした先駆的な論文である。嘉永・安政期の大国に焦点を絞り、平田篤胤と根本的に違う天照大神中心の「倫理的」な神道神学の解明、大国の積極的な外交観やその神道的な裏づけの分析などがとくに注目に値する(7)。これらの業績を踏まえた武田秀章氏は、ペリー来航期から慶応期までの大国の思想を、数多くの未公開の文書をもとに時代状況との関連において体系的に分析し、さらに「大国派」が維新政府の宗教政策全体に決定的な影響を与えたという服部氏の指摘を見事に立証した。武田氏の業績によって、大国隆正の幕末維新期における思想史的・政治史的意義――つまり大国は無視できない存在であること――がようやく明らかになってきたと思われる(8)。

本章は、大国の思想構造全体をさらに明らかにするため、服部氏以来の大国研究――とくに武田氏の業績――に学びながら、大国の天主教観に焦点を当てることにする。玉懸氏は大国の天主教観を一切取り上げていないし、荒川氏の分析の対象はもっぱら大国独自の前世界観に置かれていた。武田氏の場合は天主教観に多少触れてはいる。ペリー来航期の大国は「西洋文明の受容、さらにはキリスト教の包摂さえも、「天照大神の」神意の射程に入れられていると考えた」とし、さらに文久期の大国が天主教に言及した箇所を取り上げ、大国の近代世界における宗教の役割の認識やその「天主教」と「耶蘇教」の違いの認識を指摘している[9]。いずれも重要な指摘ではあるが、大国の天主教観を内在的、体系的に分析し、考察を加えることはなされていない。

大国の天主教観の研究が有意義だと考えられるのは、次の理由からである。第一に、開港期（一八五三―五四年）、攘夷最盛期（一八六二年前後）、そして維新期（一八六八年前後）の大国隆正にとっては、西洋人の渡来につきものの「天主教」への対応は、つねに最大の課題の一つだったからである。つまり、彼の思想構造全体を把握する一つの重要な鍵にもなるからである。第二に、大国の思想には、驚くべき「受容性」――服部氏の言う「大国隆正的融通[11]」――が見出されるが、本章の結論を先に言えば、その受容性は西洋の「芸術」にとどまらず、西洋のいわば「道徳」＝天主教にも及ぶことが明らかになってくるのである。そうだとすれば、西洋の芸術も道徳もどちらも排斥するか、あるいは道徳は排斥するが芸術は受容するという幕末思想界に対する通説的な解釈は見直さなければならなくなる。第三に、服部氏がいちはやく指摘し、武田氏がより綿密に分析したように、本書第四章で見た明治維新政府の宗教政策は大国派を抜きにしては語れない。というのも、そのキリスト教・神道両政策のほとんどが「大国派」と木戸孝允、大久保利通、岩倉具視などの指導層との「合作」であった。とすれば、以下に分析する大国隆正の天主教観は、維新政府の実施した宗教政策の「内面」――つまりその政治的・思想的動機[12]――を突き止めるための欠くべからざる前提作業にもなると考えられるのである。

1　開港期の大国隆正――神道普遍性の限界と「可能性」

大国隆正の開港期における天主教観を理解するためには、ひとまずその直接的な背景をなす彼の西洋観、世界観に触れる必要があろう(13)。それが端的に現れているのは、ペリー提督再来航の年、一八五四年に著された『馭戎問答』である。つまり、近頃、外国の船が度々やってくるが、それは、「神武天皇統御のはじめより」二千五百年の「運《めぐり》」にあたる出来事であって、世の中が「あらたまる」兆しである。『延喜式』の「遠国は八十綱打掛て引寄如事、皇大御神の寄奉」という「祈年祭」の祝詞《のりと》でも明らかなように、外国人の渡来は「よろこぶべきこと」である。日本人の多くが嘆いたり怒ったりして、外国人を追い払いたいという気持ちはやはり天照大御神の意志の不十分な理解に基づく心理である(14)、と。すなわち大国隆正にしてみれば、外国船の渡来は必然的であり、その必然性はほかでもない天照大神の意志によるものである。二千五百年の「運」というのは、大国独特の歴史観の一端でもあるが、神武天皇の即位から三百十二年、六百二十五年、千二百五十年に歴史的な転換期を迎えたのと同様に、二千五百年たった今、また画期的な転換期が到来するという考え方である。[15] その「運」はまず、思想の世界における大国流国学の高揚を意味する。それに伴って、天照大御神の子孫である天皇を中心に、国内的にも国際的にも新しい秩序が展開されていくとするのである。[16] 換言すれば、天照大御神が定めたこのような新世界を実現するためには、やはり外国船の来航が不可欠であるということになる。

大国隆正のこうした西洋観、世界観を支えたものは、その天照信仰のほかに、当時の例えば佐久間象山・横井小楠に劣らないほどの海外に関する知識に基づく既成事実の尊重であったと思われる。一八一八年の長崎遊学の時、吉雄権之助に海外事情などを学んで以来、数多くの外来書物、あるいはそれに基づいた「洋学書」に出会っている。大国隆正に言わせれば、これらの洋学書から得た「新」知識は、みな神道にその根源を持っている。大国のこのような神道の普遍性に対する信奉には、当然致命的な限界はあるが、「可能性」もあることを見逃すわけにはいかない。つまり、外国人の来航、洋学の摂取の正当化を可能にしたのは、ほかでもない彼の『日本書紀』『古事記』の再解釈であったのである。さて、このような「可能性」を持つ大国神道は、本題である天主教観にはどのように作用するのか。それを次に検討したい。

大国隆正の開港期における天主教観の第一の特徴は、神学次元における天主教の受容である。その著しい例として、大国が展開した前世界論に触れたい。彼が「神代」を天地の創造から天孫降臨まで五段に分け、神武天皇即位を大革命としたのは、山村才助などの蘭学者の著作の中で見つけた西洋の古代史に刺激されてのことである[17]。大国は、キリスト教による、天地の創造からキリストの降誕という「大革命」までの歴史とぴったり合わせるように、『日本書紀』『古事記』などの説を抜本的に読み換えて、旧約聖書に現れる中心的な人物までを第四の神代に次のように位置づける。「空中を駆けりて、海外諸国に往来せし神仙おおかりき［中略］アダム・カインなどというのも、その往来せる神仙にてありぬべくおもうことなり」。また、「さればアダムもイタケルノカミの分霊にして、エバという女神をえて西洋地方をひらかれしものとおもうなり[18]」。

キリスト教の創造主にも、キリスト自身にも同様な位置づけが行われる。開港期の時点ではそれは、次のようなものであった。「異国人の造物主というものは、この神［高御産巣日神《たかみむすびのかみ》］の神慮の事につき物によりてあらわれ見ゆるによりていう者なり[19]」。また、「その天主教の祖師なにがしといいける人は、寡婦のはらよりうまれて、幼年より人を教導したりときく。その説まことならば、ヒルコのあらみたまやつきてうまれけん。または我国よりおいはらわれし荒振神《あらぶるかみ》やよりたりけん[20]」。これを国学者らしいこじつけとみるよりは、大国が天主教を――あくまでも神道の普遍性に対する信奉を基準として――理解しようとしている姿とみるほうが、歴史的に公平なように思う。

第二の特徴は「邪宗」「邪教」「妖教」など天主教を感情的に形容する語が、開港期の作品以降ほとんど見当たらなくなることである。天主教は邪教ではないという表現こそこの段階ではまだ現れないが、天主教を神学的に「受容」可能とする以上、大国がそれを「よこしま」だと名づけるのに尻込みしたのは当然であろう。さしあたり天主教の邪教性を強調しない点が、開港期の儒者・水戸学者・仏教徒などと対照的であることだけはここで注目しておきたい(21)。

しかし、神学的次元における受容、または天主教は必ずしも邪教でないとする第一・第二の特徴と並ぶ第三の特徴は、天主教を絶対に日本に入れてはならないという主張である。大国隆正のこうした排他性はどのような思惟から生ずるのであろうか。それはペリー提督初来航の一八五三年に書いた『文武虚実論』によって明らかになってくる。

近来蛮船の船しばしばわがくにに来るは、天主結友の道を、このくにへもいれんとするものにて、実におそるべきことになん。［中略］儒・仏・天主ともに忠・孝・貞いわざるにあらず。いいはすれども、あつからず。日本国の忠・孝・貞にくらべてあつからざるなり。天主教は結友の道なるにより、人心それにほれやすし。そは朋友のためには金銭を惜しまず。人の病苦を救いて、そのむくいをもとめず。孤独をやしなうことなどいかにもよい道と見えて、まことにあしき道になん。党をむすびてかたまるときは、君父もこれを制することあたわず。

このように天主教という道と、忠・孝・貞を三本柱とする大国神道の道とは、倫理的な次元においては到底相容れないものだとするのである。なるほど天主教にも忠・孝・貞はあるけれども、それが希薄なためか、日本に入れると社会が乱れてしまい、「君父もこれを制することあたわ」ざる状態になる。(22) 翌年の『駁戎問答』はそれに言わば「形而上」的な裏づけを与えようとする。

わが日本国には、〔中略〕真天主の教つたわりてあり。それを本教という。わが古伝に、天地の大本を、天之御中主神《あまのみなかぬし》といえり。天主の二字は、この御名にそなわりてあるなり。それをもて、真天主の教は、日本国にあることをしるべし。〔中略〕わが本教は天地人物の本を定めて、本に従うを教意とす。西洋の天主教は末をあいたすけて本にうとし。わがくにの教意と齟齬するものなり。(23)

「本」と「末」とは、形而上的な倫理概念であり、「本」は神国日本、天之御中主神、天皇とその太祖たる天照大神、そして忠・孝・貞を指している。「末」はそれぞれの「反対」、つまり世界の諸国、天主、それぞれの国王やその教えを指して言っている。ともかく、結論として、「本」たる忠・孝・貞と「末」たるキリスト教は相容れないものだとした大国の天主教に対する排他性あるいはその理由づけは——表現のしかたに相違があるにしても

——開港期の主な思想家と内容的に足並みを揃えたのである。しかし注目すべきは、大国の上述の西洋観、世界観と、このような天主教に対する排他性との間にある矛盾である。つまり、外国人の来航があってはじめて、天照大御神の定めた世界の新秩序が実現できると主張する部分と、外国人につきものの、しかも神道神学に受容可能なキリスト教が日本社会を必ず乱すと主張する部分とは、明らかに矛盾しているのである。このような矛盾を抱えた大国隆正の攘夷最盛期における天主教観の展開を次に検討することにしたい。

2 攘夷最盛期の大国隆正——天主教の邪教と正教

尊王攘夷運動の最盛期に当たる一八六二年前後は大国隆正の著作活動がもっとも活発化した時期で、内容はかなり重複するが、『尊皇攘夷異説弁』『尊皇攘夷神策弁』『神理小言』、それに『球上一覧』という四つの注目すべき書を著している。[24] ここでは、これらをもとに、大国隆正のこの期における西洋観の展開をまず押さえてから、天主教観そのものを検討することにする。[25]

西洋観について言えば、先に見たペリー来航期と、八年たった一八六二年の最大の違いは、大国隆正の西洋事情に関する知識がいっそう豊かになったということであろう。それは中国駐在の外国人宣教師の著した地理書、新聞紙などから得たものである。それらがきっかけとなって、大国の西洋に対する関心の範囲は政治・社会にまで大きく広がっていく。その関心あるいは知識のほどは、おそらく横井小楠などにもひけをとらないものであったろう。とりわけ『球上一覧』は、イギリス・アメリカ・フランス・ロシア・オランダ・清国・トルコ・ドイツなどの国柄およびその政治的・経済的状況を非常に詳しく、しかも冷静に述べた先駆的とも言うべき書である。

そうした知識を背景にした大国は、当時、一世を風靡していた攘夷運動に対して、次のような批判を浴びせた。外国人が「禽獣」であって、「うちはらうべき」だとする考え方は「激論」であり、「天照大神の深慮にはかなわざるべし」とした。[26]この時期の大国は、要するに、その怒りの鉾先を、外国人より、むしろ世の中が変わるべきだと気づかない「事情に達せぬ国学者」、日本文化の特性に気づかない一般のもの、つまり自国民のほうに向けている。彼も攘夷が日本の「大道」だとは言うけれど、「わがとく攘夷は形質皮膚の攘夷にあらず。実理大道よりいう攘夷にして、西洋夷人に尊王の心をおこさしめんとするものなり」。[27]換言すれば、天皇を中心とする日本の政治的・文化的な特殊性・独立性を、外国人あるいは未だに認識していない多くの日本人に認めさせるのがその主目的であった。それは言うまでもなく、外国人を受け入れることによってしか実現できないことである。

さて、このような新しい西洋観を入手した大国隆正の天主教観は、どのような展開を見せるだろうか。まず、西洋諸国の政治、経済、社会の発達における宗教の役割を認識できたことは、特筆すべきであろう。イギリスのように人口も日本の半分ほどの小さな国が、あっという間に「世界万国に並びなく至強至盛の国」となったのも、耶蘇教の「徳化」によるものだと以下のように述べる。

教法をあらためし故と、かの国の人はいうなり。そはそのはじめは、天主教にありけるを路得《リウテルー》のたてし耶蘇教にあらためしをいうなり［中略］教主に豪傑ありて、国王大臣とはかりて国を富しめしものになん。そのあたりの国々には教主を選び教主といいて是を尊ぶことなり。［中略］今時はその教主の徳化ゆきいたりて、男女ともに天文地理、彼国土の詩文、支那の文算数物理これらのことをせざるものには、人の交わりなりかたしという。

アメリカが盛んになったきっかけも、同じくやはり「天主教を改めて、耶蘇教にしたりし時」だ、という。大国がまた「天主教」と「耶蘇教」との違いの認識、つまりキリスト教史のより正確な把握ができたことも、ひとつの重要な展開と考えられる。天主教は耶蘇諸流派のもととなったものだが、柏徳爾《ヘートル》のあとは優れた才能の教主がいなくなって力を失ったのに対して、「耶蘇教はわかれたちたるものなれど、後の教主才知優れて［中略］その教による人に英傑多しという」。大国は、さらに天主教にも別派があって、ポルトガル人が日本に持ってきたキリシタン宗門もその一つであったが、それこそ邪宗であり、現在イギリス・アメリカなどで行われている耶蘇教の信者でさえもそれを「邪宗とするよし也」と付け加えている。(28)では、邪宗でない天主教・耶蘇教に対するこれまでの排他性についてどう考えるべきであろうか。

まず注目したいのは、大国が『神理小言』『尊皇攘夷異説弁』『尊皇攘夷神策弁』などでキリスト教に触れている部分のほとんどが、いわゆる「問答体」になっていることである。丸山真男氏が指摘したように、江戸後期国学における問答体は根本的に「一つの立場からの平易な説教を出ない(29)」のが実情とも言えるが、大国隆正がキリスト教について展開する問答は必ずしもそうではない。例えば、大国は上述の作品の「問いて言う」方にキリスト教の弁解だけでなく、神道のかなり痛烈な批判まで語らせる。『神理小言』に登場する「さる西洋学者」の次の言い分はこれを雄弁に物語っている。(30)

さる西洋学者の言えることあり。〔中略〕キリシタンは西洋にても、邪教とするものなり。耶蘇教は妖術をもて人を惑わすたぐいにあらず。支那人のいう、仁義を旨とする教なり。〔中略。西洋諸国は、耶蘇教の仁義と友愛によって〕今までの日本支那のごとく、和親通商を拒むくにをば天意に背く国として、天にかわりてこれをうつことあり。

しかれども、みだりに干戈を動かさず、異言の国に虐政ありて、民その残に堪えざることあれば、その国王をほろぼして、〔中略〕みだりにその国をうばうことをばせざるなり。〔中略〕同じく外国の道を借りて、この日本国を治めんとすれば、つたなき儒仏をすててまされる耶蘇教にしたがうべきなり。日本国、井蛙の学者〔中略〕固陋なる儒仏にしたがい、拙劣かぎりなき神道をわがくにの道といいて、われたけくいいばるたぐい片はらいたきことになん。

こういった内容は、例えば『海国図誌』を読んで開国論に傾いた横井小楠のことを想起させる。(31) 大国の「さる西洋学者」とは、あるいは横井小楠のことを直接指して言っていたのかもしれない。それはともかくとして、大国隆正がその横井小楠的立場に、以上のように耳を傾けたことはまず注目に値するが、問題は、大国のキリスト教に対する立場と横井小楠的な西洋学者の立場とは、どこが違うかということにある。

大国はまず、「耶蘇教は大害を成すべき教なれば、決して公儀にてもゆるしたまうべからず」と、「さる西洋学者」と違って、その反対のほどをはっきり述べている。けれどもそのすぐ後に「よしゆるしたまうとも下民にさとしてよらしむべからぬ邪教なり」と付け加えたところから判断をすれば、もはや大国は天主教の渡来を覚悟していたかのように見える。(32) さらに、大国は「同じく外国の道を借りて、この日本国を治めんとすれば、つたなき儒仏をすててまされる耶蘇教にしたがうべきなり」というもっとも挑発的と思われる文の一つに、一切の答えを出していないだけでなく、天主教の友愛の道が「忠孝貞」の倫理と相容れないなどという議論をここでは一切展開していない。『神理小言』で見る限りにおいては、具体的な反キリスト教論はただ一つで、耶蘇教の「本山本寺が外国にあるは、わが国の財宝を外国に運びて、ついにわが国の衰弊を招くべきもの」という、言わば神学以前の経済的な反論である。西洋学者の神道批判については、なるほど今までの神道は「いかにも拙劣かぎりなきもの」であったが、自分が説く神道は「真理を旨として、人倫をただし、天文地理万物にわたりてその真面目をあらわす神道なり」と主張して、本来の神道の遠大さを明らかにしようと努めるが、これを除けば、大国隆正の西洋観、あるいはそれを背景とする天主教観は、『神理小言』に登場する「さる西洋学者」のそれと全く同じでないにしても、さほど遠いものでもないことが容易に理解できると思う。

この攘夷最盛期には、以上のような展開と並んで、大国の神道論そのものに若干の変化が見てとれる。それはすでに前節でみた神学次元における受容の延長線上のものだが、『神理小言』には、今までほとんど見当たらなかった極楽地獄論と「あいたすくるまこと」論とが現れてくる。キリスト教の極楽地獄論、友愛の道を受容すべく展開されたものと思われるが、次のような簡単なものである。「わが古伝に高天原とあるは〔中略〕儒家にては、上天といい、仏家にては、天堂といい、西洋教にても天という。［中略］真説は日本につたわりてあるものなり」「あいたすくるまことを儒家にては仁といい、仏家にては慈悲といい、西洋教にては友愛という」[33]。

このように、開港期の著作において、日本の道に合わない「まことに悪しき道」とされていた「友愛の道」は、攘夷最盛期の著作では、「あいたすくるまこと」という神道真理の一端として姿を現すようになる。攘夷最盛期における大国隆正の天主教観は以上のような特徴をもつものであった[34]。そこでは開港期に見た外国人の渡来は必然的で天照大神の意志に適ったものだとする立場と、他方で外国人の渡来につきものの天主教を入れてはならないという立場との間の矛盾は、なお解決をみていないことを確認できるように思う。

3　維新期の大国隆正――「西の国の神道」

大国隆正の天主教観の到達点は、彼が慶応四年（一八六八）五月ごろ、七十六歳の時に書いて、津和野藩主亀井茲監に呈覧した『天主教に関する意見書』に見られる[35]。大国は「交易を通じて日本国民もゆたかになる」ことを力説した『新真公法論』をこの数ヶ月前に出したが[36]、この頃の大国の天主教観はこうした今までにない積極的な開国論を背景に把握されるべきであろう。ここでは、長崎のキリシタン対策をめぐる大坂西本願寺での御前会議[37]がきっかけとなって著された『天主教に関する意見書』を中心に論じることにする[38]。未公開の文書なので、関連するところをまず紹介する。

天主教に関する意見書

天主堂[ママ]の義は、支那国にて明末の比《ころ》西儒と唱申候。利瑪竇、艾儒略、湯若望渡来、それらよりおこり候て、清初つぎつぎにはびこり、道光帝ことの外尊敬いたされ、所々に天主堂建てられ候事に御坐候。日本国にては、織田右大臣信長公治世の比、ポルトガル、イスパニヤあたりより、バテレン、イルマンの類を多く相渡し、天主教を日本国へも相ひろめ可申と存候え共、右の節は天主教の一派にて、キリシタンと申教法を相わたし申候。それは西洋にても邪教と申候ものにて、妖術等もくわわり居候に付、無程制禁に相成申候事に御坐候。此節、長崎へたてられ候天主教はキリシタンとは大に相違仕候ものにて、イギリス、フランス、アメリカにて尊奉いたし候耶蘇教正教と申すものに御坐候。忠孝仁義貞節等を常として、慈悲善根を専らおしえ申候ものにて御坐候。[中略]抑西洋にて天主と唱え申候は皇祖神霊の影法師とも可申ものにて、唐土の上帝、天竺の過去仏のたぐいに御坐候。此頃、『天道溯原』『聖教理証』『万国公法』など申ものを一覧仕候所、以前わたり申候キリシタンとは雲泥の相違のものに御坐候。只今イギリス、フランス、アメリカにて耶蘇教と申候もの、忠孝仁義貞烈［ママ］をもととして、慈悲善根を行い、聖会とも仁会とも名附候て、幼院病院等をたて、専ら慈善を行ない申候。［中略］さすれば、只今にして彼教をしりぞけ候事、有力の旨に無御坐候ては、難相成、余程むずかしかるべく奉存候。随分よろしき教なれども、日本にて行ないがたきわけは、その本山異国に御坐候故、沈酔いたし候えば身命をも異国の教になげうち、日本の大害に相なり可申奉存候。本願寺宗門なども異国の教なれども、本山外方に無之、日本の内京都に御坐候事故、財宝をなげうち候えども、やはり日本のものに相成申候。耶蘇宗は其本山異国に御坐候事故、はなはだきづかわしく奉存候。右長崎表よりの書中にも当然の罰申付候覚悟に候えども、迚《とて》も永久の策に難相成と申候事、寔《まこと》に可然《しかるべき》義と奉存候。右書中に、朝廷神聖被為立置候大道昭明の教法御確定被為遊、彼教法を圧倒いたし候様の大御規則御立被遊、皇国中一途の教法無之候ては、彼の教えを破り候事難相成存候との事、寔に是も可然事と奉存候。[39]［以下略］

大国隆正はまず、天主教にさまざまな流派があって、もとから邪教的な天主教と、そうでない、言わば「正教」としての天主教とがあることを確認する。数百年前、日本に渡ってきたのは前者で、まもなく禁止されたが、後者は中国では「西儒」、つまり「西の国の儒教」と見なされており、中国の皇帝も信者になっていたぐらいだと言って、後者の正統性を強調する。(40) この点では、攘夷最盛期の大国隆正の姿勢とほぼ一貫している。しかし、浦上のキリスト教徒の「耶蘇教正教」について、それが「忠孝仁義貞節等を常として、慈悲善根を専らおしえ」るという注目すべき発言を二度ほどする。大国は、ここで、神道を特徴づけるとしてきた忠孝貞という倫理をそのまま天主教に付与すると同時に、当初から天主教の排斥にこだわっていた最大の理由づけ——つまり、天主教は大国神道の倫理に「うとし」——を見事に乗り越えてしまう。開港期の文書に「まことに悪しき」とされた天主教の倫理は、ここではもっぱら慈悲善根の現れとしてしか認識されない。このように、倫理の次元で天主教を神道と合わせたうえで、次に「天主と唱え申候は皇祖神霊の影法師とも可申もの」というふうに、神学的な次元においてもまた、天主教を神道と重ね合わせる。これまでにも天主と天之御中主神との同一化の試みは見られたが、ここで初めて天主と天皇の祖先たる天照大御神との同一化が行われるのである。天主はあくまでも天照大神の「影法師」という相対的な位置に置かれているとはいえ、こうした「政治的」な天照大神との関連づけによって、天主教の政治次元における受容がはじめて可能になったと思われる。そして、こうした背景にあるものは、当然ながら天主教は「随分よろしき教」だという認識である。

このような文脈で見る限り、天主教を拒絶する余地は国学ないし神道イデオロギー的な立場からは完全になくなったように見える。実は大国がこの意見書で述べている具体的な反天主教論は、攘夷最盛期のそれと同じで、天主教の本山が外国にあるという、言わば神学以前の反対である。そして、もはや天主教を入れてはならないと主張するのではなく、むしろその解禁を覚悟して、それに合った対策を考慮している姿が見える。文書中の「長崎表よりの書中」は、長崎裁判所の沢宣嘉が浦上キリシタン対策を求めた書簡を指している。[41]そこではやはりキリスト教禁制は「永久の策」でないことを沢が力説して、「大道昭明の教法」の確定こそ適切な対策であるとしているが、大国もまたそれを理想としているのである。

大国が「意見書」で言わんとしているところを少し大胆に解釈してみれば、次のような結論を導くことができるように思われる。すなわち、天主教は倫理的、神学的、そして政治的にも受容可能な「随分よろしき教」である。中国において天主教が「西の国の儒教」と見なされていたと同様に、日本においても同じ天主教を「西の国の神道」と見なし得るのである、と。だが、この天主教を「西の国の神道」とみなすためには、まず最初に「大道昭明」たる日本の神道を確立することが急務となる。そして、これに関しては神祇局にたずねるべきであるとした。実際に維新政府の指導者はそれを受けて、大国隆正の高弟で

当時神祇事務局を牛耳っていた亀井茲監や福羽美静をそのキリスト教対策にあたらせたのである。(42)

以上が大国の天主教観の正確な解釈だとすれば、いかなる理由から大国がこうした姿勢にたどり着いたかが問題となってくる。キリスト教が当時長崎周辺で実際に信仰されていたことはおそらく最大の理由の一つになろう。それは第一、二節で見た大国隆正の既成事実の尊重と彼の神道信仰――つまりすべては天照大神の意志によって初めて可能――と結び付くにちがいないが、意見書によれば、さらに『天道溯原』『聖教理証』『万国公法』もまた決定的な影響を与えたらしい。それぞれについて若干の考察を加えておきたい。

明治時代に多くの日本人をキリスト教信仰に導いたプロテスタントの宣教師ウィリアム・マーティンの『天道溯原』(一八五四年)は、明末清初のマッテオ・リッチなどの伝道書と同じく、キリスト教の儒教との倫理上の両立を力説したものである。(43)例えば「儒教は意を真にし心を正しくするを言い、イエスの道は祈りによりて真と正と本を端うし、「中略」儒教とイエスの教えとはその道のひろきとせまきと分あれども、邪と正との分なし」というような箇所は、(44)キリスト教と神道の倫理が根本的に同じだと考えるように示唆を与えた可能性を十分もっているように思われる。カトリック宣教師オルブラント著『聖教理証』(一八五二年)はキリスト教と儒教との倫理上の両立性よりも、その神学的な両立性に重点を置いている。「四書五経の内称する所の上帝の二字と天主の二字と異なるありと言えども、然も義皆同じ。［中略］我等敬する所の天主は即上古大賢敬する所の上帝なり」のような箇所は、[45]早くから神道を中心に諸宗教の神学並立を模索していた大国隆正にとってはかなりの説得力を持ったと思われる[46]。

大国が三番目に挙げた『万国公法』はその天主教観をどのように左右したか不明な点もあるが、万国公法とキリスト教との密接な関係を熟知したはずの大国は、全世界の指導原理たる万国公法を何らかの形で受け入れる必要性を感じ、それとともにキリスト教もまた何らかの形で受け入れる必然性をあらためて認識したことは想像に難くない[47]。

以上にみてきたように、大国隆正の天主教観は開港期から攘夷最盛期を経て維新期にいたるまでの間に、徐々にではあるが天主教受容を不可能だとする立場からその受容が可能だとする立場へと変わってきたのである。開港期においては、西洋人の来航は天照大神の意志の表現でもあり、天主教は純神学の次元でなら受容可能だが、天主教そのものは排除すべきだと主張した。こうした姿勢から生まれた思想的矛盾は攘夷最盛期にも持ち越された。攘夷期の大国隆正は、排他的な姿勢にこだわりながらも、キリスト教史には邪まな流れとそうでない「正教」的な流れとがあったことを認識し、これまでの神道倫理的な立場からの排他論を繰り返さず、もっぱら神学以前のいわば現実論に基づく反論を展開したのである。維新期になると、その思想的矛盾は一種の解決を見るに至った。それは、当初からみられた既成事実の尊重や天照信仰をもとに、『天道溯原』『聖教理証』『万国公法』などからの刺激があって、キリスト教は「随分よろしき」受容可能な教えだと結論づけたためである。天主教の「本山」が「異国」にあることは依然として問題であったが、大国はこうした理由で天主教を排斥できる――あるいは排斥すべきだ――と考えたのではなく、もっぱら神道の確立を条件とするその受容に思いを馳せていたのである。とはいえ、ここにはまったく別な「矛盾」が当然生じる。それは、受容の実際的条件は何なのか、天主教徒の宗教的・政治的・社会的行動はどれだけ――どのようにして――拘束されるのかといった肝心な問題は、新たな矛盾を孕む可能性を予見させるからである。大国隆正は上に検討した文書のほかには、天主教に触れていないようなので、こうした問題は未解決のままだったと考えられる。

ともあれ、上述の考察はわれわれに次のような課題を提起するように思われる。第一は、幕末維新期の神道界についてである。大国隆正の姿勢が信教の自由論からほど遠いことは言うまでもないが、「いっさいの他宗教を絶対的に排除する」(48)とされてきた幕末維新期の神道国学像は、はたして妥当かどうかが問題になってくる。第二は、幕末思想界全体に関する問題である。現行の思想史研究においては国学神道を幕末維新期の思想界から外し、いわば「別世界」として取り扱うのが習わしとなっているように思われる。しかし、大国隆正を思想界全体の一代表として捉え直すことができた場合、一つの新しい展望が可能となる。大国は、大橋訥庵的な西洋の「道徳」もその「芸術」もどちらも排除する立場でも、後期水戸学、佐久間象山、横井小楠的な「西洋の芸術、東洋の道徳」的な立場でもなさそうだからである。大国隆正が、西洋の道徳＝天主教と神道（東洋）の道徳＝忠孝貞とが実質的に同一であることを「発見」したことによって、上述の思想的範疇のどちらにも容易に当てはまらないことが明らかになったのである。第三は、明治期全体の政教関係と関連する問題である。通説的な理解では、明治初期の「絶対的に排他的な」「神道国教主義」と、明治中期・後期の「他の宗教をその下に従属（包摂）」し、「「信仰の自由」という近代の思想原理をその倫理の中に、擬制的にではあるが、組み込」[49]んだ「国家神道」との間に大きな思想的断絶があることになっている。しかし、維新政府に決定的な影響を与えた「大国派」の師、隆正の思想と後の国家神道との間には、さほどの断絶もない可能性が現れてくる。上述の分析から、断絶よりはむしろ連続性が目につくのである。思想的断絶の有無は、言うまでもなく国家神道の形成時期、形成過程、またその実質そのものにかかわる重大問題でもある。この問題の解決は、大国派の影響下で進められた維新政府の宗教政策の再検討——つまりその「内面」に迫った検討——によってはじめて可能になるであろう。

注

(1) 服部之総「絶対主義思潮の接木」(『黒船前後——服部之総随筆集』、筑摩書房、一九六六年)、一〇六頁。
(2) 同前、一〇九、一一四頁。
(3) 「青山半蔵」(服部注(1)前掲『黒船前後』所収)、三二五頁。ちなみに、服部が島崎藤村の『夜明け前』——青山半蔵はその主人公——を批判したのは、大国が登場しなかったためであった(同上、三二二—三二三頁)。
(4) 丸山真男「近代日本思想史における国家理性の問題」(『忠誠と反逆——転形期日本の精神史的位相』、筑摩書房、一九九二年)、二一二頁。
(5) 丸山真男『日本政治思想史研究』(東京大学出版会、一九五二年)、三四八頁。
(6) 荒川久寿男「大国隆正の中興紀元論について——その蘭学とのかかはりあひ」(『皇學館論叢』三—六、一九八二年)参照。
(7) 玉懸博之「幕末における「宗教」と「歴史」——大国隆正における宗教論と歴史論との関連をめぐって」(『東北大学文学部研究年報』三一、一九八四年)。

（8）　武田秀章「ペリー来航と大国隆正」（『神道学』一四〇、一九八九年）、同「文久・慶応期の大国隆正」（『國學院大學日本文化研究所紀要』六四、一九八九年）、同「資料・大国隆正の『神理小言』について――解説と翻刻」（『皇學館大學神道研究所紀要』六、一九九〇年）、同「近代天皇祭祀形成過程の一考察」（井上順孝・阪本是丸編『日本型政教関係の誕生』、第一書房、一九八七年）。なお、維新期の大国については、阪本是丸『明治維新と国学者』（大明堂、一九九三年）参照。注目すべき業績として、松浦光修『大国隆正の研究』（大明堂、二〇〇一年）もある。

（9）　武田注（8）前掲「ペリー来航と大国隆正」、二七頁。

（10）　大国の思想展開を分析するためのこうした時代区分は武田秀章氏が提案したものである。（注（8）前掲「ペリー来航と大国隆正」、一三頁参照）。

（11）　服部注（3）前掲「青山半蔵」、三四一頁。

（12）　歴史事象の「内面」――またはその「外面」――の概念については、R. G. Collingwood, *The Idea of History*, Oxford University Press, 1946 参照。

（13）　大国隆正の西洋観、世界観については前掲玉懸、武田論文に教えられたことが多い。

（14）　『馭戎問答』（『大国隆正全集』、有光社、一九三七年、以下『全集』）第一巻、五頁。

（15）　荒川久寿男「大国隆正の革運論について――その歴史観の一考察」（『皇學館論叢』七―一、一九八四年）参照。

（16）　『学運論』（『全集』第四巻）、七八―八〇頁。

(17)荒川注(6)前掲「大国隆正の中興紀元論について」参照。
(18)『馭戎問答』、一二七、一二八頁。
(19)『直毘霊補注』(『全集』第二巻)、一九三頁。
(20)『文武虚実論』(『全集』第一巻)、二一六頁。
(21)儒者の天主教観については、山本幸規「幕末御儒者のキリスト教観——安積艮斎『洋外紀略』にみる」(『キリスト教社会問題研究』三〇、一九八二年)、水戸学の藤田東湖などは、植手通有『日本近代思想の形成』(岩波書店、一九七四年)、二一四—二一七頁、仏教界を代表する月性のそれについてはとりわけ「仏法護国論」(安丸良夫・宮地正人編『日本近代思想大系5 宗教と国家』、岩波書店、一九八八年)参照。
(22)『文武虚実論』、四〇〇、二一二頁。
(23)『馭戎問答』、一—二頁。
(24)『尊皇攘夷異説弁』、『尊皇攘夷神策弁』は、『全集』第二巻所収。『神理小言』は武田注(8)前掲「資料・大国隆正の『神理小言』について」。『球上一覧』は森瑞枝「大国隆正『球上一覧』——翻刻と注解」一・二(『國學院大學日本文化研究所紀要』六四・六五、一九八九年)を参考にした。
(25)この期の大国の海外観については、武田注(8)前掲「文久・慶応期の大国隆正」から教えられたことが多い。
(26)『尊皇攘夷異説弁』、三五八頁。なお、大国の外国人禽獣観批判については前掲『球上一覧』、二八四頁も参照されたい。

(27)『尊皇攘夷異説弁』、三四六、三三九頁。

(28)『球上一覧』一、二七八―二七九、二九〇、二九二頁。

(29)丸山真男「日本思想史における問答体の系譜」(丸山注(4)前掲『忠誠と反逆』所収)、二四八頁。

(30)『神理小言』、一二一―一二二頁。

(31)『海国図誌』が横井小楠の思想に与えた影響については、植手注(21)前掲『日本近代思想の形成』、八五頁に詳しい。なお、横井の海外観、キリスト教観、神道観について、佐藤昌介他編『日本思想大系55 渡辺崋山 高野長英 佐久間象山 横井小楠 橋本左内』(岩波書店、一九七一年)、四七八―四八〇頁参照。

(32)『神理小言』、一二二、一二三頁。

(33)同前、一二三頁。

(34)ちなみに、仏教界の「破邪運動」が軌道に乗りはじめたのはちょうどこの文久期からのことである。山本幸規「邪教をみる眼――幕末仏教界における破邪論の形成と「闢邪護法策」」(『季刊日本思想史』一五、一九八〇年)参照。

(35)『天主教に関する意見書』は、『勤斎公奉務要書残編』(宮内庁書陵部所蔵)所収。この史料の存在については武田秀章氏から貴重なご教示を得た。

(36)服部注(3)前掲「青山半蔵」、三二五頁。丸山注(4)前掲「近代日本思想史における国家理性の問題」、二一二頁。

(37) この御前会議については、鈴木裕子「明治政府のキリスト教政策――高札撤去に至る迄の政治過程」(『史学雑誌』八六―二、一九七七年)参照。

(38) 大国はこの長崎事件について『意見書』のほかに『存念書』『極意存念書』なるものを著した(いずれも安丸・宮地注(21)前掲『日本近代思想体系5 宗教と国家』五―二〇頁所収)。なお、注(42)参照。

(39) 原文のカタカナを便宜上ひらがなに書き換え、句読点を付した。

(40) 「西儒」の出典はニコラス・トリゴール『西儒耳目資』(一六二六年)かと思われる。なお、道光帝(旻寧、在位一八二一―五一年)は清朝六代(注―出典:Arthur W. Hummel ed., *Eminent Chinese of The Ch'ing Period (1644-1912)*, vol. 1, The Library of Congress, 1943, pp. 574-575)の皇帝であるが、キリスト教に帰依したと思ったのは大国の間違いらしい。

(41) 澤宣嘉の書簡は『九州事件幷長崎裁判所御用仮留日記』一・二(東京大学史料編纂所所蔵)所収。

(42) 『意見書』とともに著された『存念書』『極意存念書』(注(38)参照)は天主教そのものよりもそれを受容するために必要な日本神道の確立の方法が中心で、公式の文書であるせいか、天主教に触れた数少ない箇所の叙述は多少控えめである。

(43) 『天道溯原』に関しては、吉田寅「『天道溯原』と中国・日本のキリスト教伝道〔下〕――付『天道溯原』訳註中・下」(『歴史人類』一六、一九八八年)、一五頁が詳しい。

（44） 同前、三二頁。
（45）『聖教理証』（一八七六年、上智大学切支丹文庫所蔵）、一一一―一一二頁。
（46） ちなみに、明治期仏教界は『天道溯原』や『聖教理証』に対して、猛烈に批判的であった（吉田注（43）前掲「『天道溯原』と中国・日本のキリスト教伝道（下）」、六四頁、および山本注（21）前掲「幕末御儒者のキリスト教観――安積艮斎『洋外紀略』にみる」、九四頁参照）。
（47） 万国公法とキリスト教との関係については、井上勝生「万国公法」（田中彰編『日本近代思想大系1 開国』、岩波書店、一九九一年）参照。
（48） 羽賀祥二「神道国教制の形成――宣教使と天皇教権」（『日本史研究』二六四、一九八四年）、一二頁。
（49） 中島三千男「共同研究報告「明治憲法体制」の確立と国家イデオロギー政策――国家神道体制の確立過程」（『日本史研究』一七六、一九七七年）、一六七、一六八頁。

付記 本稿を作成するにあたり、江村栄一氏をはじめ、村山紀昭氏、高木博志氏、内藤佼子氏、杉原かおる氏、宮地正人氏、阪本是丸氏、武田秀章氏から貴重なご教示を賜りました。厚く御礼申し上げます。

第六章　神社と祭りの近代——官幣大社日吉神社の場合

比叡山の山麓に位置し、琵琶湖に面している近江国の「日吉大社」は、きわめて長い、複雑な歴史を有する神社である。(1)その祭神の大山咋《おおやまくい》が『古事記』に登場する事実は、すでに八世紀頃までに有力な神社と見なされていたことを物語ってくれるだろう。日吉神社は、十世紀初期の『延喜式』で「明神大社」とされ、平安後期の後朱雀天皇の時代に朝廷がもっとも崇拝していた「二十二社」の一つに列格していた。同神社は、さらに明治に制定された近代社格制度で、「官幣大社日吉神社」という最高の社格を得るようになった。明治の「官幣大社」は四十五しかなかったため、日吉神社は近代でも有数のエリートだった。戦後は、神社本庁という全国的神社組織のなかでも「大社」となり、今に至っている。なお現在は、神社境内の二軸になる東本宮、西本宮それぞれの本殿が国宝に指定されているし、ほかに十八もの建造物が重要文化財となっている。今日の日吉大社の名声は、しかし、なによりも毎年四月十二日から十五日にかけて行われる、湖国三大祭の一つと言われている山王祭によって確立されたものである。山王祭こそ日吉大社の存在理由と言っても過言ではないだろう。

本章は、日吉大社のこの山王祭を課題にするものだが、とりわけその歴史的原点を明らかにすることが最大の目的である。具体的に言えば、原始的とも古代的とも言われている山王祭が、はたしていつどのように形成されてきたかを実証的に吟味する。山王祭の先行研究が存在しないわけではもちろんない。景山春樹氏の「日吉社の神体山信仰」は古典的な論文で、その影響のもとで書かれた研究も相当ある。木村至宏「日吉大社」、同「日吉山王祭」、佐々木孝正「神社と祭礼」、村山修一『比叡山史』、岡田精司「日吉山王権現の祭祀」、などがその事例となる。しかし山王祭を原始的、古代的と位置づける景山氏の古典的研究は、方法論的に問題があるのみでなく、実証性に欠け、また情緒的にアプローチした箇所も多少うかがえる。我々はしたがってその定説となっている結論をそのままに受け入れることはできない。

筆者は、祭りがつねに自らを再生産し、再創出するもので、同時に自らの起源を隠して、それを遠い過去、場合によっては神話の時代に置こうとする性格のものだ、という自覚をもって、山王祭の原点をここで探ることにする。(2) 結論を先に言ってしまえば、確かに原始的、古代的のようにみえるこの山王祭の原点は、実は十九世紀の明治維新にあることを論証する。第一節では、現代から見て、今の山王祭の力学を浮き彫りにする。筆者が二〇〇八年と二〇一九年の山王祭に参加した際のフィールドワークをベースに、景山春樹氏などの民俗学的な考察を主な材料とする。第二節では、方法を変え、歴史的史料に即して前近代の山王祭の描写を試みる。史料は、近世のものがほとんどで、それ以前の山王祭については、不明なところが多く残ることを付言しておこう。第三節では、滋賀県の行政文書、日吉大社所蔵の文書などを使い、近代的山王祭が形成されていく過程を分析する。議論は上述のように展開するが、神々およびその動座、神々が祀られる日吉七社、その祀られる意味合いをつねに視野に入れておく。さらに、祭祀・儀礼を司る社司、神職、僧侶や祭りに主体的に参加する庶民も当然考察の対象とする。[3]

1　山王祭のダイナミズム

山王祭の力学は、神輿の移動をもって把握すべきである。より正確に言うならば、神輿に乗った神々の動座がポイントとなる。それにそなえて欠かせないのは、日吉大社、すなわち七社の空間的配置の理解だろう。図1によってそれをまず確認しておこう。西本宮と宇佐宮と白山宮の三つの神社があり、これらは「西本宮系」の神社群をなす。他方、東本

図１　日吉大社境内図（日吉大社提供）。

宮、樹下宮、そして八王子山の頂上にすわる牛尾宮、三宮という四つの神社が「東本宮系」をなす。ちなみに、山王祭の「山王」は、西本宮の祭神大己貴《おおなむち》を指す場合と、この七社の神々をまとめて指す場合とがある。いずれにしても、山王祭は七社を巻き込む形で展開する劇的なイベントである。では、今の山王祭はどのような構造、どのような性格のものだろうか。

　日吉大社の神々が本格的に移動しだすのは、四月十二日の夜で、八王子山頂上の牛尾宮、三宮の両神が神輿に移され、「駕輿丁《かよちょう》」という坂本の若者たちがその神輿二基を担いで険しい山道を下りてくる。山を無事に下りてきた二柱の神々は、東本宮の拝殿に移行して、そこで一夜を過ごす。山王祭のこうした開幕は、下山した神々のアイデンティティを把握してはじめて理解できよう。牛尾宮の神は、大山咋で、三宮の神がその妃の玉依姫《たまよりひめ》命だが、一緒に下山して安置されるのは、夫婦神だからにほかならない。東本宮拝殿における二基の神輿の位置づけが重要で、神輿の後ろと後ろが向かい合い、その轅《ながえ》を互いにさしちがえた格好で安置される。景山春樹氏の解釈によると、「安置し終わると各神輿の左右両端の轅の上に板を渡し、ここに献饌されるが、この御供えを称して「シリツナギの御供」と呼んでいる」という[4]。その性的な意味合いを確認するかのように、宮司がそこで「シリツナギの祝詞」とも言われる祝詞を奏上する。この夜、玉依姫命が御子を孕むと理解され、翌十三日の晩、その御子の賀茂《かも》別雷《わけいかづち》神を生みおろす劇的な行事が演じられる。

神々が下山することに全く別の力学も見てとれる。話を少し戻そう。牛尾宮の神は確かに「大山咋」で、三宮の神が妃の玉依姫だが、より的確に表現すると大山咋の「荒魂《あらみたま》」と玉依姫の「荒魂」になっている。荒魂というのは、それぞれの神のあらぶる性格、その荒っぽい働きを意味する。荒魂に対して、和魂《にぎみたま》という、神の静かな顔、柔らかい働きも存在する[5]。そして下山したところの、東本宮および樹下宮の祭神は大山咋、玉依姫の和魂にほかならない。景山氏の解釈によると、これはまさに「荒魂が和魂となって年毎に更新（みあれ）する」現象で、「常に生命力に満ちた活力源に基づく」という。これこそ「原始期の神道宗教」のあり方だと景山氏が主張する。[6] いずれにしても、有機的に結びついているこれら四柱の夫婦神、その荒魂と和魂とが今度は翌十三日の朝神輿に乗って、同時に「大《おお》政所《まんどころ》」とも「宵宮《よいのみや》」とも言われるところに移行して、安置される（図2）。

この十三日の見所は、神々の御子が生まれることを演じる、夜の「神輿ぶり」だが、日中は、それにそなえてのお祝いがまずある。大政所で執り行われる「献茶式」、「花渡り」、「未《ひつじ》の御供」がそれだ。坂本茶園のお茶は、「神様の安産を願って」神職によってまず献じられる。[7] 花渡りは、逆に町の人たちが主体的に参加するイベントで、十歳以下の武者姿の稚児たちが造花で彩られた大指物《おおさしもの》をひいて、馬場をのぼって大政所に向かう。これも当然賀茂別雷神の出生を祝うための儀式だ[8]（図3）。「未の御供」と言われるお供物は、京都山王町の役職が持ってくるが、その中身がとくに注目に値する。それは洗米のほかに鏡、雛人形、紅筆、鳥形造物、造花があるからで、神社の神饌とは趣を異にするものだが、出産祝いにはいかにも適切と言える。[9] 神職はそのあいだじゅう、大政所の向かいの、賀茂別雷神が祭神である産屋《うぶや》で待機している。そして神酒を大政所に献納した後、神酒の入っていた酒盃を神職が空へ投げる幕がある。これはほかでもない賀茂別雷神が天に舞い上がっていく場面を再現するものである。

この十三日の夜になると、山王祭の圧巻の一つでもある、ダイナミックな「神輿ぶり」とも「宵宮落《おとし》」とも言われる行事が展開される。前日から大政所で安置されている四基の神輿を駕《か》輿《よ》丁《ちょう》たちが激しく揺さぶることに始まる「神輿ぶり」は、神々の陣痛の苦しみを表現するとされる。祭文が奏上されたあと、神輿が一斉に地面に担ぎ出され、そしてその瞬間が神の御子、賀茂別雷神が誕生する瞬間だと理解されている[10]。駕輿丁は、その後四基

上：図２　大政所に安置されている大山咋・玉依姫それぞれの荒魂・和魂。
下：図３　花渡り。以上、撮影＝ブリーン。

御するドラマにそなえてのことである。

の神輿を担いで、西本宮のほうへと先を争って移行するが、そこで日吉大社七社の神々が初めて出揃う。場は西本宮の拝殿で、それは、翌十四日に七社の神々が西本宮の楼門を出御するドラマにそなえてのことである。

山王祭の祭礼空間が東本宮系の四社から西本宮の三社に決定的に移るのは、翌十四日の朝からだが、ひとまず、西本宮系の祭神について確認しよう。大己貴神（西本宮）、田心《たごり》姫《ひめ》神（宇佐宮）、菊理《くくり》姫《ひめ》神（白山宮）がそれだが、これらの祭神が東本宮系と基本的にかかわり合いのない神々であり、また東本宮系の四柱の神と違って互いに有機的に繋がるものでもないことに留意しよう。十四日の朝の行事は日吉大社の年間でもっとも厳《おごそ》かな神事で、宮司がまず東本宮で、次に西本宮で祝詞を奏上し、桂の御幣を奉る。そして延暦寺の天台座主《ざす》の登場がある。座主は、西本宮のみにおいて五色の奉幣、般若心経の読経を行う（図4）。これは明治の神仏判然令以前の祭りを彷彿させる神事で、多くの観客を引きつける。また、天台仏教徒の西本宮との密接な歴史的関係をも表すものと思われる。次に七社の神々が楼門を出御するが、その直前に、大津の天孫神社（四宮）へ渡御されていた大榊が馬場をのぼって還幸し、西本宮拝殿に安置される。この行事は大己貴神が日吉に影向《ようごう》したことを再現する意味をもつとされている。七社の神輿は、そこで楼門前を出て、春日岡でいったんとまる。そこで祝詞、神楽が奉納されてから、山王独自の総合鳥居をくぐり馬場をくだって琵琶湖へと向かう（図5）。七社の神輿が下坂本の七本柳に遷され、儀式の後、御座船に乗り唐崎沖へと渡御していく。船に乗った神々が唐崎沖で粟などを献納される著名な行事が展開される。

以上が神々の移動による山王祭の主な力学だが、ここでは、庶民の主体的な祭りへの参加についてひとこと付言しておこう。日吉大社は、総人口が一万人たらずの坂本（大津

上：図4　西本宮で大己貴を前に読経する天台座主。
下：図5　総合鳥居をくぐる神輿。
以上、撮影＝ブリーン。

市）にある神社だが、坂本の住民全員がその氏子になっている。この坂本は、特色のある町でもある。それは、差別されていた人たちがすんでいる部落——明治以前は八木山と五軒丁と呼んでいた部落——も坂本を構成しているからである。これらの差別されていた人たちは、言うまでもないことだが、今日の山王祭のすべての行事に、例えば神輿の駕輿丁として、平等に参加している。しかし、その平等な参加の歴史は決して長いものではない。彼らの山王祭との関係を以下の考察にからめて、きわめて重大な課題としなければならない。さて、次節では、景山説による原始信仰の実態としての山王祭を吟味する第一歩として、前近代の山王祭を浮き彫りにしていこう。

2　江戸以前の山王祭

生源寺行丸が語る前近代の祭り

序説で述べたように、祭神の大山咋は『古事記』に登場する神である。『古事記』の記述は、次のとおりである。「大山咋神、またの名は山末之《やますえの》大主神《おおぬしのかみ》。この神は、近つ淡海《あわうみ》国の日枝の山に坐し、また葛野の松尾に坐して、鳴鏑《なりかぶら》を用つ神ぞ」[11]と。なので、おそらく山王祭の原型は、大山咋をその対象にしたものだったにちがいない。さらに、天智天皇の時代と思われるが、大和の三輪から大己貴が八王子山に勧請《かんじょう》されるのにともない、別系統の祭祀の成立をみた。この大己貴も、祭りに加えられたことは想像に難くない。しかし、大山咋、大己貴を対象にしただろう古代的な祭りについてはほとんど知るすべはない。著者不明の『耀天記』（一二二三年）があるが、「山王事」の宗教的・神秘的解明が執筆の主立った目標なので、山王祭については詳しく書かれていない。七九一年に桓武天皇の勅願によって新造された神輿が琵琶湖畔の唐崎へ渡御したことが山王祭の起源だ、とはしているが。[12]なお、祭礼当日は僧侶が「日吉社壇において法華経」を講じることなどに言及する箇所もある。[13]史料がこのようにわずかしか現存しない理由は、日吉神社が延暦寺とともに一五七一年に織田信長によって焼き討ちされた折に、焼失したことにあると思われる。

山王祭関係の史料が相対的に豊富になってくるのは、焼き討ち後からであるが、前近代の山王祭を再現するにあたってとりわけ有用なのは、次の史料と思われる。

①祝部《はふりべ》の生源寺《しょうげんじ》行丸《ゆきまる》（一五一二―九二）著『日吉社神道秘密記』（一五七七年）や『日吉社神役年中行事』（一五八八年）

②延暦寺の覚深が一六八八年に作成した『日吉山王祭礼新記』

③十七世紀、十八世紀、十九世紀に作られた画像史料

以下においては、これらの史料に基づいて前近代の山王祭の再現や分析を行ってみよう。[14]

信長の焼き討ちを命からがらに逃れた生源寺行丸が著作活動に取り組んだのは、あくまでも七社の再興の基本資料を提供するためだった。(15) 行丸はそのためか山王祭よりもむしろ七社およびその夥《おびただ》しい末社、摂社の由来、その配置、その祭神の解説に力を入れている。祭りは二の次で、詳細な式次第は見えない。それでも祭りを把握するうえで示唆に富む記述もある。まず『日吉社神道秘密記』について検討してみよう。行丸はここで、例えば、大己貴神は「山王」とも称すべき神で、大己貴の神社が八王子山にもっとも早く建った常設の建物だという。しかし、この神が三輪から「御臨幸」する以前にも、二柱の神々がすでに影向して祀られていたことを指摘する。(16) それは「小比叡大明神」と「八王子」の二柱であった。前者は近くの波母山《はもやま》に、後者は八王子山の金大巌《こがねのおおいわ》に影向したという。その後は、聖真子《しょうしんし》、十禅師、三宮、客人《まろうど》の順で神々が勧請され、それぞれの神社が建てられたという。(17) ここでまず気になるのは、社号だろう。行丸が筆記するすべての神社の社号は、三宮を除いて今と異なる、馴染みのないものだ。同時に注目されるのは神々だ。行丸が述べる祭神も、現在祀られているものとまるで違う。唯一連続性のある祭神は、大己貴神である。行丸はこの大己貴を「大宮権現日本国之御主」とも「帝都之鎮守大明神」ともいい、その本地仏を釈迦如来として、「両部神道」的に解釈している。行丸は当然、日吉神社の他の六神も、同様に本地仏の「垂迹《すいじゃく》」とか「権現」などと、神仏習合的に理解しているが、それだけの問題ではない。

『日吉社神道秘密記』によると、二宮（今の東本宮）の祭神が大山咋ではないことにまず気づく。行丸は二宮の祭神を上述のように小比叡大明神とも呼んでいるが、その本当の姿は、『日本書紀』で天地がはじめて分かれた時に生まれ出た国常立尊《くにとこたち》にほかならないという。行丸はこの国常立尊を「天神第一の神」、「天地開闢之神」、「諸神之総大祖神」と見なし、祝部生源寺家の祖先とも位置づけている。[18] 現在の山王祭の主役となっている大山咋は、行丸の著作物のどこにも登場しない。[19] また、行丸の時代においては十禅師（今の樹下宮）の祭神が女神の玉依姫ではなかったこともわかる。それはなんと天照大神の孫で、著名な天孫降臨神話の主役神でもある、男の瓊々杵尊だった。[20] 行丸の書いたものには、玉依姫の名も一切記されていない。つまり、今日のように神々が夫婦神であったり、荒魂／和魂のように有機的に繋がっていたりすることはなかった。行丸はむしろ、二宮の祭神国常立尊と大宮の祭神大己貴神が陰陽のように繋がり、そして二神による陰陽的な相互の働きが、聖真子（今の宇佐宮）の神を生んだと理解する。行丸はこうして生まれたこの祭神を「天照大神第一御子」、正勝吾勝勝速日天忍穂耳尊だ、と理解するのである。[21]

十六世紀末に生源寺行丸によって描かれたこれらの神々およびその社号がどのようにして近代的なものになっていくか、それをこれから明らかにしていくが、『古事記』に登場する大山咋がいつの時代にどのようにして国常立尊に取ってかわられたのかは、残念ながら判然としない。いずれにせよ、今日のような、夫婦神が一緒になって御子を作る力学を有する祭りは、行丸が生きていた時代に存在しうるはずがなかったことだけは確かだろう。行丸にはさらに、織田信長の焼き討ち前後の山王祭について自分なりに解釈した簡単な文がある。それは上述の『日吉社神道秘密記』にも『日吉社神役年中行事』にも書き留められている。

さて、祭り全体については「日吉祭礼、祝言を以て本意を為す」とまず前置きする。[22] そして山王祭を形作る数多くの「祝言」の場を行丸が順番に明記する。八王子、三宮の二神が午《うま》の日に出御する場とそこにおける祝言、七社の神々が申《さる》の日に大宮楼門を出御する場とそこにおける祝言をとくに重視している。これらの祝詞、出御を、岩戸隠れの際に天児屋命《あめのこやね》によって唱えられた祝詞や、それに次ぐ天照大神の岩戸からの出御に重ね合わせていることがわかる。行丸は、『日吉社神役年中行事』において、前者の祝詞、出御と、天照大神の岩戸出御の語りとを示唆的に並列させているが、[23] 後者の祝詞、出御の場合は、その岩戸神話との関係性を明確にしている。行丸は、まず大宮の楼門前の広場が「春日岡」と呼ばれていることに注目し、その理由を述べる。それはつまり、春日大明神でもある天児屋命がそこに影向したことによるという。この天児屋命の存在こそ山王祭を岩戸神話に

表1　近代・近世の「祭神」「社号」比較表

今日	←近世期
「東本宮系」	
大山咋 オオヤマクイ （東本宮）	国常立尊 クニトコタチノミコト （二宮）
玉依姫 タマヨリヒメ （樹下宮）	瓊々杵尊 ニニギノミコト （十禅師）
大山咋（荒魂） オオヤマクイ（アラミタマ） （牛尾）	国狭槌尊 クニノサツチノミコト （八王子）
玉依姫（荒魂） タマヨリヒメ（アラミタマ） （三宮）	惶根尊 カシコネノミコト （三宮）
「西本宮系」	
大己貴神 オオナムチノカミ （西本宮）	大己貴神 オオナムチノカミ （大宮）
田心姫神 タゴリヒメノカミ （宇佐宮）	正勝吾勝勝速日天之忍穂耳尊 マサカツアカツカチハヤヒアマノオシホミミノミコト （聖真子）
菊理姫神 ククリヒメノカミ （白山宮）	伊弉冊尊 イザナミノミコト （客人）

結びつけるいわれとなる。楼門前の春日岡でいったん停止する神輿を前に神楽などが奉納されることを述べてから、彼は言う。

日神、月神、天の岩戸に引き籠り給う時、八百万神等神楽を奏じ、春日大明神祝詞を奏じ給う。故に春日岡前にて之を奏ず。楼門出御、岩戸を出給うと同等の順儀なりと。(24)

つまり、国常立尊、瓊々杵尊が下山することや七柱の神々が大宮楼門から動きだすことが、天照大神が岩戸から出てくるのと基本的に同じ、喜ばしい祝うべき意味をもつ、と行丸が考えていることがうなずける。

行丸は山王祭のもう一つのイベントを特記する。それは、神輿が春日岡を発って、まず「塔下之南有之」総合鳥居、次に「生源寺辻有之」中神門、最後に「馬場末有之」大神門を通る神幸だ。「神道之本意は此神門之事也」とまで行丸は言う。(25)それぞれの神門に神秘性が付与され、大神門は「胎蔵界」、中神門は「金剛界」だが、内神門、つまり総合神門は「両部合之」、すなわち「神道胎金合体」であると理解する。(26)これはまさに両部神道的な、つまり神々をあくまでも仏教教理において理解した姿というべきものだろう。以上が行丸による前近代の山王祭の解釈となる。

覚深による祭りの詳細

生源寺行丸は中世末から近世初期にかけて活躍した人物で、彼の描く山王祭は、中世のそれをおおよそ反映したものと考えて差し支えないだろう。近世でも行丸が大権威とみなされていたことは、延暦寺僧侶覚深の『日吉山王祭礼新記』からもうかがわれるが、行丸が断片的にしか山王祭に言及しなかったのに対し、覚深は詳細な式次第を提供してくれる。なお、覚深のこの著作が江戸後期でも参照されていたことを念頭においておこう。

さて『日吉山王祭礼新記』で確認できることは、八王子山下山（午の日）に始まり、琵琶湖上の御供献上（申の日）をもって絶頂に達する神輿の動座が、現代と全く同じであることである。ただし、個々の行事は現代と異なるところもないわけではない。例えば、覚深が「二宮祭礼」と呼ぶ未《ひつじ》の日の行事には、現在、見所になっている花渡りは姿を現さない[27]。献茶式も、未の御供もあって、未の御供は、鏡、紅筆、造雛、鳥形造物など現代と同じ内容である[28]。未の御供は、「二十ヵ年許《ばかり》以前迄」山王町から持ってこられたのが、今は祇園社が提供する、ということもわかる。現代との対比でもっとも著しい相違は、未の日の夜の行事らしい。近世期には四つの神輿が確かに大政所に出揃っており、その前で獅子舞も舞われるし、田楽、狂言も催されるが、今の山王祭で見所となっている神輿ぶりは、確認できない。田楽法師の舞が終わってから「自神輿於拝殿下急々舁出《かつぎいだし》、鼠祠《ねずみのほこら》前迄神幸、遅速先進次第也」とあるが、神輿を揺さぶるイベントはない[29]。近世のどの史料にも神輿ぶりは明記されていないので、これはなかったとしたほうが無難だろう。

近世の日吉神社は延暦寺の支配下にあったため、祭り全体も天台座主に牛耳《ぎゅうじ》られ、下級僧侶たる「公人《くにん》」がそれぞれの行事を監督していた。しかし、僧侶覚深の『日吉山王祭礼新記』によれば、警固役も務めていた公人以外は、延暦寺の僧侶が午、未の両日の行事に直接かかわることはなかったようだ[30]。僧侶の出る幕は、「大宮権現祭礼」と覚深が称する申の日の行事だ。詳細は省くが、天台座主宮による五色の御幣七本の献納が申の日の行事の厳かな開幕をなし、この御幣を覚深は「官幣」と称する[31]。第一節で言及した、現在の山王祭で注目される、天台座主による五色の奉幣献納は、この近世以前の面影をとどめるものであることがわかる。さらに注目すべきは、延暦寺の執行代、山門衆徒が馬場沿いの三つの桟敷で陣を取り、そこで公人が饗応役を務めたことだろう[32]。申の日に馬場を上ってくる大榊の行列も、その後の、馬場を下っていく七基の神輿の行列も、後述するように桟敷の真ん前を通る。つまり、延暦寺の僧侶が陣取っている桟敷は、行列を見るのにもっとも特権的な場であった[33]。僧侶の山王祭との関係性は、このように基本的な史実ではあるが、彼らの参加は、大己貴が対象とされる申の日の行事に限定されている。国常立尊を対象にした、午の日、未の日の行事とはかかわらないのである。

画像史料に見る庶民の祭りへの参加

さて、生源寺行丸と覚深の著作によって前近代の山王祭の大体の輪郭が見えてくる。すなわち神輿の動座そのものは現代と同じではあるが、神々のアイデンティティ、その神々を対象にした諸行事、その行事の有する意味合いが現代とまるで違うことは、上述のとおりである。しかしこれらの史料のみに依存する限り、我々の前近代の山王祭の把握には大きな盲点が残る。それは、庶民の祭りとのかかわり合いが見えてこないからである。社司の行丸、僧侶の覚深が庶民に目を向けてくれないのはやむを得ないことだろうが、庶民の主体的参加の考察を抜きにしては、祭りが理解できない。そこで大きな手がかりとなるのは画像史料である。以下画像史料をもとに近世坂本の庶民の山王祭との関係に目を転じてみよう。その際、分析の軸となるのは「祭り」の「祭礼化」過程である。こうした観点を提示したのは、もちろん柳田国男氏であり、久留島浩氏などがそれを都市祭礼の研究でさらに展開してきている(34)。「祭礼化」過程の肝心なポイントは、「観客の発生」であろう。「お祭り」でない祭礼は「見られる」ためのものである関係上、例えば見物用の桟敷の登場が一つの尺度にもなる。さらに、「観客」は、聖なる御神輿よりも、むしろ趣向を凝らした山車《だし》、練り物などの「風流《ふりゅう》」に注目する。注目するのみでなく、主体的にその風流を生産するのが肝心とされる。久留島氏などは、とくに個々の町からの山車や町と町との競

図6　『山王祭礼図屏風』、金地院蔵。右：a　神輿が馬場を下る場面。
左：b　画面中央、描かれた馬場の桟敷。

り合いが風流の進展に繋がる事実に注目する。では画像は、近世における山王祭の、このような祭礼化の過程について、いったい何を教えてくれるであろうか。

　図6aは十七世紀なかば頃の作と推定される『山王祭礼図屏風』（金地院蔵）で、神輿行列が馬場を下る、申の日の光景を描いたものである。山王祭礼図は二十点ぐらい現存するが、馬場の神輿およびそれに次ぐ船渡御が主な画題焦点となっている[35]。この図で注目を引くのは、中神門を潜る神輿と神輿を担ぐ駕輿丁の姿だろう。まず駕輿丁の出自だが、坂本出身の駕輿丁が十七世紀にいたかどうかは定かでない。確認できるのは、滋賀郡の村々の者と愛宕《おたぎ》郡、つまり京都の修学院、八瀬《やせ》村あたりから募られ

てきた者がいたことである。[36] 神輿のまわりを走ったり、刀をかざしたりする甲冑姿で坊主頭の者は、上に触れた坂本の公人と呼ばれる下級僧侶である。道端に座って、手を叩いたり話したりする、坂本の者と思われる観客も、注目に値する。さらに見逃すべきでないのは、常設の桟敷に座って、行列を見て楽しんでいる僧侶の姿だろう（図6b）。このように申の日の神輿行列に限って言えば、観客としての僧侶、庶民が確認できるが、庶民が受け身的で主体的に参加していないことも、我々の注目を引く。

　屏風の画家たちは、庶民に関心がないせいか、庶民の主体的参加が確認できる行事は画題にされない。が、主体的な参加があったことは、他の画像史料（時代は少し下るが）で確認できる。例えば、同じ申の日に馬場を大宮まで練り歩く大榊行列がある。図7は、『伊勢参宮名所図会』（一七九七年）にある、画家の蔀関月《しとみかんげつ》が描いたその行列である。御幣、幸の鉾、そして大榊からなるこの行列に、地元の人たちが参加していることが確認できる。四宮神社神人《じにん》、日吉大社宮仕《みやじ》、別当、公人のほかに、坂本の人足が百人、上坂本の杖持ちが七十人、坂本の杖持ち六十人に町年寄の参加がわかる。[37] ところが面白いことに、柳田氏以来、久留島氏らがとくに重視する、趣向を凝らした山車などの風流は、ここに全く見当たらない。むしろ気になるのは、観客の受け身的な姿だろう。観客は、まず皆座っている。座っているだけでなく、公人に「しつけ」られていることもわかる。右上にも、左下にも

図7　「山王神事申の当日大榊還御の行列」、『伊勢参宮名所図会』より。

公人が座った観客を割り竹の棒で打っているのが見える。『伊勢参宮名所図会』の著者、秋里籬島は、公人の振る舞いを「脇見の一興にもなれり」とも言うが、[38]『近江輿地志略』の著者、寒川辰清は、次のようなもっと厳しい評価を下す。

坂本法師［中略］日吉神輿血を見ざれば渡らずと罵る。嗚呼不敬の甚しき是よりはなし。［中略］日吉は神明也、何ぞ人を刃傷して喜ぶべけん。若之を喜ぶ時は神明にはあらで邪神也、［中略］若し神輿血見ずしては渡らずといわば、毎年法師等一人宛を傷けて渡すべし、[39]

このように申の日の山王祭は、庶民の主体的・独創的参加を一切許容しない仕組みになっていることがわかる。その状況が変わって

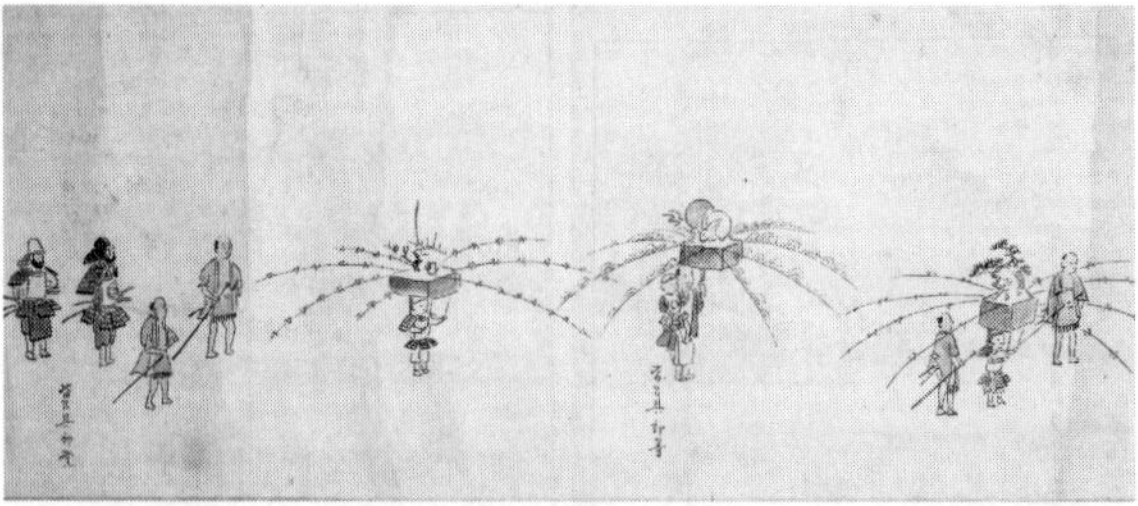

図8a　花の行列。『日吉祭礼古図』、日吉大社蔵。

くるのは、十九世紀に入ってからだと思われる。このことも画像史料で確認できる。図8のa・bは、一八二二年（文政五）の『日吉祭礼古図』（日吉大社蔵）の一部だが、注目したいのは、描かれたところの行列で、そこに七つや八つぐらいの造花が見える。造花のほかに、人が担いでいる台のようなものがあって、その上に、兎とか柳の木の下で向かい合っている大人と子供とか、夫婦《めおと》岩などが見える。いずれの造花も、きわめて原始的ではあるが、個性的で、これなどは間違いなく一種の山車と考えていいだろう。また目立つのは、行列を構成している人、つまり子供、子供を抱いている親の姿、さらに金棒をもって歩いている町年寄。甲冑姿の公人は行列の先頭に立っている。この絵巻は、今日の山王祭の見所になっている花渡りの原型に光をあててくれるものと思われるが、これがいつ導入されたかは、正確に突き止めることはできない。この一八二二年以前の文献には出てこないが、それ以降の祭礼関係の文献には、

図8b　同右。

例えば『日吉御祭礼之次第』（一八三七年）にも、また後述する『日吉山王貼交屏風《はりまぜびょうぶ》』にも、必ず出てくる[40]。とすると一八〇〇年から一八二二年までの間に導入されたものとなろう[41]。庶民による風流の芽生えを意味するこの花行列が導入されたいきさつは判然としないが、坂本という町の支配構造が動揺して、公人の支配力が衰微し、公人でない町年寄が権限を増してきたことと密接に関係しているように思われる。その過程で権力関係が覆され、公人が町年寄の差配を受けるはめになってきた、そのことの持つ意味は大きいだろう[42]。

この文政五年の絵巻はきわめて単純なもので、公人によって公人のために作成されたためか、「祭礼的」なイメージはなかなか伝わってこない。そうしたイメージが見事に引き出されているのは『日吉山王貼交屏風』（個人蔵、坂本）だろう（図9a）。『日吉山王貼交屏風』は弘化年間、つまり一八四〇年代に制作されたもので、花の行列を生き

図９　『日吉山王貼交屛風』より、山田直一氏蔵。上：a　花の行列の準備。
下：b　花の行列。

図9c　大榊行列。

生きと描いている。(43) まず造花が準備される坂本の光景の描写がある。それから、行列が下坂本の第二鳥居を潜って、馬場に上っていく風景を描く（図9b）。この描写で留意すべきは、八つぐらいの造花があり、それぞれ色彩、模様などが違っていて、個性に溢れていることだろう。さらに、造花のまわりに数多くの人々が群がっているなかで、金棒持ちの町年寄の姿が確認でき、甲冑姿の公人も目立つ。警固役を務めているこの公人は造花から距離をおいて立っているし、割り竹の棒、刀などを振りかざしたりはしていない。観客の姿も印象的で面白い。座っている人はもはやいない。観客は馬場の両側に二、三列に並んで立っている。釘付けになって眺めている観客もいるが、行列と一緒に四社神輿が待っている大政所まで練り歩いていく人々のほうが多い。

この『日吉山王貼交屛風』は、花の行列のほかにも相当大がかりな変化が幕末の山王祭に起きつつあることを我々にほのめかしてくれる。この絵巻全体を見ると、午の日、未の日、申の日のすべての行事に大群衆が集まって楽しんでいる姿が目につく。馬場をのぼる大榊の行列でも飲み物などを観客に売る屋台が出ている（図9 c）。馬場をくだる神輿行列の場合にも、我々の視線は、もう桟敷に座っている僧侶から観客に移っている。花渡りの導入と相前後して坂本の人たちが山王祭礼全体を自らのものにしていく印象が強い。

歴史資料が記録する前近代の山王祭は、おおよそ上述のとおりだが、史料が記録しない、そして記録しないことによって事実上抹消する、重大な課題が残されている。それは被差別部落民と山王祭との関係である。近世の坂本には、八木山と五軒丁という二つの部落があって、そこの住民たちは農業に携わる傍ら、運搬業、斃死牛馬処理および皮革業を営んでいた。彼らはしかし上にみた幕末期の花の行列にも大榊行列にも参加しない。駕輿丁参勤も許されていない。近世は、坂本のすべての町が一応平等に参加する現代の山王祭とは、まるで違う状況に置かれていた。近代山王祭の原点を考えた時に、彼らがいつ、どのようにして、どういった形で山王祭に参加するようになったのかを検討する必要がある。

3　明治と近代山王祭の成立過程

神仏の「判然」とその徹底

現在の山王祭が上に検討してきた前近代のそれと著しく異なる理由はどこに求めるべきだろう。それは、明治維新という革命に求めなければならない。ここでは、明治維新という革命やその後の諸政策がどのような方向性を山王祭に与えたのかを考察する。

明治維新が日吉神社に訪れてきたのは、慶応四年（一八六八）四月一日であった。その日、祝部の生源寺希璵《きよ》、樹下《じゅげ》茂国《しげくに》、それに生源寺業親、樹下成言などが日吉神社の境内に集まった。彼らは、神職で構成される「神威隊」の隊員四十人余に伴われ、さらに坂本村の村民たちも数十人加わっていた(44)。七社のすべてが、彼らの働いた暴力に晒されてしまった。暴力の対象は、日吉神社の境内に飾ってあったあらゆる仏器・仏具で、樹下らが破壊、焼却した宝物は数千にのぼったと言われているが、大宮の場合は、「御本地仏、御正体経巻等悉焼之、仏具鰐口其外金物は不残社家へ持帰る」、二宮は「尊体並御本地仏以下悉焼捨仏具鰐口等前同断」というありさまであった(45)。

樹下茂国は、維新政府の神祇事務局に権判事として勤務していたこともあって、この日に指導的な役割を果たしたが、樹下の行為を権威づけたのは、言うまでもなく維新政府が

出した神仏判然令だ。判然令はちなみに、

仏像を以神体と致候神社は、以来相改可申候事。「本地」抔《など》と唱え、仏像を社前に掛け、或は鰐口、梵鐘、仏具等之類差置候分は、早々取除き可申事。

を命令するものであった(46)。樹下たちは、実はのちに県から尋問を受けることになり、その際「一社に於て只神道の興隆を慮り、公布の御旨趣を貫徹せしめんとするに鞠躬苦心する外ならずして云々」と言ったのだが、それは無理もないことだったかもしれない(47)。彼らは判然令の趣旨を忠実に実行に移しただけである。しかし判然令が、日吉神社を延暦寺の支配から解放し、仏教の一切かかわらない山王祭をはじめて可能にしたことを見逃してはならない。そうした山王祭がはじめて執り行われるのは、実は判然令が出された同年四月の十八日だった。初の近代的山王祭の詳細はわからないが、その前日に七社に奉仕していた僧身分の宮仕、それに下級僧侶の公人はみな還俗のうえ祭りへの参加を許されたが、延暦寺僧侶の参加は一切禁止されていた(48)。

ここでもうしばらく樹下茂国の活躍を追求しよう。樹下は、四月二日の暴力によって成し遂げた「判然」で満足したわけではない。樹下が判然の徹底を目指して次に狙ったのは、日吉神社の総合鳥居である。それはおそらく、総合鳥居が両部神道の真理を明かすものだと見なしていたからにちがいない。樹下はまさに大津県に申請して許可をもらい、笠木の上の三角形を取ってしまったのである。[49] 樹下の活動で次に注目すべきは、いわゆる「社号改称」で、明治元年十月に聖真子を宇佐宮、八王子を牛尾宮、十禅師を樹下宮に改称した。「仏教臭い」と思っていたゆえの「社号改称」である。樹下によると、聖真子は、「古名は宇佐宮」で、八王子は「比叡の東尾にあり。故に牛尾」だと主張するが、それぞれの根拠は明らかでない。また、十禅師の社号を「樹下」に改称したことについては、「古記を案ずるに、玉依姫命槻樹下に降神と為る云々」と主張する。[50] 玉依姫については後でまた詳しく触れるが、ここで言っている「古記」の正体は全く不明である。樹下茂国のもとで実施された日吉神社における「神仏判然」は過激なもので、維新政府が「社人共俄《にわか》に威権を得、陽に御趣意と称し、実は私憤を霽《はら》し候様之所業」のないように戒めたぐらいだった。[51] 他方、樹下らは、上述のとおり大津県から尋問を受け、その結果、樹下茂国ほか五名が明治二年末から三年末まで監禁されるはめになった。[52] それはしかし、決して維新政府がこの神仏判然政策から手を引いたことを意味するものではなかった。

さて、ここで維新政府がなぜ判然にこだわって仏教的な要素を全国の神社から追放し、「神道」にしたのか、その理由について簡単に確認しよう。それは、明治維新を正統化する万世一系という近代国家の神話を、全国の神社に背負わせるためにほかならなかった。近代的神道は、まさに万世一系の神話をその核心とする。そして判然令をうけて画期的なのは、明治四年（一八七一）の「神社の儀は国家の宗祀にて云々」とする法令で、神社は、これをもって政府の定めた万世一系的祭祀を執り行う運命となったのである。[53]日吉神社の場合は、仏教的要素を剝ぎ取られ、純粋な神道的空間になってから「官幣大社」に列格した。「神道」として新たに概念化された近代的山王祭がどんなものだったか、これを次に検討する。まず祭神という観点から迫ってみよう。

近代山王祭と日吉神社の祭神

神仏判然令の実施によって、日吉七社の祭神は本地仏の「垂迹」なり、仏の「権現」なりといった解釈はもはや成り立たなくなった。明治維新が日吉神社の祭神にもたらしたのは、仏教教理からの離脱だけではない。樹下茂国と思われる人物が慶応四年七月に「答申書」なるごく短い文書を大津県に提出したが、そこには「日吉神社は、大山咋にして神代の鎮座たること『古事記』、『日本書紀』に顕然たり」という一句が見える。[54]大山咋が『古事記』に登場するのは、第二節の冒頭でみたとおりだが、その神が『日本書紀』には一切記載されていないことに留意したい。いずれにしても樹下は、生源寺家、樹下家の社司が代々祀ってきた祭神は、国常立尊でなく大山咋だ、とここで堂々と主張する。では、樹下が大山咋を担ぎ出す背景は何か。それは一世代前の、天保年間に求めなければならない。

本居宣長の『古事記伝』の刊行が完了するのは文政年間であるが、それまで（大山咋の登場が全くない）『日本書紀』が正史と見なされ、神々を知るのにもっとも権威のある典拠とされていた。『古事記伝』の刊行以降には、今度は『古事記』が「神典」として祭り上げられ、『日本書紀』に取って替わる権威となった。そして日吉神社の社司がこの『古事記』、『古事記伝』の記述に初めて出会ったのは、天保年間だと思われる。そう推測する理由は、天保六年（一八三五）に生源寺希璵が『大山咋伝』なる書物を認《したた》めて、刊行したからである。それ以前の社司の文献には大山咋は一切出てこない。[55]『大山咋伝』は、『古事記』に出る大山咋関係の短い記述に加えて、宣長が『古事記伝』で引用した『釈日本紀』、『山城国風土記』その他の文献からなるパンフレット規模のものだが、[56]ここでひとまず生源寺希璵がこの年に出会ったと推測される『古事記伝』の記述を確認しておこう。

宣長は、二宮の、小比叡とも言われる神を「国常立尊と云うのは、いたくひがこと」だと、まず主張する。さらに、「後の世ながら『公事根源』に、比叡の山の神は松尾の社と同体にて、大山咋の神と記したまえるは、古書に依りて実のことなり」と強調する。[57]宣長は、大山咋の存在がこれまで埋もれて知られていなかった責任は、延暦寺僧侶にあるとする。「凡て此御社のことは［中略］みな延暦寺に因て仏めきたることのみなれば、取るに足ず」と詰《なじ》る。[58]宣長のこうした反仏教的な主張は、天保年間の他の著作にも見え、樹下らが慶応四年に働いた暴力に拍車をかけたと考えてもおかしくないだろう。いずれにせよ宣長は、大山咋の正体に迫ろうと、鎌倉末期の『釈日本紀』、『山城国風土記』が語る有名な伝説に触れる。その伝説は、賀茂別雷命を主役とする次のようなものである。鴨川で遊んでいる玉依姫が丹塗《にぬり》の矢が流れてくるのを拾って、持って帰った、そしてその矢を「床の辺に挿し置」くと、奇跡的に身籠って賀茂別雷命という名の男の子を生んだ、という伝説だ。宣長に言わせると、玉依姫が身籠ったこの矢は、大山咋の記述にある鳴鏑を意味する。そしてその結論は「丹塗矢は、即此大山咋神の化たまえるなり」とする[59]。換言すれば、大山咋は玉依姫と夫婦関係にある、そして大山咋は、同時に御子賀茂別雷神の父親でもある、と。

こうした知識がすでに天保年間、日吉社司の間に定着していたことは間違いない。三十年後の明治元年、次の世代の社司たちに、自らの神社に関連するこの新知識を逸早く維新政府に認めてほしいという願望は、当然あっただろう。樹下だと思われる神職が上述の「答申書」を大津県に出したことがそうした運動の第一歩であった。樹下はさらに同年末もしくは明治二年初めに「祭神および勧請年記云々」という文書を作って大津県に届けた。この文書の画期性は現在の日吉七社の祭神が初めて勢揃いすることにある。つまり、二宮が大山咋和魂を、樹下宮が玉依姫和魂を、牛尾宮が大山咋荒魂を、三宮が玉依姫荒魂をそれぞれ祭神として祀り、そして大宮、宇佐宮、客人宮がそれぞれ大己貴、田心姫、菊理姫を祭神とする、と樹下がここで初めて主張したのである。[60] 若干の考察が必要だろう。『古事記』および『古事記伝』の記述で明確になったのは、大山咋の影向と大山咋と玉依姫との夫婦関係、そして賀茂別雷神との関係のみである。八王子、三宮、二宮、十禅師の四社の相互関係には宣長は一切言及しない。[61] その相互関係を初めて提示したのは、この「祭神および勧請年記云々」で、それは樹下の想像力の産物とせざるを得ない。さらに、田心姫も菊理姫も『古事記』にも『古事記伝』にも登場しない神々である。[62]

「祭神および勧請年記」でまず気になるのは、和御魂・荒御魂の関係だろう。樹下はおそらく本居宣長か平田篤胤の荒魂和魂論に刺激されていたと思われる。宣長は、『古事記伝』の大山咋の記述と無関係のところで和御魂、荒御魂は「その徳用を云う名にこそあれ、全体の御霊は御霊にして、必ずしも此二にわかれたる外、無きには非ず」と捉え、平田篤胤も『古史伝』で荒魂和魂の「互に其御霊の通い属したまうことになむ坐《まし》ましける」相互関係を説明する。[63] 樹下がさらに二宮の祭神を大山咋和魂と位置づける根拠は、ここで崇神天皇七年の詔にあると明記するが、その詔は実存するものではない。[64] なお、この「祭神および勧請年記」では、八王子山上の三宮、山麓の樹下宮の祭神を玉依姫の荒魂・和魂とする根拠も提示されていない。さらに、宇佐宮の田心姫、客人宮の菊理姫の勧請はそれぞれ六七五年（天武三）と八五六年（天安二）とするが、その根拠も明らかではない。

いずれにしても、現在日吉大社で祀っているのがこの神々で、そしてこの神々の日吉社との結びつきは明治維新とともに「創出された」と断言できそうである。この「祭神および勧請年記」は、樹下の「偽造」と片づけてしまえばそれまでだが、実は樹下が日吉神社の元来の姿、元来の祭神の正体を探ろうとした結果できたものである。代々行われてきた山王祭になぜ二柱の神が一緒に下山するのか、下山した二神がなぜ同じ神社の拝殿で一夜安置されるのか、またなぜ翌日四柱の神々が大政所に合流するのか、この「祭神および勧請年記」は、樹下が樹下なりにそれらの謎を解こうとしたものだと考えたい。そしてそれは必ずしもでたらめなものではないことをここで強調しておきたい。近世にも「日吉社と賀茂上下松尾社一等之御神威也」と行丸が言っていたように、日吉と松尾と賀茂とは有機的に結びついているとの知識が、社司の間にあったはずだが、その関係の実質は謎のままだった。(65)大山咋と玉依姫の夫婦関係がその謎を解いてくれる。さらに、玉依姫が新しく祭神とされた樹下宮は、その神座の真下に霊泉がある。推測の域を出ないが、樹下は鴨川で矢を拾った玉依姫にいかにも適切な神座と思っていたのかもしれない。なお、「生誕」というテーマも近世以前の山王祭と全く無関係なテーマではない。例えば、子供のおもちゃと思えるような、近世の「未の御供」があげられるし、また大政所の前に（現在の産屋でない）「王子宮」という祠が実際にあった。他方、この王子宮は、近世の山王祭となんら関係がなかったし、しかもこの王子は赤ん坊でなく「十六才」の青年と理解されていた。(66)

これらの事実は樹下の想像力をかき立てるのに十分なものであったかもしれないが、樹下の問題は、歴史的証拠である。大山咋の『古事記』登場はいいとして、その後は根拠が薄いか、全くないかであった。それを痛感した樹下らは、疑いの余地を残さない根拠を作ろうという戦略をとった。彼がそこで作ったものは、『日吉社禰宜口伝抄』なる史料である。『神道大系』掲載の『日吉社禰宜口伝抄』は、「永承二年丁亥九月二十三日　無位賀茂県主元親」、続いて「天正十七庚辰四月吉日禰宜行丸七十八老筆写之」と締めくくり、十一世紀の口伝を生源寺行丸が十六世紀に筆記したかのように見せかける。(67)ところが、北九州市立大学の佐藤真人氏の綿密な研究によって、この『口伝抄』は、古代、中世に遡るものでなく、樹下と思われる人物が明治二年に作った可能性がきわめて高いことが判明した。(68)この『日吉社禰宜口伝抄』という偽造は大成功をおさめたと見なければならないだろう。明治、大正、昭和を通じて、つまり佐藤氏の研究が一九八九年に世に出る前までは、『神道大系』の編者を含むだれもが、この『日吉社禰宜口伝抄』を中世以前のものと考えていたからである。日吉神社の祭神が大山咋や妃の玉依姫だと、明治維新以来の神職が繰り返し主張する典拠は、この『日吉社禰宜口伝抄』にほかならない。(69)そして言うまでもないことだが、樹下の作ったこの『日吉社禰宜口伝抄』こそ、江戸時代と全く違う、現代とほぼ同じ山王祭をはじめて可能にしたものなのである[70]。以下において、近代的祭礼空間の成立、近代山王祭の解釈、イベントとしての山王祭、つまりその地域との関係性を順番に検討する。

近代山王祭の成り立ち

明治維新の神仏判然令を契機に日吉神社の祭礼空間は一夜のうちに変身しはじめた。仏器、仏具の剝奪、総合鳥居の「修正」、社号の改称、祭神の入れ替えなどが矢継ぎ早に実施された。明治四年から日吉神社は官幣大社日吉神社となって、全く新たな、万世一系を主唱するような祭祀を県知事の参列するなかで執り行う。このようにして日吉神社の祭礼空間は神道に生まれ変わったのである。しかし、日吉神社の空間がこれで定まったわけでは決してない。

明治七年（一八七四）、三代目の宮司として官幣大社日吉神社にやってきたのは、国学者の西川吉輔だった[71]。西川は、日吉神社の祭礼空間に、大山咋を中軸にした編成替えを施すべく、着任後まもなく動きだした。図10ａは、この明治七年の編成替えの結果の一端を浮き彫りにしてくれる。目につくのは、大山咋を祭る二宮だったものが今度は「本宮」へ

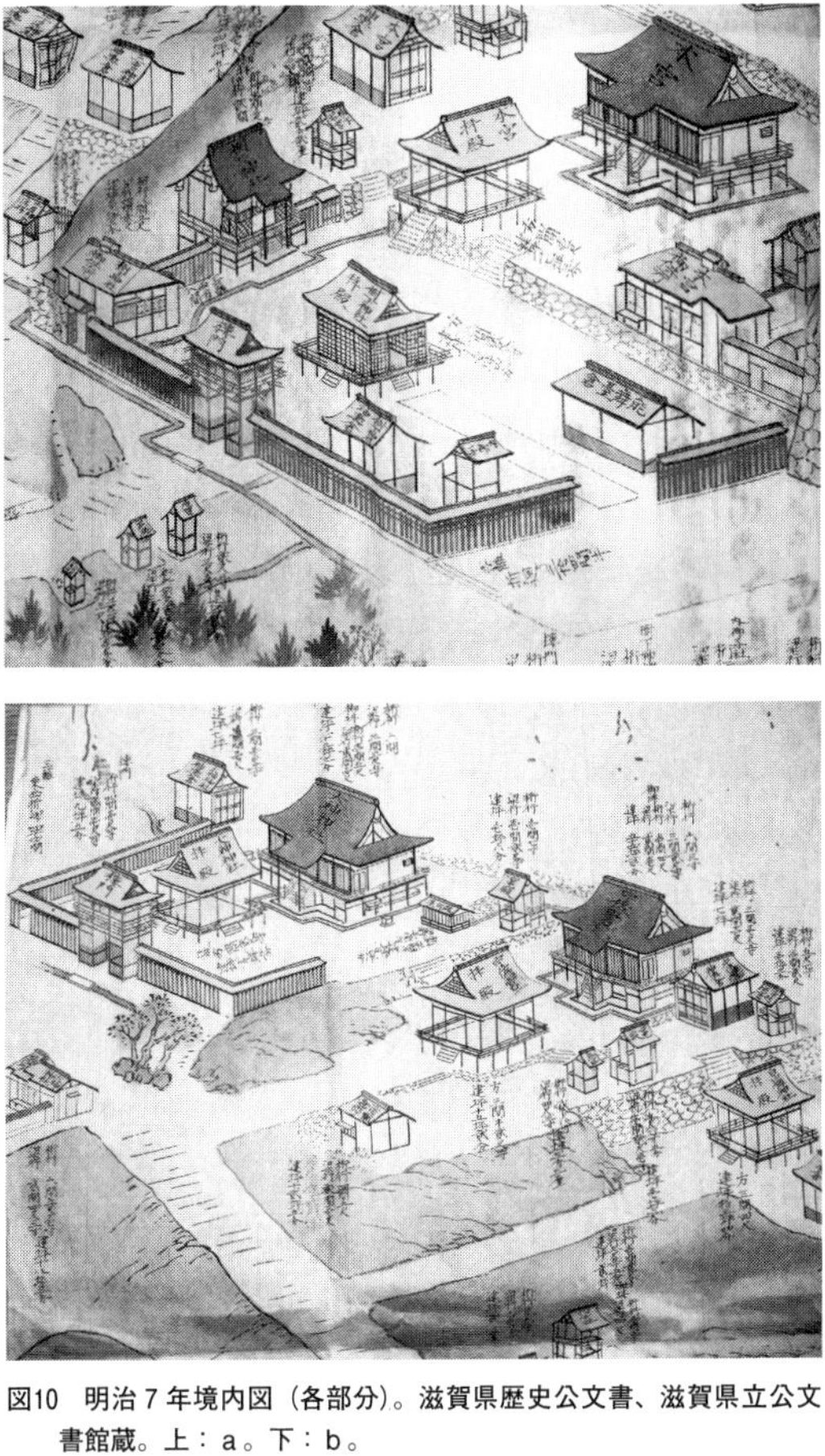

図10 明治７年境内図（各部分）。滋賀県歴史公文書、滋賀県立公文書館蔵。上：a。下：b。

図11　大正２年境内図（部分）。滋賀県歴史公文書、滋賀県立公文書館蔵。

と生まれ変わっていることだろう。さらに、大宮だった社が今度は大神《おおみわ》神社へと変身する（図10ｂ）。それは、祭神の大己貴神が大三輪から勧請された史実を反映する改称だ。ほかにも、客人宮が白山姫に変身している。これなどは、樹下茂国の明治元年の社号改称以来のもので、八王子山上の三宮を除いて、これで日吉社の主な社が近世的なアイデンティティから完全に脱皮したことになる。この後になるが、本宮の他の六社は皆本宮の摂社と位置づけなおされ、大神神社が郷社へと格下げされた[72]。これからは「官幣大社日吉神社」と言ったら、専ら大山咋を祭る「本宮」のことを指すことになる[73]。

西川吉輔は、これで気がすんだわけでは

ない。大山咋が祀られている「本宮」は狭く、見た目もよくないし、場所的にもはずれている、と痛感。翌明治八年に教部省の許可を得て、滋賀県知事などが見守るなか、祭神の厳粛な入れ替えを実行した。つまり、大山咋の本宮、玉依姫の樹下宮は、大神神社の大己貴と宇佐宮の田心姫と場所を交換したのである。大正年間作成の図11は、その結果がよくわかる境内図だ。(74)これこそ官幣大社日吉神社の近代的祭礼空間だと言いたいが、実はこの後もさらなる動揺があった。一九一五年（大正四）に神職たちが内務省の許可をもらって、特徴的な総合鳥居を復旧する。つまり、樹下が両部神道の象徴として、明治元年にはずしてしまった笠木の上の三角形部分を元に戻したのである。これは大正天皇の即位大礼の記念として実現したらしい。(75)さらに、大山咋の本宮と大己貴神の大神神社との実質上の「主従関係」は、西川宮司以来定着していたが、それが一九二九年に訂正され、それぞれの社号は今度は「西本宮」、「東本宮」とされた。(76)この「二宮昇格」のタイミングは、昭和天皇の即位大礼にピッタリ合うが、史料はこの動きの動機づけを語ってくれない。(77)これで大山咋と大己貴神が対等の関係をもつようになるのをうけて、一九四二年に大山咋とその妃の玉依姫がまたも大己貴と田心姫と場所を替わることになった。これの直接の契機についても、史料は残念ながら何も語ってくれない。この新たな空間的配置が今に至っている。(78)なんといっても、日吉神社の近代的祭礼空間が流動的なものだったことがわかる。さて、このような祭礼空間で執り行われた近代的な山王祭そのものについてはどうであろう。それを次に検討しよう。

まず、大山咋、玉依姫それぞれの荒御魂・和御魂が主役で、一夜を一緒に過ごし、御子を生む、という解釈が可能な山王祭の成立は、明治維新以後のことで、上述の空間的編成替えは、まさに大山咋・玉依姫主役の新しいドラマを反映させたものにほかならない。まず、基本的な事実だが、太陽暦の導入後の近代的山王祭は、四月十二、十三、十四、十五日と定められ、旧暦の午、未、申、酉の行事がこれに配当された(79)。祭りは、さらに明治政府の「官祭」、「私祭」の区分けを踏まえ、十四日(申の日)に県知事が参列する、本宮での幣帛が「官祭」とされ、その他の諸行事は「私祭」とされたのである。官幣大社日吉神社が政府の金銭的支援を授けられたのは、官祭のみだ。近世には祭り全体が延暦寺の支援で運営されていたが、近代は、最大の見所となっていた行事は氏子の負担となる。なお、「諸神社祭礼神輿渡御の節往々祭儀に托し粗暴之所業有之或は人家に触れ或は往来之妨碍を為す等幾多の弊害不少」というふうに、「私祭」の範疇に入る神輿行列なども政府の監視の的となったことにも注意したい(80)。

ここではおもに「私祭」としての山王祭に注目するが、それを理解する手がかりとなるものに、『明治八年日吉神社古例祭式』がある。筆者が閲覧できたもっとも早い「祭式」

である。ちなみに、その語るところの祭りは、西川の明治七年の社号改称の後だが、明治八年祭神の入れ替えの前になる[81]。第一節で紹介した現代の山王祭の原型がこの段階でどこまで確認できるか考えてみよう。まず、四月十二日に二基の神輿が八王子山を下山して本宮拝殿に安置されるが、気づくのは、夫婦神なのに、有名な「尻つなぎ」などがあった兆しが全くないこと。十三日に神輿に乗った大山咋と玉依姫が大政所に移行して、献茶式、花渡り式、そして京都日吉神社から調進する「未の御供」は確認できるが、大政所の向かいの、賀茂別雷神が祭神である産屋への言及はない。夕方になって獅子舞は大政所前で行われるが、神輿ぶりも確認できない。十四日以降の諸行事はしかし現代とさほど変わらない。大榊の行列も確認でき、大神神社拝殿に勢揃いしていた七基の神輿が楼門を出御し、春日岡でいったん止まって祝詞、神楽の奉納されることは確実で、そして鳥居を潜って琵琶湖畔まで神事するのも、みな近世ともまた現代とも同じである。

祭神の入れ替え後の『私祭手続書』(明治十二年)なる史料がある。この史料で面白いのは、大政所の前の「産屋」の登場である[82]。賀茂別雷神を祭神とするこの産屋は、近世から明治八年までは存在しなかったが、産屋は西川吉輔が宮司を務めていた八年から十二年までの間にできた新しい創出らしい[83]。『私祭手続書』によると、神職は、神輿が大政所に安置されてから産屋に向かって「産屋拝殿詰め」をする。献茶式、花渡り、未の御供の間じゅう「都合五人は部内神官勤之」とある。そして「次、小拝殿擲酒盃」とある。説明文は付与されていないが、明治二十五年（一八九二）の『現今執行日吉神社古例祭式』は、このイベントに触れ、お神酒が撤去された後、「酒盃を採て空中へ投げる。則ち、別雷神昇天の仮儀なり」と言う。第一節で触れたように、その投げた杯は、（夫婦神が結ばれた結果生まれる）御子の別雷神が空へと舞い上がっていくことを象徴する行為だという。

上述の『現今執行日吉神社古例祭式』は、宮司の生源寺希徳が明治二十五年に認め、滋賀県庁に提出したもので、その祭りの解説は新時代のこれまでのものに比較して相当詳しく、明治中期の山王祭を把握する一つのヒントを与えてくれる。例えば、神輿が四月十二日に下山することを次のように捉える。「則ち崇神天皇の七年鴨鹿命に詔して、山上並天槌に座す大山咋の和魂を山本にまつらしめ玉う仮儀にして、千古の礼典なり」という。御神輿が十三日に大政所に安置されるのを「この祭儀たるや別雷神降誕之仮儀、昇天の仮儀にして、千古の例典なり。依て大山咋神、玉依姫神荒和四柱の神渡御あり」と説明する。さらに、十四日に、七基の神輿が琵琶湖へ向かうのは「この祭儀たるや天智天皇の御宇［中略］大和国三輪座大神を比叡の山口に祭らしめ給う仮儀」だとして、「復粟津御供大榊の式典も皆旧儀也」とする。宮司の生源寺は、言うまでもなく前述の偽書『日吉社禰宜口伝抄』をその根拠としている。

山王祭の原点を考えるうえで気になるのは、この詳細な『現今執行日吉神社古例祭式』でさえ、「尻つなぎ」と思われる行事も「神輿ぶり」もなお確認できないことである。『現今執行日吉神社古例祭式』は、確かに「神輿出御、駕輿丁各神輿を擁し、一斉に殿下に飛下し、四社先進を争」うことを述べるが、これ自体は近世でも見られたもので、神輿を揺さぶる行為ではない。これが女神の陣痛だ、という解釈も当然ない。筆者の推測にすぎないが、神輿ぶりが導入されるのは、明治四十年代だと思われる。『大阪朝日新聞』が明治四十二年（一九〇九）に掲載した次の記事がそのことを暗示してくれる。

> 宵宮落としをみた。なるほど壮烈痛快だ。これほど面白くて、しかも昔じみた祭りがあろうか。［中略］ゴットン、ガラーン、ガランガラン、ゴットンと絶え間なく拝殿の方から聞こえたるのは、数百人の真っ裸の壮漢が思い思いに、四社の神輿をゆすぶるのである。[84]

これ以前の新聞記事、史料などでは、神輿が揺さぶられることは確認できない（揺さぶることをここで「宵宮落とし」と呼んでいるが）[85]。しかし神輿ぶりと陣痛との関連づけはどうだろう。この新聞記事にも出ないし、また戦前のもっとも詳細な解説書と思われる『日吉古式祭記』（一九四三年）にも見えない。陣痛、「尻つなぎ」の解釈は、戦後の産物だという可能性がきわめて強いように思う。第一節で紹介した景山氏の論考がその初見なので、景山氏自身の解釈とも考えられよう。

イベントとしての山王祭

祭りが執り行われる空間が成立し、新しい祭り解釈が定着するのは、今までみてきたとおり明治維新以後であるが、祭りはあくまでも庶民を巻き込んだイベント（つまり「祭礼」）として理解すべきである。ここでも庶民の主体的参加や諸行事を楽しむ観客の姿を視野に入れておく必要がある。こうした観点から考えた近代的山王祭は、どんなものとなるだろう。『読売新聞』によると、明治十二年がひとつの画期をなしたようで、その年の山王祭には前例のないほど人が集まって、坂本・唐崎両町の宿では収容しきれない状態だったらしい(86)。琵琶湖の汽船会社が方々から観客を連れてきたことが与《あずか》って、観客の数がさらに増えるのは、明治二十年（一八八七）らしい(87)。この事実を報道する明治二十年四月十六日付の『中外電報』の記事は別の意味でも注目に値する。「即ち十三日の宵宮卸しの時には非常の大喧嘩ありて、負傷者六十余名もありし由［中略］如何に日吉の血祭とはいえ、かかる荒々しきことは、以後廃止と致し度ことなり」と批評する。維新前に「血祭」といったのは、おもに公人が観客を割り竹で打ったりしていた暴力ゆえのもので、こうした殴り合いではなかったようだ。しかも維新以後は、喧嘩が観客を山王祭に引きつける一つの見所になっていく。明治二十二年の『中外電報』は、また「日吉の血祭り」と題して、「当年も神輿舁きのものなど石や竹木投げつけ、為に三名の神輿舁きは頭部に傷をおいたり、又京都の中学校生徒某と大津のものとが喧嘩をなし、互いに打ち合いたれど、警官の説諭にて故障なく収まりたり」とある(88)。

このような喧嘩は、近代になってからほかの祭りで見ることももちろんあった。ただ、山王祭の喧嘩には、ほかで必ずしもなかった側面が存在していた。それは坂本村の村民たちと新しく「解放された」八木山、五軒丁という被差別部落の人たちとの確執という側面である。この確執などを明るみにする史料は、その数がきわめて少なく、管見に入ったものは『上坂本村永代記録帳』と『記録帳』だけだが、未公開のものも当然存在すると思われる。前者は、明治五年から三十九年までの期間を断片的に取り扱い、後者は明治三十九年から昭和元年までとなっている。後者は明らかに前者の後半部分で、もともと一つの史料だったのが、不明な事情によって二つに分かれたものだろう。これから八木山、五軒丁の住民たちの近代的山王祭との移り変わる関係を探るが、彼らが維新前まで山王祭への参加を一切許されなかったことをつねに念頭においておく必要があろう(89)。

明治四年八月に布告されたいわゆる「解放令」は滋賀県では同年十一月に施行された。八木山の住民たちはそのことを知っていたが、その通達は八木山に届けられなかったので坂本村の庄屋の頭越しに滋賀県の県令に直願した。その結果だろうが、やっと翌年六月十六日に申し渡しがあった(90)。彼らが解放令の申し渡しを受けてまず目指したのは、最寄りの倉園神社の氏子になることであった。詳細はここで省くが、彼らが「氏神被相除候ては戸籍不相納」状況だったため、氏子としていったん認められはしたが、それに対して「町内一同人腹立役前より職留被申付候」という悲惨が起きた。つまり、一種の報復だろうが、彼らが倉園神社の氏子になるかわりに、坂本村の庄屋はもう一切彼らを採用しないことに決めた。当時の嘆願書でも言っていたように、それはまさに「亡村に可及申付」ことを意味したのである(91)。

　彼らの次に目指したのは山王祭への参加だが、以上のような背景があったのだから思いどおりにいくはずがない。実は、明治六年に五軒丁でなく、八木山の人たちのみが参加を許された。許された参加は、しかし決して平等なものではなかった。坂本の庄屋からは、「日吉祭礼に付ては其町内於《において》は建鉾《たてほこ》、太鞁の役被仰付」たが、「御輿の役不相叶《あいかなわず》」と言われた。四宮（天孫）神社からの大榊行列の先頭に立って、太鞁、建鉾を持つことや「官祭」の時の御幣櫃持ちのみが許されたのである。神輿舁きも許されるといったんは言われた八木山の住民は、「装束不残用意」したことさえあったが、祭礼が迫ってくると「俄に難叶段被申聞候」結果となったため(92)、「滋賀県御庁」に嘆願書を届けた。度重なる嘆願は、明治七年になってある程度功を奏した。今度許されたのは、三宮の神輿の駕輿丁参勤だが、これも中途半端で、日にちは十四日のみとされ、しかも本宮の楼門を出たところの「春日の森」から還御までの駕輿丁参勤だけという条件が付けられていた(93)。彼らがとりわけ参加を許されたいのは、午の神事や宵宮落、それに続くあらゆる行事である。

八木山の人たちは、「追々開化の道に可趣様年々一役ずつ」が増える、と約束されたが、八年になっても何も変わらなかった。滋賀県参事の籠手田《こてだ》安定は、さらなる嘆願に対して「私祭」について「何々の役目を何村へ被申付候等趣意は無之」と自ら距離をおいた(94)。十二年になっても一切の進展がなかった。この年は五軒丁の人たちも初めての参加許可を要請したが、聞き入れられなかった(95)。八木山、五軒丁の人たちの欲求不満は積もりに積もっていた。上述の血祭り的な殴り合いの背景にはこうした事情が潜んでいたようである。つまり、殴り合いは、坂本の村民たちと八木山の村民たちとの敵対心が火種の一つだったのである。そして事情が十分に明確とは言えないが、坂本村長は二十八年になって八木山の「駕輿丁参勤」をいきなり一切停止した。停止した理由は、「坂本村長の命に服従せず、もっとも近来不従順且不穏当等事不少に付、古式祭礼執行妨害するに因」るとのことだった(96)。

八木山の人たちが山王祭へのかかわり合いを一切拒絶されたこの状態は十年も続いた。日露戦争の間じゅうとりやめとなった山王祭は戦後復活するが、それでも八木山、五軒丁の人たちは嘆願を撥《は》ねつけられ、参加は依然として承諾されなかった。そうした状況に置かれた彼らは、嘆願書策を捨てて直接行動に訴えた。明治三十九年（一九〇六）三月一日「神輿揚其際部落民一同暴行」した。「神輿揚《みこしあげ》」は、三宮、牛尾宮の神輿を八王子山の頂上まで持っていく行事を指す。次に八日、村長、郡長に対して「大暴行を働」いた。[97]『朝日新聞』によると、「五百六十名一団となって石を投げ打ち、暴行を加え」たとあって、その人数に疑問はあるが、[98]動員された百八十数名の巡査が四十三人もの八木山の村民たちを検挙して、近くの小学校に四十八時間拘留したことは事実である。事件の決着は、県知事が介入する顚末となり、「喧嘩口論は勿論いささかたりとも不穏の挙動無之」ことを条件に「特別の詮議を以て」彼らの祭礼への参加を許した。[99]祭礼への参加を許可しないことには、問題が永遠に収まらないとふんだのだろう。いずれにせよ、八木山の村民たちの暴力行為が事態を動かした。一九三九年（昭和十四）の山王祭では、八木山、五軒丁の村民たちは、午の神事、宵宮落などにおいて三宮神輿駕輿丁参勤を許され、それに花渡りにも「随意参勤」となったのである。[100]近代的山王祭はこの年に始まった、と十分に論証ができるように思われる。

一九三九年四月の『朝日新聞』は、「神輿昇に付き八木山部落民と他部落民との間に紛擾ありけるより在来祭典の花と称せる喧嘩を見るならんとの噂」が広まったため、大勢の人たちが集まったらしいが、すべてが平穏に終わったと報道した。この年の山王祭で血を見たのは、山田和助なる男が神輿の下敷きになって死亡した事件だけだった。「実に近来希なる盛況なり」というのが『朝日新聞』の見方であった。[101] 暴力がこれで山王祭から姿を消したわけでないことは上述の『記録帳』も地域の新聞も語るとおりであるが、滋賀県当局はむしろ、山王祭を馬場沿いの桜や日吉神社境内の桜の花見と関連づけて宣伝に乗り出した。明治四十四年（一九一一）の『朝日新聞』は、その一事例になる。「当日は、例年境内の桜花満開して境内を渡り、甲冑の武人をして一層晴れ立たしめ、すこぶる美々しければ、桜見をかねて参拝するもの多かるべ」しと。[102]

坂本のすべての住民がこうして参加できるようになった山王祭は、明治末期、大正、昭和を通して終戦の一九四五年（昭和二十）まで毎年行われた。祭りが多少簡略化された年もあった。「日清戦争」の時は「榊」が、太平洋戦争の時は「神籬《ひもろぎ》」が七基の神輿にとってかわられたのがその事例である。[103] 一九四二年からは官祭は特別に「大東亜戦争完遂を祈念し、武士道精神を高揚する」目的をもって執行された。[104] 一九四三年の山王祭となると、「英米撃滅の祈願をこめる参拝者は、老樹草創共神域にあふれ、盛儀であった」と『大阪朝日新聞滋賀版』は報道した。この時代の山王祭に一つ記録すべき展開があった。一九三七年が比叡山開創の千五百周年にあたったため、祈念法要との関係で天台座主の梅谷孝永が山を下り、日吉神社で祭典を行った。七十年前の神仏判然令以来の僧侶による参拝という意味で画期的なイベントと言わざるを得ない。翌一九三八年には、天台座主が今度は山王祭の「官祭」に参列して、大己貴が祀られている「西本宮」の楼門前で修祓を受け、社前に進んで玉串を奉納して拝礼した。その後、その他の日吉六社にも参拝した。これはもちろん神仏判然令の撤回を意味するものではないが、神職と僧侶との敵対的な関係はこれで終止符が打たれた、とみてよかろう。天台座主の毎年の山王祭への参列、玉串奉納は、第一節で紹介したように、今日でも継続している。

冒頭では、神々およびその動座、神々が祀られる七社、その祀られる意味合い、さらに儀礼的専門家と主体的参加者としての庶民を常時視野に入れておく必要があることを主張したが、ここでそれぞれの範疇において上述の主な論点をまとめてみる。

まず神々については、西本宮の祭神大己貴神は、三輪から勧請された古代以来現代にいたるまで一貫して日吉神社の祭神として祀られてきたが、大己貴神以外の、現在祀られている神々が、明治維新以後定まったことは疑えない。大山咋神は、『古事記』に登場することからも推測できるが、大己貴神の勧請以前にも八王子山に影向して祭られていただろう。ただ、その後判然としない状況によって日吉神社から姿を消し、国常立尊に取ってかわられ、明治維新にいたった。さらに、大山咋以外の神々もそのアイデンティティを明治維新を境に抜本的に変身させてきたことがわかる。妃の玉依姫も明治維新とともに日吉神社の祭神となった。新しい神々がこうして登場すると同時に古い神々が去っていくことにも留意しよう。国常立尊のほかにも、瓊々杵尊、国狭《くにのさ》槌《つち》尊、惶根《かしこね》尊、正勝吾勝勝速日天忍穂耳尊、伊弉冊尊などが、もはや新時代の日吉神社や山王祭に不要となったのである。この神々が神座を譲った主な理由は、山王祭が語る新しい物語と無関係だったからで、その物語は、大山咋と玉依姫の成婚や、その夫婦神が結ばれて御子が生誕することにつきる。その物語は、維新前の山王祭となんら関係のなかったことが明らかになったと思われる。

こうした神々が祀られ、神輿に乗って移動する祭礼空間はどうだろう。明治に入ってそれが大きく動揺する。仏教の影響が剝奪されたのは、もっとも著しい変更となる。日吉神社がそうした変更によってまさに神道的な空間となり、山王祭は神道の祭りへと生まれ変わった。万世一系の神話を祭祀によって語ることこそ官幣大社日吉神社の新時代の役目だったのだ。ついでに社号がみな改称され、神座まで場所を交換するが、山王祭の聖なる空間が最終的に制定されるのは、実は昭和になってからであった。

次に、祭神を祀る社司、神職、僧侶に目を転じてみよう。まず、上述の物語は社司の樹下家、生源寺家を中心に練り上げられたもので、延暦寺の僧侶が日吉神社やその祭りを牛耳っていた時代に生まれたものでないことに注目しよう。僧侶に関しては、最澄が比叡山を開創して以来、明治維新まで一貫して日吉神社および祭祀を自らの支配下においていたが、史料が相当詳しい近世に限って言えば、僧侶が国常立尊の祭祀に直接かかわることはなかった。僧侶が奉幣し読経したのは、三輪から勧請し、比叡山の鎮守と仰いでいた大己貴のみだった。近世は、こうしてかなりはっきりした祭祀上の線引きがあったが、神仏判然令の近代を迎えると、僧侶が祭祀から一切排除されるはめとなる。一九三〇年代にはしかし、神職と僧侶との間に和解が成立し、僧侶が日吉神社の、主に大己貴を対象に再び参拝する。現在も、天台座主が申の日に大己貴のために五色の奉幣、般若心経の読経を行う幕が、大きな見所となっている。

そして、庶民と山王祭との移り変わる関係について確認すべきは、①近世の山王祭では庶民の主体的参加が多少限定されていたこと。大榊行列には坂本の住民が参加していたが、神輿担ぎに関しては滋賀郡、そして八瀬、修学院出身の人たちが駕輿丁参勤をしていた。しかも近世の多くの祭りで見られたような風流的参加は、十七世紀、十八世紀の山王祭では確認できない。むしろ、②大榊行列で指摘したように、庶民が「しつけ」の受け身的対象となっていた。状況が変わったのは、十九世紀に入ってからで、新しく創出された花の行列が一つの画期となった。しかし、③一切の祭りへの参加を許されない八木山、五軒丁の住民もいた。彼らの山王祭参加のための葛藤は明治の解放令布告直後に始まるが、明治末期になってはじめて対等な扱いをされる。

　以上が本稿の主な論点だが、もちろん筆者は、これで山王祭の歴史のすべてを明らかにしたとは思っていない。古代、中世の山王祭のあり方を突き止めることはほぼ不可能だし、また大山咋が神社から姿を消し、国常立尊がその姿を現した事情は、謎に包まれたままである。

　最後に、大山咋と玉依姫との関係についてひとこと付言しておきたい。宣長が『古事記伝』においてその夫婦神のダイナミックな関係を明確にし、樹下茂国が明治になってその関係を軸に山王祭を再創出した。そして第一節でも述べたように景山氏がそれに自分なりの考察を付け加えたのである。ただ、上述のような実証的な考察をいったん離れてみると、現代の山王祭のベースになっているこの物語は、いかにも原始的なもので、永遠なる性格を有するもののように見える。近代国家のもとで創出された神話として、万世一系と全く次元が異なる分だけ、実に魅力的な神話のようにも思える。

注

（1）ちなみに、古代以来戦前まで一貫して日吉（ひえ）神社だったのが、戦後日吉（ひよし）

大社になった。

(2) この観点については、例えば、Catherine Bell, "Ritual: Further Considerations", Lindsay Jones ed., *Encyclopedia of Religion*, second edition, Thomson-Gale, 2005, pp. 7848-7894 参照。

(3) 本論に比較的観点を設けることは大事だが、管見の限りで祭りの近世から近代への過程を追究する研究がほぼないため、そうした観点は現段階では不可能である。さらに、筆者は本研究を官幣大社日吉神社の近代史の一断面と位置づけているが、ほかに明治期の官幣大社を対象にした研究がきわめて少ないことを付言しておこう。高木博志「官幣大社札幌神社と「領土開拓」の神学」（岡田精司編『祭祀と国家の歴史学』、塙書房、二〇〇一年）が数少ない例の一つである。官幣大社の研究は近代神道史研究の一盲点のように思う。

(4) 景山春樹「日吉山の神体山信仰」（『神体山――日本の原始信仰を探る』、学生社、二〇〇一年）、五一―五二頁。

(5) 荒魂・和魂については、後述する。

(6) 景山注(4)前掲「日吉山の神体山信仰」、六〇頁。

(7) 『日吉大社』（『週刊神社紀行』14、学研、二〇〇三年）、二一頁。

(8) 同前。

(9) 景山注(4)前掲「日吉山の神体山信仰」、五九―六〇頁。

(10) 同前、六八頁。

(11) 『古事記』（倉野憲司校注、岩波文庫、一九六三年）、六一頁。

(12)『耀天記』(『神道大系 神社編29 日吉』、神道大系編纂会、一九八三年)、五九二頁。『耀天記』の成立、展開および性格について、岡田精司氏の先駆的な論文「耀天記の一考察――「山王縁起」正応写本の出現をめぐって」(『国史学』一〇八、一九七九年)を参照されたい。
(13)『耀天記』、六三四―六三五頁。
(14)ここでは近世の山王祭のみを考察の対象とするが、日吉神社の他の近世的祭祀に関しては、嵯峨井建『日吉大社と山王権現』(人文書院、一九九二年)、五四―七八頁を参照されたい。
(15)生源寺行丸およびその活動と著作について、嵯峨井注(14)前掲『日吉大社と山王権現』、一二一―五三頁が明快で詳しい。
(16)行丸の、日吉神社の由来、神々の影向についての記述は『耀天記』とぴったり合うところが多い。
(17)生源寺行丸『日吉社神道秘密記』(『神道大系 神社編29 日吉』、神道大系編纂会、一九八三年)、三三二―三三三頁。
(18)同前、三六六頁。
(19)前述の『耀天記』にも登場しない。
(20)行丸前掲注(17)『日吉社神道秘密記』、三六七頁。
(21)同前、三五八、三七七頁。なお、表1は前近代と近代の祭神、日吉七社の社号を比較したものである。
(22)生源寺行丸『日吉社神役年中行事』(『神道大系 神社編29 日吉』、神道大系編纂会、一九八三年)、二〇五頁。
(23) 同前。
(24) 行丸注(17)前掲『日吉社神道秘密記』、三四九―三五〇頁。
(25) 同前、三三三頁。
(26) 同前、三三三、三四九頁。
(27) 花渡りはないが、(性格が基本的に異なる)「警固渡り」はある。覚深『日吉山王祭礼新記』(『神道大系 神社編29 日吉』、神道大系編纂会、一九八三年)、二一一頁参照。
(28) 同前。
(29) 同前、二一三頁。覚深がここで言及している鼠の祠(大政所から五十メートルぐらい離れた小さな社)までの競走は、今日の山王祭でも行われる。
(30) ただし、祇園社から持ってこられる未の御供は、「早朝参座主宮申御加持之事」とある。覚深注(27)前掲『日吉山王祭礼新記』、二一一頁参照。
(31) 詳細は、岡田精司「日吉山王権現の祭祀――日吉山王祭を中心に」(福田晃・山下欣一編『巫覡・盲僧の伝承世界』第二集、三弥井書店、二〇〇三年)、一七―一九頁を参照されたい。
(32) 桟敷は、図6bおよび図7参照。
(33) 覚深注(27)前掲『日吉山王祭礼新記』、二一四―二一七頁。
(34) 柳田国男『日本の祭』(『定本柳田国男集』第一〇巻、筑摩書房、一九六九年)、一七六―一九二頁、久留島浩「近世における祭りの周辺」(『歴史評論』一一、一九八六年)、同「祭礼

空間の構造」(『日本都市史入門　空間』、東京大学出版会、一九八九年)参照。
(35) 実方葉子「《日吉山王祭礼図屛風》を読む——海北友雪の創意と戦略」(『泉屋博古館紀要』一六、一九九九年)参照。
(36) 俊栄『日吉御祭礼之次第』(『神道大系　神社編29　日吉』、神道大系編纂会、一九八三年)、一〇五頁による。ちなみに、この史料は天保年間のもの。
(37) 以上が文化年間までの構成だと、俊栄は指摘する(同前、一一一頁)。
(38) 秋里籬島『伊勢参宮名所図会』(蘆田伊人編、東洋堂、一九四四年)、一九二頁参照。
(39) 寒川辰清『近江輿地志略——校訂頭註』(小島捨市校註、西濃印刷出版部、一九一五年)、二一六—二一七頁参照。
(40) 俊栄注(36)前掲『日吉御祭礼之次第』、一〇四、一〇七頁。
(41) なお、前掲の俊栄『日吉御祭礼之次第』は、「文化年中迄云々」とあるように、文化年間に山王祭に大きな変化が起きたことを示唆してくれる。花の行列も文化年間つまり一八〇四年から一八年までの間の産物だろうと思われる。
(42) 坂本の公人については、高島幸次「江戸時代の山門公人衆——景山家旧蔵文書を中心に」(『国史学研究』四、一九七八年)が先駆的で、最近の鈴木ゆり子「公人と「権威」——剃髪から帯刀へ」(久留島浩・吉田伸之編『近世の社会集団——由緒と言説』、山川出版社、一九九五年)も参照。
(43) この絵巻の制作年代については、坂本の郷土史家、山口幸次氏の御教示に従った。

(44) この日の出来事は、『一社編年略記』(日吉大社蔵) 明治元年四月に相当詳しく述べられている。
(45) 『復古記』三 (内外書籍、一九二九年)、二四九—二五四頁参照。
(46) 宮地正人作成「宗教関係法令一覧」(安丸良夫・宮地正人校注『近代日本思想大系5 宗教と国家』、岩波書店、一九八八年、以下「宗教関係法令一覧」)、四二五頁。
(47) 『一社編年略記』明治元年七月二十二日参照。
(48) 同前、明治元年四月十七日参照。
(49) 同前、明治元年六月三日参照。
(50) 同前、明治元年十月二十一日参照。
(51) 「宗教関係法令一覧」、四二五頁。
(52) 官幣大社日吉神社社務所編『官幣大社日吉神社大年表』(官幣大社日吉神社社務所、一九四二年)、三〇四—三〇六頁。
(53) この判然令の思想的な考察については、本書第四章「近代神道の創出」を参照。
(54) 滋賀県歴史的文書、明す 280。
(55) 同じ天保六年に、国学者の菅原夏蔭という人物が『古事記』の上述の大山咋の記述を筆頭にした『日吉山王弁』を著している。
(56) 「円融坊坊官法橋任節述」とあるから、延暦寺東塔南谷にある円融坊に属する、「法橋」身分の任節という名の僧侶が語って、生源寺希璵が筆記したのだろう。事情は必ずしも明確でないが、社司が『古事記』に出会うきっかけは、僧侶任節の語りだったようだ。
(57) 本居宣長『古事記伝』(『本居宣長全集』第一〇巻、筑摩書房、一九六八年) 十二之巻、三〇頁。なお、宣長が引用する『公事根源』は、一条兼良著の有識故実書(一四二三年)。
(58) 『古事記伝』十二之巻、三〇頁。
(59) 同前、三三頁。
(60) 滋賀県歴史的文書、明す280。
(61) 上述のとおり、樹下が明治元年に八王子を牛尾宮と、十禅師を樹下宮と改称した。
(62) もともと田心姫が宗像神社、白山姫が白山神社の祭神であることは周知のとおりである。
(63) 『古事記伝』、三八六―三八八頁。平田篤胤『古史伝』六。
(64) 『日本書紀』崇神天皇紀に大己貴を対象にした詔はあるが。
(65) 行丸注(22)前掲『日吉社神役年中行事』、二〇八頁。
(66) 行丸注(17)前掲『日吉社神道秘密記』、四五一頁。
(67) 樹下茂国『日吉社禰宜口伝抄』(『神道大系 神社編29 日吉』、神道大系編纂会、一九八三年)、六頁。
(68) 佐藤真人「『日吉社禰宜口伝抄』の成立」(『大倉山論集』二五、一九八九年) 参照。
(69) 事例としては、宮司生源寺希徳《きとく》が作成した『社格並びに社名』(明治二十五年) が挙げられよう。大山咋をはじめとする神々の記述は皆『口伝抄』に頼っている(滋賀県庁文書、明3、137号参照)。

（70）なお、景山氏の論はこの『日吉社禰宜口伝抄』を根拠にしていたことを付け加えておこう。
（71）武知正晃氏の翻刻作業によって西川の書簡も日の目を見はじめている。武知正晃「史料紹介　滋賀県立大学付属図書館所蔵　西川吉輔直筆書状の翻刻と紹介（第一回）明治初年の西川吉輔」（『立命館文学』五九四、二〇〇六年）など。
（72）『一社近代篇年略記』（日吉大社蔵）明治十年三月二十一日。
（73）明あ238。「御社本末の順序を改め」、明治八年。
（74）なお、『一社近代篇年略記』明治八年九月二十九日参照。図11は『雑（社寺）』（大す196-3）歴史的文書、滋賀県立公文書館。
（75）注(52)前掲『官幣大社日吉神社大年表』、三三二頁。
（76）『大阪朝日新聞京都付録』一九二八年十月十一日。
（77）注(52)前掲『官幣大社日吉神社大年表』、三三二頁。『大阪朝日新聞京都付録』一九二八年十一月二十一日。
（78）注(52)前掲『官幣大社日吉神社大年表』、三三二頁。
（79）太陽暦導入直後の明治六年の山王祭は、しかし五月だった。
（80）「宗教関係法令一覧」、四五七頁。
（81）この史料は、現在滋賀県の歴史的文書に保管してある。
（82）『私祭手続書』は滋賀県の歴史的文書に保管してある。
（83）西川はこの十二年の秋に宮司を引退する。生源寺希徳がその後任となる。

(84)『大阪朝日新聞京都付録』明治四十二年四月十六日。
(85)坂本の郷土史家の山口幸次氏は、神輿ぶりの存在を資料的に裏づけることができなくても、「なかった」と結論づけるのは早急にすぎる、との立場である。なお、山口幸次『日吉山王祭――山を駆け、海を渡る神輿もち』(サンライズ出版、二〇一〇年)参照。
(86)『読売新聞』明治十二年四月十六日。
(87)『中外電報』明治二十年四月十六日。
(88)『中外電報』明治二十二年四月十七日。
(89)ちなみに同じ被差別部落でありながらも八木山と五軒丁とで作業分担があったらしく、八木山は運搬関係の仕事、五軒丁は斃死牛馬処理をしていた。この事実は明治初年になって山王祭に参加しようとする過程で収拾のつかない対立を引き起こす原因となる。
(90)馬原鉄男「上坂本村永代記録帳解題」(『日本庶民生活資料集成』二六、三一書房、一九八四年)、六九五頁。
(91)同前、六九七頁。なお、県庁まで巻き込んだ倉園氏子総代の反発なり、庄屋の反対なりについては滋賀県同和問題研究所編『倉園神社八木山氏子入願一見記』(滋賀県同和問題研究所、一九七九年)を参照。その史料が語るように、八木山の人たちは倉園神社氏子になれず、遠く離れた下野神社の氏子になるよう強制された。
(92)「上坂本村永代記録帳」(明治三十九年、『日本庶民生活資料集成』二六、三一書房、一九八四年)、七〇〇頁。

(93) 同前、七〇八頁。なお、『一社近代篇年略記』明治七年三月三日によると、「各村駕輿丁に於ては尚旧習を墨守し、猥《みだ》りに加入せんと云の是非を対弁するといえども八木山村民等はあえて肯ず。只理を以て倍す。迫て止まざるより、終りに各務ら合議し、例祭の当日限り、三宮神輿の駕輿丁を同村に充るを以て事茲に和議完結する由」。

(94) 同前、七〇四頁。

(95) 同前、七〇五頁。

(96) 同前、七〇七頁。

(97) 『記録帳』（昭和元年、坂本町、個人蔵）、四頁。

(98) 『大阪朝日新聞京都付録』一九〇六年三月十五日。

(99) 『記録帳』、一三―一四頁。

(100) 同前、一七頁。

(101) 『大阪朝日新聞京都付録』一九三九年四月十六日。

(102) 同前、一九一一年四月十三日。

(103) 明治期にもこのような省略した渡御が何度かあったらしい。『一社近代篇年略記』明治六年五月十八日参照。

(104) 『大阪朝日新聞滋賀版』一九四二年四月十日。

付記 この研究の執筆にあたって多くの方々から貴重な御教示をいただいた。とりわけ京都大学の高木博志、下鴨神社の嵯峨井建、日吉大社の須原紀彦、坂史会の山口幸次、大津市歴史博物館の和田光生、高島典人の各氏、さらに滋賀県立図書館の池田宏氏、滋賀県庁県民情報室の木本陽子氏その他の方々、叡山文庫の方々、そして山田直一氏に厚く感謝の意を表したい。なお、この研究には、京都大学人文科学研究所、国際交流基金の補助金をいただいた。厚く御礼を申し上げる。

付論　靖国——戦後の天皇と神社について

　靖国神社が戦没者を追悼する場である以上、記憶の場でもあることは容易に理解できる。靖国神社は、戦争経験者個々人が自らの戦争記憶を呼び起こされる空間でもあれば、その個々人の記憶を包摂するような、「公共的な」戦争記憶を形成する空間でもある。記憶形成の機能は、なにも靖国特有ではなく、追悼する場に共通の、普遍的な機能と言うべきではあろう。しかし従来の靖国論は、靖国神社のこの基本的な、記憶の場としての性格を十分認識してきたとは言えない。右翼・左翼、擁護派・反対派の堂々巡り的な性格の、ポレミックの域を超えない議論が少なくない。本論は、靖国がどのような手法によってどのような記憶を形成し、またなぜそうした記憶を形成せざるをえないのかに焦点をしぼるものである。

　靖国が展開する記憶の手法には、戦争が「こうであった」とアピールするテキスト、つまり本、パンフレット、ビラ、インターネットといった類いのものがまずある。いまひとつは「展示」という手法だが、神社境内には「遊就館《ゆうしゅうかん》」、つまり「日本における最古の軍事史博物館」があり、[1] その展示物の選択、整理によってある特徴的な過去が形成され、記憶される。三つ目の手法は、儀礼――神道的に言えば祭祀――である。儀礼は、靖国を考えるうえできわめて重要であり、儀礼を執り行うことこそ靖国神社の存在理由だとも言える。過去のイメージ、記憶された過去の知識を継承し、保持するのは、社会学者のコンナートンが主張するように、儀礼執行の基本的な役割である。[2] それゆえ、歴史記憶を探るのに儀礼に注目する価値は十分にあろう。以下、それぞれの手法について、儀礼、展示、テキストの順で検討していきたいが、本題に入る前に一つお断りしておきたいことがある。いわゆる「靖国問題」は、基本的に戦後における国家と戦没者とのあるべき関係をめぐる問題だと捉えるべきで、その問題は、おおよそ二つの次元にまたがっているものと見なされてきた。一つは、総理大臣による参拝が政教分離原則に触れるか触れないかの憲法次元の問題で、もう一つは戦犯の合祀、分祀を中軸とするシンボル次元の問題だが、本論ではどちらの次元にも深く立ち入ることはしない。

むしろ筆者が主張するのは、記憶の場としての靖国、および靖国が形成する記憶こそ、靖国のいまひとつの「問題」として位置づけるべきだ、ということである。それは、単刀直入に言えば、靖国が形成する過去の記憶、その記憶によって語られる歴史が、きわめて偏《かたよ》った、歪曲されたものであるからである。そのような歴史の記憶、語り方は、もちろん神社の自由ではあるが、総理大臣による参拝の是非を議論する場合は、また国家が神社を保護するといった場合には、考慮しなければならないだろう。

儀礼が記憶する「大東亜」戦争

靖国の神職は、儀礼を毎朝、毎晩（朝御饌祭、夕御饌祭）執り行う。すべての儀礼は言うまでもなく「英霊」と呼ばれる神として祀られている戦没者をその対象とするが、それらは二種類に大別できる。「霊璽奉安祭」と「慰霊祭」である。霊璽奉安祭（合祀祭と言う神職もいる）について詳しく触れる紙幅はないが、戦死者を神にするダイナミックな儀礼で、戦時中にはもっとも重要なものだったが、戦後になると変則的にしか執り行われなくなった。ということを指摘するにとどめておく。それに対して慰霊祭は、霊璽奉安祭により神、英霊となった戦没者を文字通り慰霊する儀礼である。神を公に慰め、鎮め、そして神として敬うのがその目的である。靖国の大多数の儀礼は、この慰霊祭の範疇に入るが、なかでももっとも厳《おごそ》かで、かつ大規模なものが、春の春季例大祭と秋の秋季例大祭である。これらの例大祭を特徴づけるものは、勅使――天皇が派遣する使い――の姿である。そこで、慰霊祭の、勅使をはじめとする生者と神＝英霊たる死者との複雑な力学をまず明らかにしてから、その力学が歴史の記憶、歴史の語りとどう関連するかを探ってみる(3)。

秋季例大祭は、分けるとするなら、三つの「幕」からなる。第一幕は、神職たちが本殿のきざはしを昇って、内々陣に宿っている英霊にさまざまな物を供える。通常の神饌以外に、タバコ――戦前のタバコの味にもっとも近いとされるピースやホープ――そして兵士がもっとも欲したビールが特徴的である。宮司が上段の間《ま》から祭神に向かって幣帛を捧げ、祝詞《のりと》を唱える。第二は、天皇の名代たる勅使の出る幕である。衣冠束帯に身を固めた勅使が本殿の上段の間に移行して、神鏡を前に祭神に幣物《へいもつ》を供え、祭文を奏上、最後に玉串を捧げ、拝礼する。第三幕は、防衛省、「日本遺族会」、「英霊にこたえる会」、「神社本庁」など各種団体の代表、さらに遺族、戦友、一般参列者が拝殿を本殿にわたり、玉串を祭神に供え、拝む。

この慰霊祭の基本的な力学は、古代以来の御霊《ごりよう》信仰の系譜を受け継ぐものである。不慮の死を遂げた人たち――多くは貴族だった――の霊が、その死が不慮であったために生者に対して恨みを持って怨霊と化して祟《たた》る、という信仰だ。荒魂《あらみたま》は生者が祀りさえすれば和魂《にぎみたま》に変化し、今度は生者を見守ってくれる。靖国の慰霊祭はこの御霊信仰の近代版とも言うべきものだが、御霊信仰の系譜から逸脱したところも当然ある。とりわけ神として祀られるのはもはや貴族ではなく、天皇や国のために戦死したあらゆる臣民となったことがあげられる。しかし慰霊祭には、構造上、同じ御霊信仰的「経済学」とも言うべき原理が働いている。それは生者による絶え間ない供え物と引き換えに、死者の霊は慰められ、鎮まり、荒らぶることもなく生者を見守ってくれるというものである。

慰霊祭の勅使の姿に目を転じてみると、慰霊祭のいまひとつの力学が浮上してくる。気づくのは、慰める主体の天皇（ここではその代理たる勅使）と、英霊として慰められる対象たる戦没者との間の、一種の緊張感の存在である。勅使に代理される天皇は、本殿において幣帛を供え、祭文を唱え、玉串を捧げることで戦没者を慰め、彼らを英霊として、神として拝む。慰霊祭はしかし、同時に不可避的な「再帰性」を帯び、儀礼的焦点が、祀られる戦没者と祀る天皇自身の間を微妙に移行することになる。それはどういうことかと言えば、天皇が戦没者を慰めたり、拝んだりする行為は、戦没者が天皇に対する忠誠、天皇の国たる日本に対する愛国心、対象が天皇であるがゆえの犠牲心を体現して死んだからにほかならない。結果として、儀礼において祀られているのは、英霊としての戦没者なのか、それとも天皇および天皇にまつわる価値観なのか、多少あいまいになってくる。ある靖国神社神職は、筆者に「天皇が戦没者を「拝む」という言い方をする人もいますが、私はそれに反対です」と意見を述べたが、神職が反対するのは、まさに天皇が主で、祭神が従だからで、戦没者こそ天皇を拝むべきだとの立場だろう。

宮司が第一幕で唱える祝詞も、儀礼的あいまいさを裏づけると思われる。祝詞はまず「天皇の大御心《おおみごころ》をいただき、［中略］神聖なる供え物をお供えします」と切り出し、そして絹の衣、麻の衣、白米と玄米などを供えるかわりに、「天皇陛下のしろしめすこの国と天皇陛下の大御世が、永遠に、そして威厳をもって続きますよう、今も将来も、守ってください」となる。(4) 英霊としての戦没者に与えられた主な任務は、軍人として戦っていた時の任務となんら変わりはしない。あの世からも天皇、あるいは天皇の御国たる日本に仕え、天皇の「大御代」を護ることとされている。

慰霊祭を天皇中心の儀礼とする解釈は、靖国神社全体のシンボル性を考慮した時、一層の説得力があるように思う。本殿の空間を支配する神鏡は、天照大神やその末裔たる天皇こそ靖国を意味づけるものだとアピールし、(5) 拝殿や本殿にかかっている帳《とばり》や本殿の提灯、灯台などには天皇家の十六弁の菊の紋章が描かれている。靖国は、皇室の儀礼たる神嘗祭、新嘗祭、祈年祭の当日祭を斎行し、孝明天皇、明治天皇、大正天皇、昭和天皇それぞれの陵の遥拝式も執り行う。その他、例えば今上天皇の即位礼および大嘗祭にあわせ、即位礼当日祭、大嘗祭当日祭を天皇から幣帛を受けて行った。さらに靖国と皇室の関係は、人的な側面を有する。今上天皇は参拝しないが、親王たちが度々参拝する。毎年の春季・秋季例大祭には、三笠宮崇仁親王、三笠宮寛仁親王が参列するしきたりとなっている。

このようにみていくと慰霊祭は、天皇に対しても、また戦没者が体現したとされ、天皇が意味づける価値観に対しても畏敬の念を繰り返し生産することを目的とする。問題はこのような慰霊祭がその儀礼的過程において記憶する歴史は、どのようなものになるのかという点である。それはおおよそ次のようなものとなろう。夥《おびただ》しい数の日本人が戦争に行ったが、その中の二、三十万人以上が苦闘の末、天皇、祖国のため命を抛《なげう》った(6)。彼らは、忠誠心、愛国心、犠牲心という至上の価値観を体現して戦没した。戦死者のこのような死は、悲しむべき悲劇ではあるが称讃すべき名誉である。靖国神社で「英霊」という敬称を付与された神として祀られているのはそのためである。敗北に終わったあの戦争は、やはり有意義で、名誉ある戦いであった、ということになる。このような戦争記憶は、歴史というよりはまさに神話と称すべきもので、コンナートンによる神話の定義にみられる苦闘、犠牲、(戦死による)勝利が、慰霊祭の戦争記憶にすべて揃っていることがわかる(7)。

慰霊祭が記憶するものが以上のとおりだとすれば、次は忘却しているのは何かとなる。それはまず戦争に巻き込まれた非戦闘員の犠牲だろう。神社が英霊として慰めるのは「軍人」、「軍属」、「準軍属」の範疇に入る人々のみとなっている(8)。つまり、例えば一九四五年三月のアメリカ空軍の焼夷弾投下による東京大空襲で亡くなった一般市民、同月に始まった沖縄戦による一般県民の犠牲者、同年八月広島・長崎への原爆投下による民間人の犠牲者は、いずれも慰霊の対象からはずされ、靖国の戦争記憶からきれいに抹消されている。もともとが軍人のために創建された靖国としては避けられないことだろうが、同時に、靖国神社が全国的慰霊施設にとうていなれない理由がここにある。

靖国の慰霊祭は、軍だけの戦争という、現実とは乖離した記憶をもつが、軍の役割についても記憶の取捨選択が目立つ。次のような基本的な史実も忘却されている。①想像を絶する勇気をもって命を抛った軍人も（一般人も）多くいれば、病死、餓死した軍人も多くいた、という史実、②そのように忠誠心、愛国心、自己犠牲を体現して戦死した者でも、軍国主義の犠牲者であって、彼らの戦死はそれがため無駄だった、という史実、③戦没者が命を奪われたあの戦争が凄惨で野蛮きわまりないものだった、という史実。

筆者がそこで思いつくのは、二〇〇五年の夏NHKが放送した『戦後六〇年　靖国問題を考える』に登場した海軍民政府職員の飯田進氏のことだ。B級戦犯として巣鴨に収容された飯田氏は、このように述べた。「靖国神社は殉国の英霊を慰霊顕彰すると言って、この言葉自体は大変美しいし、遺族、戦友会をはじめ国民の心情に訴えるものがある。しかし戦争に参加した立場からすれば、本当に殉国の英霊で顕彰される、そういう立場にあったんだろうか。僕は違うと思う」。飯田氏自身が駐屯したニューギニアで「十万人をくだらない」将兵が飢えてのたれ死にしたことに言及し、そして「兵隊はだれを恨んだか。そういう作戦をした軍の中枢におった参謀たちです。それを考えた場合に殉国の英霊という言葉で責任がぼかされるということはとても耐えられない」と締めくくった。慰霊祭が戦没者を無差別的に英霊とすることによって、まさに飯田氏が体験した戦争の真実が忘却されてしまうことが容易に理解できよう(9)。

靖国神社拝殿の南側には、慰霊祭が執り行われるもう一つの場がある。それは一九六五年に創建された「鎮霊社」という祠である(10)。この鎮霊社には二つの座――つまり神が「座る」、「宿る」場所――があるが、その一つは、いわゆる官軍でない「賊軍」の戦死者の座になっている。そこには、例えば戊辰戦争で官軍と戦って倒れた会津藩、盛岡藩の武士、あるいは江藤新平、西郷隆盛のように、王政復古後、維新政府に対して反乱を起こし、敗れ、あるいは自決した人々が祀られている。ちなみに、上に見た慰霊祭が執り行われる本殿の内々陣には、官軍、つまり天皇のために命を落とした人々しか英霊として祀られない。鎮霊社のもう一つの座がさらに興味深い。それは全世界の戦死者を祀る座で、そこにはイギリス、アメリカ、東南アジア、韓国、中国の国籍の、戦死あるいは戦災死した人たちの霊が祀られている。本殿内々陣に韓国人、中国人で英霊として祀られている人も確かにいるが、全員が「軍」もしくは「軍属」として戦死した人々である(11)。この鎮霊社は本殿の「中央」に対し、まさに周辺的な存在にすぎないが、それでも神職が毎朝毎晩供え物をするし、例祭は七月十三日と定められている。鎮霊社が重要なのは、より微妙で複雑な過去、被害者も加害者も存在し、夥しい数の日本人が無駄死にをした、凄惨な戦争を記憶する場所だからである。この鎮霊社には戦後二代目の（元軍人の）松平永芳宮司が鉄柵をめぐらして一般人が参拝できないようにしたが、南部利昭宮司（二〇〇五―〇九年在任）が、それをまた取り除いた。今日は、参拝者はいつも少ないが、自由に出入りできるようになっている。

遊就館の戦争記憶

拝殿の、鎮霊社とは反対の側に、戦争博物館である遊就館が位置している。二〇〇三年に新装開館した遊就館は、ある意味で靖国の慰霊祭などの「絵入り解説書」のような存在とも考えられよう。展示物には、例えば祭神として祀られている軍人たちのなかから特別に勇敢で、忠誠心を体現した将官、下士官を選択して、彼らの遺品、顔写真を掲げ、その戦い方とともに戦没した時と場所、そして祭神になった日付までが書かれている。「海軍大将山本五十六。昭和十八年四月十八日ソロモン群島で戦死。昭和二十年四月二十八日靖国神社合祀」などのように。国のために死んだ人々の勇敢さを称讃するのは、なにも遊就館だけではない。むしろあらゆる戦争博物館の存在理由だろう。

そして戦争博物館に共通の特徴がもう一つある。それは戦争のテクノロジーに参観者の目線を集中させ、過去の記憶を「消毒する」ことである。[12] 遊就館の玄関ホールでまず目につく、泰緬鉄道を走った「C56」という形式の蒸気機関車が、その事例となろう。解説文が添えられ、そこには昭和十一年（一九三六）に製造され、ビルマ鉄道で使われたこと、戦後もタイで使用されたことなどが書かれている。ただ「敷設は困難を極めた」とあるだけで、鉄道の建設過程において九万人もの捕虜および現地労働者が犠牲となったことには言及がない。同じ玄関ホールには、ロケット特攻機「桜花《おうか》」、人間魚雷「回天」など実際の戦争で使われたものや、実物大の模型が整然と展示されている。これらの解説文もまた技術面では詳細にわたり興味深いが、人を殺すための機械であることがなかば隠蔽されている。

しかし、遊就館に特徴的なところがないわけではない。もっとも顕著な特徴は、敵の姿の、不思議な不在だろう。勝利をおさめた敵の姿が十五年戦争の語りから消えているのである。上海戦線で敗れた蔣介石、および日本と平和的な関係を希求していた汪兆銘の三㎝×三㎝の顔写真はあるが、例えば太平洋戦争で敵となったアメリカ人、イギリス人の実物大の人形や軍服、武器、国旗などの戦利品は見当たらない。ドイツ軍の軍服をきた人形、ドイツのタイガー戦車、メッサーシュミットの戦闘機、機関銃など、ドイツの武器を展示しているロンドンのImperial War Museumとは明らかに違う。筆者は、敵の不思議な不在をどう理解すればいいのか、靖国の若い神職に訊ねてみた。遊就館は博物館ではなく宝物殿であり、その使命は英霊を顕彰することにのみある、との説明を受けた。この説明は、ある程度説得力があるが、遊就館は同時に、「近代史の真実を明らかにする」ことが自らの使命であると訴えている。[13] 敵不在のまま「近代史の真実」がどこまで語れるかを問題とすべきであろう。語られるのは、顕彰に合わせた歴史のみだろう。敵を不在にする結果は、もっとも痛ましい記憶、敗北の記憶、加害の記憶、戦争の空しさの記憶を抹消することだろう。米軍、英軍、中国軍からの戦利品、遺品等を展示して敵の姿を表に押し出せば、陸軍が働いた加害、および受けた被害、戦った戦争そのものの凄惨さを連想せざるをえなくなるだろう。遊就館はどうやらこれらの史実を直視することができないのである。

「大東亜戦争」の終局を扱う展示物も興味深い。沖縄戦のパネルには、神雷《じんらい》部隊を見送った際の「非理法権天」の帳《とばり》や、第三十二軍司令官で六月二十三日に自決した牛島満中将の軍服上衣、「ひめゆりの塔」——負傷兵の看護にあたりとてつもない勇気を示した「ひめゆり部隊」が暮らしていた壕の位置を記す塔——の写真などがある。また、次のような「沖縄作戦」の解説文もある。「全県民が一体となり、三か月近く戦い抜いた激戦である。それだけに県民の犠牲も多く、海軍の太田実中佐は決別の電報でその涙ぐましい活躍を報告した。戦場では空と海と陸の全てで特攻攻撃が繰り広げられ、大和以下の水上艦艇も航空機も対戦車攻撃の肉攻班も特攻となって突入した」と。遊就館の沖縄戦の記憶は、この解説文から判断してきわめてあやふやなものと言わざるをえない。太平洋戦争で沖縄戦ほど恐ろしい戦闘がほかになかったことは周知の事実で、住民が一体となって戦ったという描写のみではいかがなものか。軍が住民を文字通り盾にし、排除し、時には銃剣で殺傷しあるいは集団自決を強いた、という沖縄県民の対照的記憶がある。同胞が日本兵に虐殺されるのを目の前で見た目撃者の記録も多くある。(14) 上述のような悲惨な史実が、記憶の取捨選択のせいで「沖縄作戦」の解説文には一切言及されないで終わる。(15)

「大東亜戦争」の最後のパネルにたどりつくと、敵が不在でも外国人が全く不在というわけではないことがわかる。そこには東京裁判の判事で名誉法学教授のラダ・ビノード・パールの肖像写真が大きく出ている。裁判で被告全員無罪の意見を提出したことで有名なパールだが、その写真の横には著名な台詞《せりふ》が大きく書かれている。いわく「私の歴史を読めば欧米こそ憎むべきアジア侵略の張本人であることがわかるはずだ。しかるに、日本の多くの知識人はほとんどそれを読んでいない。そして自分の子弟に「日本は犯罪を犯したのだ」、「日本は侵略の暴挙をあえてしたのだ」と教えている」と。東京裁判は、実に多くの未解決の問題をかかえ「勝者の裁き」という側面が大いにあったことは否めない。(16) さらにまた、筆者の国イギリスをはじめ欧米の帝国主義列強が十九世紀以前からアジアの侵略を行っていたことはまぎれもない事実である。ただ、だからと言ってパールの見方が妥当な歴史記憶になるとも限らず、また、陸軍などが罪を犯していないことにもならない[17]。

終戦を扱う最後のパネルは、「第二次世界大戦の各国独立一九四五―一九六〇」で、タイトルの下には「日本軍の占領下で一度燃え上がった炎は日本がやぶれても消えることなく、独立戦争を経て民族国家が次々と誕生した」とある。このように遊就館が形成した戦争物語が終わってみると、日本軍による一連の戦いは、アジアを侵略した憎むべき欧米人から諸国民を解放する、名誉ある戦争だった。日本の兵士は皆、天皇の名において命を捧げた、忠誠心に満ちた英雄なのであって、決して無駄に命を落とした、犬死になどしたわけではない、ということになる。遊就館はそこで陸軍が実際に犯罪を犯したこと、中国や東南アジアに対し、実際に侵略行為を働いたことを見事に忘却するのである。

「礎」論、その他

上に見てきた儀礼、展示の両戦略による歪曲された歴史記憶の生産は、かいつまんで言えば、無意味に思える戦死に意味を見出そうとする試みと位置づけられるべきだろう。靖国神社関係者が戦争の空しさ、戦没者の死、日本の敗北を直視しない、できない結果でもあるが、その傾向は神社および関係団体が発行する出版物において一層明らかだろう。代表的なものに『靖国の祈り』(18)があり、ほかにも「英霊にこたえる会」や「日本遺族会」、「神道政治連盟」などの付属団体が出す小冊子、パンフレット、ウェブサイトの記述等がある。出版物による戦争の物語は、儀礼、展示のそれときれいに合致するのはもちろんだが、ここでは特徴的なものだけを取り上げることにする。

まず注目すべきは、筆者が言うところの「礎《いしずえ》」論だろう。二、三の事例を挙げると、①「現在の私たちの生活は、先人達の築いた「礎」のうえにある。〔中略〕遊就館が新装オープンして一年が経とうとしています。近代日本の「礎」となられた英霊の遺品や祖国や家族への思い、遺族の思いなどが訪れた者を感動させずにはおきません」(大原康男監修『靖国神社遊就館の世界』、扶桑社、二〇〇三年)、②「わすれていませんか。殉国の英霊、二百五十万柱の貴い「礎」の上に今日の日本があり、そして貴方がおり、ご家族があることを」(「英霊にこたえる会」支給の救急絆創膏に記載)、③「だからこそ近代国家日本の「礎」、今日の日本の平和と繁栄の「礎」となった方々を祀る靖国神社は、戦没者追悼のための中心的施設として長く国民から大切にされ」云々(「九段の桜は泣いている」『神政連だより・つばさ』三〇、一四頁)。

このように、戦没者＝戦後日本の「礎」、という図式が靖国および関連団体の基本的立場であることが確認できよう。だが、これは靖国擁護派の出版物が独占する見方では決してない。「礎」という言葉こそ出ないにせよ、当時の総理大臣小泉純一郎も繰り返し述べていた発想でもある。小泉が二〇〇五年八月の全国戦没者追悼式の式辞において「先の大戦では、多くの方々が、祖国を思い、家族を案じつつ、心ならずも戦場に散り、戦禍に倒れ、あるいは戦後遠い異境の地に亡くなられました。この尊い犠牲の上に、今日の平和は成り立っていることに思いを致し、衷心からの感謝と敬意を捧げます」(『毎日新聞』二〇〇五年八月十五日)と述べたのは一事例にすぎない。天皇も二〇〇六年の歴史的なサイパン島訪問の際、「私ども皆が、今日の我が国が、このような多くの人々の犠牲の上に築かれていることを、これからも常に心して歩んでいきたいものと思います」と述べた。

ここで主張すべきは、「今日の日本の平和と繁栄が、戦没者の尊い犠牲の上に成り立っているとの強い思いを抱いている」と言った小泉と、「歴史の事実を謙虚に受けとめ、痛切なる反省と心からのお詫びの気持ちを常に心に刻」んでいると主張した小泉とが相矛盾することである。[19] 上で取り上げた飯田進氏も、この礎論にふれる。彼の言葉に耳を傾けてみたい。飯田氏は次のように語る。「戦後とりわけバブル景気はなやかだった頃、数多くの戦友会によって頻繁に行われた慰霊祭の祭文に不思議に共通していた言葉がありました。「あなた方の貴い犠牲の上に、今日の経済的繁栄があります。どうか安らかにお眠りください」。飢え死にした兵士達のどこに経済的繁栄を築く要因があったのでしょうか。怒り狂った死者達の叫び声が聞こえてくるようです。そんな理由付けは生き残った者を慰める役割を果たしても反省へはつながりません。逆に正当化に資するだけです。実際そうなっていました[20]」。つまり、特攻隊員をはじめとする戦没者の自己犠牲が戦後の平和と繁栄を築いたとする主張は、それ自体、史的根拠がないというのである。

「嫌なことがあると、あの特攻隊員の気持ちになってみろと自分に言い聞かしてみる」小泉だったが、特攻隊員も、自分たちの死が、家族を護り、将来の礎になると思っていただろうが、彼らが命を抛ってまで守ろうと思っていた日本は、戦後の日本ではない。それは万世一系の、しかも神聖にして侵すべからざる天皇が統治すると定められ（第一条、第三条）、軍部が特権的な位置づけを与えられた（第十一条）、明治憲法が支配する日本だったという基本的な事実がある。また、教育勅語およびその倫理道徳が絶対的で聖なるものとして仰がれていた日本でもあった。それは、民主主義的な、人権やさまざまな自由が保障される戦後の日本とはまるで異なっている。桜花部隊の海軍少佐古川正崇のように、「このうえもなく平和を愛する」と言い、「世界中の人間が協力し、愛しあう」ことを理想として命を捧げた人が多くいた可能性もあるが、彼らが戦後のような社会を理想とし、究極の犠牲を払ったとの議論は到底成り立たない[21]。

戦後の平和と繁栄は、日本軍の戦いぶりでなく――それがいかに勇敢であったにせよ――むしろその敗北および敗戦に伴う軍隊の解体や非軍事化、人権の保障を中心とした民主化、国家機構の改革こそ、それを保証した。その総仕上げは、まさに明治憲法に取ってかわり、国民主権、平和主義を基礎においた日本国憲法にほかならない。

さて、次に神社関係者の執筆する刊行物のもう一つの、記憶形成と関連する特徴を、指摘したい。それは靖国神社と戦後日本の道徳、道義との関連づけである。もっとも雄弁な論者は、東大名誉教授の小堀桂一郎氏だろう。小堀氏は総理大臣のみでなく、天皇による公式参拝が実現すれば「国民のモラルに非常に良い影響を与えることが出来ると思うのです」と期待を語る。その一方で「今日の日本は［中略］特に若者が日本の国に生を享けたことを少しも有り難いことだとは思っていない」と嘆くが、それについても「靖国神社問題が解決しただけで青年層の国に対する考え方がうんと違ってくると思いますね。やはり我が国は誇るべき国だ、我々は誇るべき何かをもっていると思えるようになると私は思うのです。それだけでも道徳的に非常にプラスだと思うのです」と。つまり、靖国神社こそ社会問題解決の糸口となりうることを強調する。[22] これについてまず言うべきは、小堀氏だけがこういう立場をとるわけでは決してないことだろう。この見方は、戦後の靖国神社に早くから見られるもので、一九五六年の自民党による「靖国法案要綱」に遡ると思われる。

その第一条は、靖国神社の任務が「国事に殉じた人々を奉斎し、その遺徳を顕彰し、もって国民道義の昂揚を図る」云々と定義づける。この「もって」という接続詞が肝心で、神社の究極的な目的は慰霊ではなく、戦後のモラルの匡正だということを意味するからである。神社がこのように自らを戦後日本において位置づけなおそうとする。同様の見方は、歴代の靖国神社宮司をはじめ「日本遺族会」、「英霊にこたえる会」が述べているので、正統論と言わざるをえない[23]。

神社がなぜこれほど天皇、首相の参拝にこだわるのか、理由はまさにここにある。つまり、自らを戦後日本の道徳昂揚の源泉とすえるからにほかならない。小堀氏は明示しないが、彼が言うところのモラルは戦没者が体現したとされる、天皇を中軸にした忠誠心、愛国心、自己犠牲そのものになる。そして総理も天皇も堂々と靖国に行けば必然的にそのモラルが全国民に広まる契機になると、小堀氏は考えている。天皇、首相による儀礼執行が国民の教化に直接繋がるという見方は、まさに戦前に流行っていた祭政一致論の戦後版だが、問題は神社がこのようにモラルの昂揚を自らの使命とする以上、純粋な慰霊、純粋な悲しみ、反省をもとにした追悼がはたして可能かというところにある。慰霊のための慰霊ではなく、ある特定の政治的思惑――モラルの普及――のための慰霊にしかならないのなら、神社が戦没者を政治的に利用しているということになろう。論旨をしかし歴史の記憶と歴史の語りにもどすと、それが歪められるのは至極当然だろう。靖国がもつ戦争の記憶は、客観的で複雑なそれではありえず、もっぱら現代社会の道徳、道義に見合った、それに役立つ「記憶」にならざるをえない。

上述のような儀礼、展示、テキストによる歴史記憶をどのように理解すればいいのか。アメリカの宗教学者エリック・サントナーの戦争記憶研究が重要な手がかりを与えてくれるように思う。サントナーの研究はフランスで戦後間もなく建てられた博物館、記念施設を主題とする。ドゴール派が建てた博物館もあれば共産党が建てた記念施設もあるが、共通に有する特徴は、フランスの戦争体験が生産した「トラウマ」、つまり敗北、占領それに協力（コラボレーション）という精神的外傷を抑圧する働きをする、と彼は言う。サントナーは歴史的トラウマの痛みを受け入れることを拒む、あるいは受け入れることができないのは、戦後のフランスばかりではもちろんなく、多くの戦後社会がある程度共有する現象だとする。戦争記憶が耐えるにはあまりに痛すぎるためそれを抑圧し、抑圧するための記憶戦略を演じる、という。「神話作成」であるこの記憶戦略を、サントナーは「語りのフェティシズム」と名づける。そしてこの語りのフェティシズムは「実は歴史物語そのものがよってたつところの、トラウマ、喪失の痕跡を消し去るのである」。その結果、「トラウマ以後の状況において自己のアイデンティティを再構築するという責務から人々を解き放つ。彼方へと先延ばしされ、決して到達することはない」と結論づける。(24)

勅使が登場する慰霊祭の力学や慰霊祭による戦時中の価値観の再生産、遊就館の展示物の取捨選択やその整理、発行物にみる「礎」論などは、まさにサントナーが言うところの「語りのフェティシズム」の範疇に入ると思われる。二十一世紀の靖国神社では、日本の戦争トラウマが拠って立つところの敗北、敗北に伴う二百万人以上もの戦死、敗北がもたらした恥辱の占領、占領が導いた戦後の繁栄と平和を保証した憲法、という歴史的物語がみごとに抑圧され、その痕跡が神社および神社関係者の歴史的記憶から消し去られている。

そしてそれに取ってかわるものに、日本の兵士はみな天皇の名において命を捧げ、忠誠心に満ちた英雄、英霊だ、戦争はアジアを憎むべき欧米人から解放する名誉ある戦争だ、特攻隊の戦死が戦後日本の平和と繁栄の礎をなす、というまさにフェティッシュ化された物語を展開するのみとなる。「しのんで傷《いた》み悲しむこと」を意味する追悼は、批判的な反省、「トラウマの記録」を抜きにしてはありえない、ということは、社会学者のブラワーなどが指摘するとおりである。(25)靖国神社の語りのフェティシズムは、追悼に欠かせない批判的反省の可能性を拒絶する。戦争のトラウマを直視しない靖国が、天皇、日本、自らの家族のため、さまざまな動機をもって貴い命を捧げた戦没者を追悼する場となれるかは大変に疑問であると思う。

このように考えてくると、麻生太郎外相（二〇〇六年当時）が「無駄な話だ」と片付けてしまい、あるいは民主党が復活させた新しい「国立追悼施設」論が、むしろ重要な意味を持ってくるように思う。こうした施設に対し、靖国擁護派は早くから異議を唱え、靖国反対派もかならずしも好ましいと思っていない。国学院大学の大原康男氏らに代表される前者は、反対する理由として「何よりも国民の多数が靖国神社は戦没者追悼の中心施設と考えており、靖国神社と競合対立する可能性のある施設の建設は絶対阻止せねばならない」と主張する。(26) 大原氏は「国民の支持」という感情論を唱えるが、靖国反対派を代表する高橋哲哉氏なども、「日本国家が戦争責任の遂行を拒み続け、憲法第九条の「不戦の誓い」を反故にしつつある」現状では、新たな追悼平和祈念施設が国家に利用され、「第二の靖国」になる恐れがあることを指摘する。(27) その恐れがあることは、国家がかかわる限り否定できないが、新しい施設の利点は多くあるように思われる。

それは第一に、そうした施設が戦争のトラウマを抑圧しない、フェティッシュ化された物語の展開を許さない、複雑な戦争記憶をかかえる可能性を有すること。第二に、トラウマを抑圧しない、フェティッシュ化された物語の展開を許さない、複雑な戦争記憶をかかえることが、同時に本当の意味における追悼、政治が絡まない追悼の前提条件なので、その施設は、十分追悼の場となりうること。第三、追悼の可能性はさらにトラウマ以後の、つまり戦争と無関係である戦後のアイデンティティ再構築の契機ともなりうること。筆者は、首相にはこのような可能性を豊富に有する施設の前で頭を下げ、追悼する義務が大いにあるように思うのである。

注

(1) 小堀桂一郎「解題」(『遊就館図録』、近代出版社、二〇〇四年)、一〇八頁。
(2) Paul Connerton, *How Societies Remember*, Cambridge University Press, 1989, pp. 3-4.
(3) 以下の記述は筆者が参列した秋季例大祭の「式次第」(靖国神社刊行物)による。
(4) 「祝詞」(『秋季例大祭の式次第』所収)。
(5) この鏡は明治天皇が神社に寄贈したものである。
(6) ここで言う「戦争」は、靖国が言うところの「支那事変」、「大東亜戦争」をもっぱら指すものとする。
(7) Connerton, op. cit., p. 63.
(8) これについては「戦没者の合祀」(靖国神社編『靖国の祈り』、産経新聞社、一九九九年)、一八六頁参照。
(9) 飯田進氏はその後、自らの戦争体験に基づいた本を二冊著した。『地獄の日本兵 ニューギニア戦線の真相』（新潮社、二〇〇八年）、『鎮魂への道 BC級戦犯が問い続ける戦争』（岩波書店、二〇〇九年）。どちらもすぐれた感動的な作品である。

（10） 鎮霊社の設立当時の事情については John Breen, "Introduction: a Yasukuni genealogy", in John Breen ed., *Yasukuni, The War Dead and The Struggle for Japan's Past*, Columbia University Press, 2008, p. 32.

（11） 前掲「戦没者の合祀」、一八六頁参照。

（12） Andrew Whitmarsh, '"We Will Remember Them": Memory and Commemoration in War Museums', *Journal of Conservation and Museum Studies*, 7, 2001.

（13） 湯沢貞「ご挨拶」（前掲『遊就館図録』）、二頁。

（14） 沖縄の側から語った沖縄戦については、例えば田中伸尚「沖縄から、沖縄を問う「靖国」」（『世界』二〇〇四年九月号、一〇九―一一一頁）参照。

（15） 筆者のこのような遊就館解釈と対蹠をなすものとして、例えば新田均氏の考察がある。とくに参照されたいのは、新田氏の次の英文論文である。Nitta Hitoshi, "And why shouldn't the Japanese PM worship at Yasukuni?" in John Breen ed., *Yasukuni, The War Dead and The Struggle for Japan's Past*, pp. 140-141.

（16） Richard Minear, *Victor's Justice*, University of Michigan Press, 1971 がもっとも早い事例である。

（17） 遊就館とパール流の戦争記憶との親密な関係は、二〇〇五年に就任した南部利昭宮司が遊就館の玄関前にパールの記念碑を建てていることからも理解できる。記念碑の解説文の最後にはこう書いてある。「私どもは茲に法の正義と歴史の道理を守り抜いたパール博士の勇気と情熱を顕彰し、その言葉を日本国民に向けられた貴重な遺訓として銘記するためにこの碑を建立し、博士の偉業を千古に伝へんとするものであります。」

(18) 注(9)前掲。

(19) 以下の外務省のウェブサイトを参照されたい。http://www.mofa.go.jp/mofaj/area/taisen/yasukuni/tachiba.html

(20) 特攻隊員は決して全員が狂気、狂信の徒ではなかったし、また彼らの勇敢さを疑う必要も全くない、というのが筆者の立場である。狂気ではなかった特攻隊員の複雑な心情については内藤初穂『極限の特攻機 桜花』(中公文庫、一九九九年)が示唆に富む。

(21) 小堀注(1)前掲『遊就館図録』、八九頁参照。

(22) 小堀桂一郎、大原康男『靖国神社を考える——「靖国」の伝統とA級戦犯合祀の真実』(日本政策研究センター出版、二〇〇四年)、一六—一七頁。

(23) 以下の文献を参照されたい。①松平永芳「靖国奉仕一四年の無念」(『諸君!』一九九二年十二月号)、②前掲湯沢貞「ご挨拶」、③「靖濤」(『靖国』五七七号、一頁)、④「日本遺族会目的」www.nippon-izokukai.jp/index2.html; ⑤英霊にこたえる会については「我らの主張」www.eireinikotaerukai.net/E01Ayumi/E0102.html。

(24) Eric Santner, 'History Beyond the Pleasure Principle: Some Thoughts on the

Representation of Trauma' in Saul Friedlander ed., *Probing The Limits of Representation: Nazism and The Final Solution*, Harvard University Press, 1992, pp. 143-144.

（25） Benjamin Brower, 'The Preserving Machine', *History and Memory*, 11-1, 1999, pp. 87-88.

（26） 大原康男「小泉首相の靖国神社参拝をめぐって」（『政教関係を正す会会報』二二号、二〇〇三年）、三頁。

（27） 高橋哲哉『靖国問題』（ちくま新書、二〇〇五年）、二一四頁。

あとがき

二〇〇八年十月にフランスのキーンツハイムで「日本文化の中の天皇——天皇とは何か」というシンポジウムが開催された。法政大学、ストラスブール・マルク・ブロック大学、フランス国立科学研究学院共催のイベントで、参加者の顔ぶれはそれなりに国際的であった。イギリス人の筆者のほかに日本人、フランス人、中国人、ドイツ人と。天皇と日本文化に関する報告も、国際的、学際的であっただけに刺激的なものが多かった。そのなかで筆者にとってずばぬけてエレガントで、面白かったのは、市村弘正氏の思想史的な報告であった。氏は、藤田省三と天皇制、つまり藤田による天皇制国家の批判的解剖について語られた〈市村氏の藤田省三論は、例えば「解説　藤田省三を読むために」〈市村弘正編『藤田省三セレクション』、平凡社ライブラリー、二〇一〇年〉を参照〉。

シンポジウム後の食事会で市村氏に藤田と天皇制についてお話をうかがうと、呼吸が合うことがすぐにわかった。藤田省三や丸山真男、それから〈筆者がかねてから大好きな〉橋川文三についていろいろと興味深い話をしていただいた。フランスで市村氏とお会いでき、お話をしていただいたおかげでキーンツハイムのシンポジウムは、私にとって記憶に残る、有意義なイベントとなったのである。手前ミソのようで恥ずかしいが、市村氏は筆者の報告（天皇と勲章の贈答に関するもの）を多少かってくださったらしい。嬉しかったことは言うまでもない。ほかに日本語で書いたものがあれば送ってくれ、と言われたので、日本に帰ってから日本語で最近書いた論文を何本か封筒に入れて市村氏のところに郵送した。その数ヶ月後、平凡社の保科孝夫さんからお手紙をいただいた。ブリーンの論文をまとめて本にしたいと。要するに一回しかお会いしなかった市村氏は、拙稿を全部読まれたうえ、平凡社に紹介してくださったわけだ。その親切さに圧倒された。フランスの学会で氏にお会いできなかったなら、本書はきっと日の目を見なかったにちがいない。この場を借りて市村氏に深く感謝申し上げたい。

本書におさめた論文は、市村氏が平凡社に持っていってくださった論文の表題とは、多少違うものもあるので以下原題および初出を掲げておく。

序章「明治天皇を読む」　「明治天皇を読む」（『ラチオ』3〔日本の近代とは何か〕、二〇〇七年）

第一章「孝明政権論――将軍の上洛と国家儀礼の再編成」　「十四代将軍家茂の上洛

と孝明政権論」（明治維新史学会編『明治維新と文化』、吉川弘文館、二〇〇五年）

第二章「天皇の権力――国家儀礼としての五ヶ条の誓文」　祖形となる英語論文は、"The Imperial Oath of April 1868: Ritual, Power and Politics in Restoration Japan", *Monumenta Nipponica*, 51, 4 (1996) だが、それに大幅な修正を施し、一から書き直すことにした。

第三章「明治天皇の外交」　祖形となる論文は、「天皇の外交儀礼と国際認識」（小風秀雅編『近代日本と国際社会』、放送大学教育振興会、二〇〇四年）および「明治初年の外交儀礼――日英交流史の一断面」（都築忠七編『日英交流史 1600–2000 5 社会・文化』、東京大学出版会、二〇〇一年）だが、それらに大幅な修正を施した。

第四章「近代神道の創出――神仏判然令が目指したもの」　「明治初年の神仏判然令と近代神道の創出」（『明治聖徳記念学会紀要』復刊四三号、二〇〇六年）

第五章「神道の可能性と限界――大国隆正の神道論」　「国学者大国隆正の天主教観――外来宗教受容の一形態」（『日本歴史』五六八号、一九九五年）

第六章「神社と祭りの近代――官幣大社日吉神社の場合」　「近代山王祭の原点――官幣大社日吉神社史の一齣」（『人文学報』九八号、二〇〇九年）

付論「靖国——戦後の天皇と神社について」「靖国：歴史記憶の形成と喪失」（『世界』七五六号、二〇〇六年）

ここにおさめた論考は、第五章をのぞいてみな過去五、六年間に書いた、相当新しいものであるが、近代の天皇や近代の神社、神道に関する関心は、「はじめに」でも書いたように最近抱いたものでなく、もっと前からある。一貫して筆者の研究活動をいろいろな意味で支えてくださった方たちは決して少なくない。大学院の時にはじめてお会いし、その後長年にわたって温かいご支援と友愛を賜りつづけてきた、内藤初穂氏やその奥様の（元岩波書店編集部の）内藤佼子氏にまず深く御礼を申し上げたい。史料の提供、古文書の解釈、論文の書き方など多くの分野での貴重なアドバイスをいただいたおかげで、なんとか学者になりえた。内藤さんたちに負うところは実に多大である。ケンブリッジの大学院の時も、ロンドン大学SOAS校に着任してからも、調査をするため何度か日本に来る機会を得たが、その度ごとにお世話になった先生方がいる。史料のコピーから抜き刷りまで、励ましからご批判までいただいた国学院大学の阪本是丸氏や武田秀章氏、（当時）東京大学史料編纂所の宮地正人氏、法政大学の江村栄一氏、京都大学人文科学研究所の高木博志氏、お茶の水女子大学の小風秀雅氏、中央大学の松尾正人氏にたいへんお世話になった。皆さんには一生の恩がある。心から御礼を申し上げたい。その他、個別の章を執筆するにあたっても多くの方々にお世話になったが、それぞれの章で感謝の意を記すことにする。
筆者は、現在ロンドン大学ＳＯＡＳ校から三年の無給休暇をもらって、京都の国際日本文化研究センターで仕事をしているが、研究活動を支援していただいてきたＳＯＡＳと日文研の教職員のみなさまにも、御礼を申し上げたい。研究する余裕を与えていただいたおかげでこの本が刊行されることになった。そして刊行にいたるまでご指導、ご援助をくださった保科孝夫氏にあらためて感謝申し上げたい。おつきあいができてとても嬉しかった。最後になるが、筆者のわがままな研究活動をささえてくれた妻と息子たち三人に心からの感謝の意をこめて本書を捧げたいと思う。

二〇一一年六月一日　京都にて

解説——文庫版あとがきにかえて

本書は、明治維新期の天皇をテーマとし、儀礼を通してその天皇に迫るものだ。多くの読者はタイトルの『儀礼と権力　天皇の明治維新』を見たら、若い天皇が維新期に執り行った践祚・即位礼・大嘗祭など皇位継承儀礼が詳細に論じられると思うに違いない。それも当然で、代替わりの儀礼は最大級の天皇儀礼だからである。しかし本書はそうではない。本書が取り上げる儀礼は別である。がっかりした読者もいるかもしれない。そこで、おくればせながらこの文庫版の解説をもって埋め合わせをしたいと思う。まず、明治期の皇位継承の力学を自分なりに語ってみたい。次に、大正・昭和にまで目を向け、明治初年の儀礼的遺産を二十世紀前半の代替わりに見出す。最後に、現在の上皇・天皇をも視野に入れて、戦後の皇位継承に見られる、明治初年の面影を指摘したい。

明治期の皇位継承は、践祚の儀（維新前の慶応三年〈一八六七〉一月九日、京都で執行）、即位礼（維新直後の慶応四年〈一八六八〉八月二十七日、京都で執行）、そして大嘗祭（明治四年〈一八七二〉十一月十七日、東京で執行）の三つの儀礼からなる。理解の鍵は、権力関係とその構築にある、という立場をここで取る。若い明治天皇は、即位と大嘗祭それぞれの場において複数の新しい権力関係を構築していく。国家との関係、国民との関係、そして神々との関係である。皇位継承の儀礼はこうした権力の関係構築のためにある、といっても過言ではない。

前近代の即位礼と大嘗祭は、プライベートな朝廷儀礼として国家と無関係に行われたが、明治になるや強い政治的、国家的な性格づけを有するものとなった。それは、即位礼の場となった京都御所の紫宸殿の空間を見ればよく分かる。行政官の首座にあたる輔相岩倉具視、外国・海陸軍務・会計・民部などの知官事、副知官事、議長、一等県知事などは紫宸殿前庭の東側に二列に並ぶ。西側には、議定と参与と府知事の列がある。京都在居の藩主、徴士などの武士は庭の東南。若い明治天皇は彼らを前にして紫宸殿の御帳台に立つことで必然的に政治的君主となる。大嘗祭でも似たような現象が見て取れる。大嘗祭は、天皇が東京城（江戸城）に打ち立てた大嘗宮の悠紀殿・主基殿に入り、天照大神と向き合い、新穀の米と粟を共食する儀礼だが、明治四年のそれには太政大臣三条実美、西郷隆盛、大隈重信、江藤新平など新政府の高官が皆参列する（ちなみに、岩倉具視、大久保利通、木戸孝允などは当時米欧回覧中であった）。

このような近代的皇位継承の青写真を作ったのは、津和野藩士・福羽美静だ。新政府の神祇官を牛耳っていた福羽は、天皇の「臣民」との関係構築もきわめて重視していた。即位当時の日本は内乱がまだ終わっていないので臣民を巻き込むのは困難であったが、福羽がその希望を持っていたことは明らかである。そして大嘗祭の場合は、その希望を二つの戦略をもって見事に実現した。①新政府は、明治四年十一月に大嘗会「告諭」を全国に配布し、天皇は日本を統治する権利を天照大神から直接もらっているなどと臣民に知らしめる。そして、②十一月十七日からの三日間を休日とし、十八日と十九日には大嘗宮を一般の市民に公開した。少なくとも新首都東京はかなりの盛り上がりを見せたようだ。

明治期の皇位継承儀礼は、天皇が神々と全く新しい関係を形成する契機でもあった。近代以前は、即位灌頂といって天皇は冕冠《べんかん》を頭にかぶり、赤い袞衣《こんえ》を身に纏い、紫宸殿に進みつつ、密教の金剛界大日如来を表す秘印を両手で結び、胎蔵界大日如来の真言を心中で唱え、大日如来と一体となるものであった。そして紫宸殿前庭には、陰陽道の論理に基づき複数の旗が配置され、即位を天に告げるお香も焚かれていた。福羽美静は陰陽道・仏教に由来するこうした要素を全て払拭し、天照大神や神武天皇をはじめとする歴代皇霊を儀礼の前面に出す。例えば即位礼当日朝に天皇は、（天照大神を祀る）内侍所に参拝する。ちょうどその時に天皇が派遣していた勅使が伊勢神宮、神武天皇陵、そして天智・光格・仁孝・孝明それぞれの陵で礼拝をする。これら一連の儀礼的営みは、全く前例がない。なお、言うまでもないことだが、天皇が即位礼や大嘗祭において拝む天照大神は、前近代のように大日如来と一体だという解釈はもはや可能でなくなっていた。

明治初年に見る代替わりについて補足すべきことが一つある。それはその国際性である。即位当日の紫宸殿前庭に複数のシンボルが配置された中でも、地球儀はその核心的なものであった。この地球儀は、天皇がもはや宮中に幽閉される存在でなく、世界の君主と対等の近代的政治的君主であることを訴えるものである。大嘗祭の場合、国際性が一層強く訴えられた。三条太政大臣は大嘗祭直後の十一月十八日夜に英国、イタリア、オランダ、フランス、ドイツ、アメリカなどの外国公使や書記官を東京の延遼館に招聘して饗宴を催した。外務卿副島種臣が乾杯の音頭をとり、日本は神武天皇以来「君主の統系」が変わらない、そのことは世界的に見て珍しい、と誇らしげに挨拶を述べた。大嘗祭が世界各国の君主の「幸」となれば嬉しい、と締め括った。政府は翌日に大阪、神奈川、兵庫、新潟などで列強の領事にも饗饌を提供した。

では次に、明治初年の皇位継承儀礼が残した歴史的遺産、とりわけ大正天皇の皇位継承が受け継いだ遺産について考えてみたい。二十世紀前半の日本は、れっきとした国民国家で、優れた経済力・軍事力を有し、国際政治の舞台でその存在感を増していた。そのような背景のもとで大正天皇は立憲君主として即位する。時代状況は明治初年と大きく異なることはもちろんだが、皇位継承儀礼は、明治初年のそれを引き継ぎつつ、その「拡張」を図ったところに特徴がある。それを確認したいが、まず一八八九年（明治二十二）の「皇室典範」や一九〇九年（明治四十二）の「登極令」の影響を見逃せない。「皇室典範」によって即位礼と大嘗祭は首都東京でなく、京都で行われることを定めた。それは京都に憧れていた明治天皇の希望を叶えるためである。「登極令」は、即位礼と大嘗祭が同じ年の十一月十日と十四日に連動して行われることとした。「登極令」は、さらに皇后にも重要な役割を与え、天皇が即位で高御座に登ると同時に皇后が御帳台に登ることを定めた。

さて、大正天皇と国家との関係だが、即位礼では天皇が大隈重信総理大臣と舞台を一緒にする、重要な新しい場面が設けてあった。高御座に立つ天皇は総理に向かい勅語を述べ、総理は天皇に対し寿詞《よごと》を奏上し、そして万歳を三唱する。前庭に詰めていた三千人近くの皇族、閣僚、中央・地方の官僚、外国使節も万歳を唱える。天皇は、明治憲法によって「陸海軍を統帥す」る大元帥でもあるので、陸軍と海軍も登場する。それは前例を見ない規模の大礼観兵式と大礼観艦式という形であった。皇位継承にみる天皇の臣民との関係も明治初年では考えられない規模で行われた。例えば文部省は全国の学校生徒を動員し、万歳の三唱を奨励するほか、旗行列、提灯行列、運動会などの開催も促した。特筆すべきは、政府が全国の道府県、そして植民地に対し特産物を奉納するように命じたこと。「庭積《にわづみ》の机代物《つくえしろもの》」と名付けられたこれらの特産物は、大嘗宮の前に展示され、天皇が臣民と接する重大な装置でもあった。そして神々との関係で言えば、最も注目すべき展開は、天皇による、大嘗祭後の歴史的参拝だろう。大正天皇は京都を出発し、伊勢神宮、そして神武、明治、孝明、仁孝、光格それぞれの天皇陵を参拝したのである。

大正天皇の諸儀礼は強い国際性も帯びていた。十八カ国の使節およびその夫人たちが天皇、皇族、総理大臣、閣僚とともに東京をあとにし、皇位継承儀礼参列のため京都入りをした。彼らは、大嘗祭への参列こそなかったが、即位礼の際、紫宸殿前庭に詰め、天皇の即位を目の当たりにし万歳も唱えた。天皇は二条城で饗宴を主催し、参加した外交官に対し「友邦の君主及大統領の健康を祝」した。そして観兵式や観艦式には外国の武官の参列があった。これはイギリスと日英同盟を結び、また当時ドイツと戦争中だった日本ならではの国際性の示威でもあった。

昭和天皇の皇位継承も、大正天皇の新たな展開を踏まえつつ、明治天皇のそれを基盤としていたが、ここで最後に注目したいのは、戦後である。これまで語ってきた、明治に始まった皇位継承儀礼が戦後にも影を落としている。そのことを二〇一九年の令和の代替わりに見てみよう。戦後の象徴天皇は戦前の立憲君主とまるで違うことは争えない事実である。戦前の明治憲法と戦後の日本国憲法を比較すれば、それは一目瞭然である。とはいえ、皇位継承儀礼に焦点を絞れば、驚くべき連続性が見える。徳仁天皇も儀礼の場において国家、国民、そして神々と新たな関係を作っていく。関係構築の方法は明治、大正を踏まえたものである。二、三の事例だけ指摘しよう。

安倍総理大臣は、二〇一九年春に始まった天皇の退位、即位に関連する儀礼に参列したが、十月の「即位礼正殿の儀」において「お言葉」に対し寿詞を朗読し、そして天皇に向かい万歳を三唱したのは大正の遺産だ。天皇と国民については、十一月の大嘗祭に備えて庭積の机代物という特産物の奉納があり、大嘗祭終了後、皇居内の大嘗宮が一般参観のために公開されたのは、明治と大正の遺産だ。天皇と神々との関係構築も明治・大正・昭和の遺産である。天皇は、即位に際して数回にわたって天照大神、神武天皇の礼拝を皇居内の宮中三殿で行っただけでなく、大嘗祭後に聖地巡行と称して、伊勢神宮、神武天皇、孝明天皇、明治天皇、昭和天皇、大正天皇それぞれの陵で「ご親謁」を行ってきた。それは明治と大正に遡る伝統である。

結論としては、戦後の象徴天皇制は、明治期を語らないことには理解できないということになるだろう。与えられた字数を大幅に超えないうちに筆を擱くことにしたいが、以上述べてきたことをもう少し詳しく知りたい読者には次の拙論を勧めたい。

「天皇、神話、宗教――明治初期の宗教政策」(島薗進他編『近代日本宗教史　第1巻　維

新の衝撃――幕末~明治前期』春秋社、二〇二〇年)
「明治天皇の皇位継承儀礼とその遺産」(瀧井一博編『明治史講義――グローバル篇』ちくま新書、近刊)
最後に、本書が法蔵館文庫という形でもう一回世に出していただけることは、大変な光栄に思う。法蔵館編集部の皆さんには少なからずお世話になった。この場を借りて感謝の意を表したいと思う。

京都にて John Breen

索　引

ア　行

赤坂仮皇居　152
秋里籬島　251
浅野長勲　108
朝彦親王　55, 76, 80, 83, 84
阿部正外　79, 81, 82, 85
天照大神　29, 31, 33, 34, 39-41, 97, 129, 189, 202, 204, 208, 210, 215, 218, 220, 221, 242, 243, 245, 300, 328-330, 333
天児屋命　243
天之御中主神　208, 218
荒川久寿男　201, 202
荒(御)魂　234, 235, 242, 263, 270, 298
有栖川宮熾仁親王　108, 110, 151
飯田進　302, 303, 310
伊弉冊尊　281
石川舜台　184
礎　309-311, 315
伊勢　29, 166
伊勢参宮　29-31, 33, 39, 44-46
『伊勢参宮名所図会』　250, 251
伊勢神宮　33, 41, 178, 329, 332, 333
伊勢神宮遥拝　36
伊藤博文　38-40, 43-45, 47, 138, 143, 180
伊藤之雄　26, 27, 37, 46, 47
稲田正次　96
井上馨　183
慰霊祭　297-304, 310, 315
岩倉具視　29, 35, 38, 39, 96, 100-102, 107, 108, 113-116, 118-120, 125, 129, 140-142, 145, 151, 177-179, 182, 203, 328
ヴィクトリア女王　144-146
ヴェーバー、マックス　53
鵜飼徹定　184, 185
宇佐宮(日吉神社)　232, 237, 242, 259, 263, 269
牛尾宮(日吉神社)　233, 234, 259, 262, 278
産屋　235, 264, 271
浦田長民　166
英霊　297-303, 306, 309, 315
英霊にこたえる会　298, 309, 313
エジンバラ公　145, 146
謁見(儀礼)　54, 58, 61, 63, 65, 72, 73, 78, 79, 85, 87, 111-113, 119, 120, 140-143, 148, 152, 153, 155, 156
江藤新平　177, 181-184, 303, 328
江戸城　53, 56, 57, 59-61, 328
延喜式　204, 230
延暦寺　237, 240, 246, 247, 258, 261, 270, 281
桜花　279, 305, 311
王子宮(日吉神社)　265
王政　97, 98, 102, 103, 106-112, 114, 115, 117-119, 121-123, 126, 127, 129, 130
王政復古　40, 60, 96-98, 102-104, 106, 108, 110, 115, 116, 121, 303

『近江輿地志略』 251
大木喬任 180
正親町三条実愛 55, 84, 100, 101, 108, 115, 119
大国隆正 166, 175, 176, 192, 193, 200-215, 217-223
大国神道 205, 208, 218
大久保利謙 75, 96, 124
大久保利通 83-85, 102, 107, 114-119, 129, 177, 183, 192, 203, 328
大隈重信 180, 328, 331
大坂(大阪) 82, 85, 118, 144, 330
大坂親征 118, 129
大坂遷都論 115, 117
大津事件 138
大橋訥庵 201, 223
大原重徳 54, 56, 58, 69
大原康男 309, 316
大宮(日吉神社) 242, 243, 245, 250, 257, 263, 268
大三輪神社 268
大神神社(日吉神社) 268, 269, 271
大己貴神 233, 237, 240-242, 247, 263, 268, 269, 280, 282
『大山咋伝』 261
大山咋神 230, 234, 239, 240, 242, 243, 260-266, 268-272, 280, 281, 283
小笠原長行 57
岡田精司 231
沖縄戦 301, 306, 307
尾佐竹猛 96, 123
オースティン、J. L. 96
織田信長 216, 240, 241, 243
小野正房 185-191
オールコック、ラザフォード 57
オルブラント、スティーヴン 220

カ 行

『海国図誌』 213
外務卿 150, 151, 330
外務省 32, 148, 150, 152
覚深 240, 246-248
景山春樹 231, 232, 234, 235, 239, 273, 283
笠原英彦 26, 37, 46, 47
賢所 33, 34, 40, 42-44, 46, 129
惶根尊 281
加藤弘之 39, 181
門脇重綾 166
『上坂本村永代記録帳』 275
亀井茲監 165-175, 177, 179, 192, 215, 220
賀茂神社 66, 69, 72, 264
賀茂別雷神 234-236, 262, 263, 271
駕輿丁 234, 236, 239, 249, 256, 273, 277, 278, 282
カリスマ性 53
観桜会 153
観菊会 153
官祭 270, 276, 279, 280
神田孝平 181
神嘗祭 36, 79, 300
官国幣社 41
官幣国幣社 35
ギアーツ、クリフォード 66
記憶 295-298, 301, 302, 304-308, 312-316
紀元節 36, 40, 46, 153
議定 98, 100-104, 106, 108-111, 114-123, 174, 328
木戸孝允 96, 102, 107, 114, 121, 125-127, 165, 166, 177, 184, 203, 328
祈年祭 204, 300

木村至宏　231
『球上一覧』　209, 210
宮中改革　129
宮中三殿　34, 130, 333
教育勅語　30, 311
行幸　33, 52, 54, 66-69, 72, 73, 76, 77, 87, 110-112, 117-119, 178
京都　29, 33, 54-56, 58, 59, 61, 62, 69, 72-76, 78, 80-83, 85, 86, 98, 118, 129, 138, 148, 165, 166, 172, 181, 185, 217, 235, 249, 271, 275, 327, 328, 331, 332
教部省　176, 177, 184, 269
『馭戎問答』　204, 208
キヨッソーネ、エドワード　155
キリスト教　174, 176, 184, 202, 203, 206, 208, 209, 211-214, 219-222
儀礼　33, 34, 36, 41, 44, 53, 54, 56, 57, 60, 61, 63, 65, 78, 79, 96-98, 101, 102, 104, 107, 122, 123, 128, 130, 139, 140, 143-145, 147, 149, 152, 154, 156, 167, 232, 296, 297, 299-301, 308, 309, 313, 314, 327-333
『記録帳』　275, 279
『勤斎公奉務要書残編』　169, 175
禁門の変　78-80, 83
菊理姫神　237, 263
『公事根源』　261
九条尚忠(関白)　71
久住真也　83, 85
国狭槌尊　281
国常立尊　242, 243, 245, 247, 260, 261, 280-283
公人　247, 250-253, 255, 258, 274
グラパール、アラン　162
グリフィス、ウィリアム・エリオット　140
久留島浩　248, 250
黒田清隆　40
君主敬称問題　32, 146-148
勲章　153-156
ケテラー、ジェームス・エドワード　126, 163, 164, 173, 174
『現今執行日吉神社古例祭式』　272, 273
元始祭　34-36, 44, 130
献茶式　235, 246, 271
権力　64, 102, 104, 107, 122, 140, 328
権力関係　62, 66, 97, 98, 102, 104, 106, 107, 123, 130, 146, 253, 328
御威光　53, 54, 61, 65, 67, 69, 78, 81, 86
小泉純一郎　310, 311
高家　63, 65
皇大神宮御遥拝(祭)　34, 44, 130
神戸事件　119
孝明政権　52, 54, 72, 73, 75-84, 86
孝明天皇　52, 54, 55, 58, 63, 66, 67, 69, 71-74, 76-80, 110, 300, 333
孝明天皇祭　34, 36, 44
孝明天皇陵　41
神山郡廉　104
皇霊殿　33, 34, 40, 42, 44, 129
御学問所　63, 65, 80, 111
五ヶ条(の誓文)　96-98, 100, 103, 106, 113, 122-128, 130, 200
久我建通　118
金大巌　241
国書　144-146, 148, 149, 151
国体　32, 38, 39, 43, 114, 147
国民主権　312
国立追悼施設　316
五軒丁　239, 256, 275-278, 282
小御所　63-65, 69, 78, 80, 83, 108,

111, 128
小御所会議　81, 109, 114, 115
『古事記』　39, 205, 206, 230, 239, 242, 260, 261, 263, 265, 280
『古事記伝』　261, 263, 283
『古史伝』　263
御真影　155
国家主権　141, 149
近衛忠熙　55, 64, 84
小比叡大明神　241, 242
小堀桂一郎　312, 313
コルカット、マーティン　162, 163
権現　168, 241, 260
コンナートン、ポール　296, 301

サ　行

西郷隆盛　114, 116, 303, 328
祭祀　33, 35, 78, 79, 87, 97, 113, 129, 166, 167, 169, 170, 172, 173, 181, 186, 187, 192, 232, 240, 260, 266, 281, 282, 296
「祭神および勧請年記云々」　262-264
祭政一致(論)　33, 36, 79, 104, 113, 129, 167-169, 188, 189, 313
堺事件　119
酒井忠義　56
坂崎斌　123, 126
坂本　234, 235, 238, 239, 248-251, 253, 255-257, 274-277, 279, 282
坂本一登　43
佐久間象山　201, 205, 223
佐々木孝正　231
佐佐木高行　27
サトー、アーネスト　140
佐藤真人　265
座次　64, 65
寒川辰清　251
鮫島尚信　151
沢宣嘉　219
参勤交代　53, 56-58, 81-83
三条実美　41, 59, 60, 74, 76, 96, 100-102, 107, 125, 129, 328, 330
サントナー、エリック　314, 315
山王(権現)　168, 233, 241
『山王祭礼図屏風』　249
山王祭　231-234, 236-243, 245-249, 251, 252, 256-258, 260, 264-266, 270-283
三宮　233, 234, 241, 243, 262, 263, 268, 277, 278
参与会議　74, 75
私祭　270, 277
『私祭手続書』　271
「四時祭典定則」　34, 35, 44, 130, 173
紫宸殿　78, 79, 98, 100-104, 108, 112, 119-123, 142, 143, 328-330, 332
蔀関月　250
シーボルト、アレクンサンダー　146
島地黙雷　177, 184
島津茂久　108
島津久光　52, 54, 55, 58, 73
下橋敬長　65
下山三郎　116
釈迦如来　241
邪教　164, 207, 212, 213, 216, 217
『釈日本紀』　261, 262
ジャンセン、マリウス　124
秋季例大祭(靖国神社)　297, 298, 300
十禅師　241, 242, 259, 263
自由民権運動　37, 38, 128
樹下宮　233, 234, 242, 259, 262-264,

269
樹下茂国　257-266, 268, 269, 283
主権　39, 139, 140, 142
主権国家　139, 149, 156
主権者　33, 36, 43, 46, 144, 149, 152
主権論　38
春季例大祭(靖国神社)　297
攘夷　59, 66, 68, 71, 74, 122, 127, 143, 200, 201, 203, 209, 210, 214, 215, 218, 219, 221
将軍宣下　53, 77
生源寺希徳　272
生源寺希璵　257, 261
生源寺業親　257
生源寺行丸　240-243, 245, 246, 248, 264, 265
正光院　185
聖真子　241, 242, 259
浄土真宗　176, 182, 184, 192
上洛(将軍上洛)　52, 54-56, 58, 61, 62, 69, 72-77, 79-83, 86, 87
白川資訓　100, 166
白山宮(日吉神社)　232, 237
シルス、エドワード　52, 53, 66, 69
宸翰　72, 75, 104-107, 118, 125
神祇官　33, 34, 167, 169, 172, 178, 181, 186, 187, 329
真言宗　168, 172, 181
神社　162, 163, 167-175, 180, 181, 185-190, 192, 230, 232, 233, 235, 239, 241, 259, 260, 262, 264, 283, 297, 301, 309, 313, 315
神社合祀　173, 188, 191
神社本庁　230, 298
真宗僧侶　177
神職　163, 167, 170-174, 178, 183-191, 232, 235, 257, 262, 265, 269, 271, 280-282, 297-299, 303, 306
『新真公法論』　215
神葬祭　169, 172, 173, 175
身体　27, 28, 46, 114, 139, 140, 156
神殿　33, 34, 112, 130, 143
神道　45, 162, 163, 169, 171, 173-175, 177, 178, 182, 183, 185, 189, 192, 193, 202, 203, 205, 206, 212-214, 218-223, 245, 258-260, 266, 281, 296
神道家　167
神道界　185, 222
神道者　164, 165
神道神学　202, 209
神道宗教　235
神道信仰　220
神道真理　215
『神道教法弁』　175
神道政治連盟　309
神仏習合　184, 192, 241
神仏判然令　167, 168, 171, 184-186, 192, 237, 258-260, 266, 280, 282
神仏分離　126, 162, 174
神武天皇　33, 40, 77, 78, 97, 103-105, 109, 118, 123, 129, 149, 204, 206, 329, 330, 333
神武天皇祭　34-36, 44, 104, 130
神武天皇陵　41, 329
神雷　306
『神理小言』　209, 212, 214
神話　29-40, 42-47, 103, 130, 149, 231, 242, 243, 259, 281, 283, 301, 314, 333
垂迹　241, 260
スミス、アントニー　31, 191
政教分離　296
『聖教理証』　216, 220, 222
誓祭　97, 98, 101, 102, 104, 107, 119
誓祭儀礼　98, 102, 104-108, 112-

115, 117-119, 121-123, 125, 126, 128-130
全国戦没者追悼式　310
センター　52-56, 58, 66, 69, 72, 73, 78, 81-83, 86
戦没者　295-297, 299-303, 308-311, 313, 315
戦没者追悼　309, 316
総合鳥居　237, 245, 258, 266, 269
葬祭　174
奏者番　57
贈答　57, 58, 140, 146, 149, 150, 152, 155, 156
副島種臣　151, 181, 330
『尊皇攘夷異説弁』　209, 212
『尊皇攘夷神策弁』　209, 212

タ　行

『大樹公参内次第書』　62, 63, 65
大嘗祭　149, 300, 327-333
大政委任　54, 69, 71-75, 80, 82, 87
大政奉還　116
大日本帝国憲法　30, 40, 41, 46
高木博志　95, 229, 293
高杉晋作　68
高橋哲哉　316
多木浩二　155, 156
武田秀章　97, 129, 202, 203, 229
田心姫神　237, 263, 269
太政官　33, 34, 36, 44, 129, 130, 150, 172, 182, 189, 191
太政官布告　168, 183
太政大臣　150, 328
伊達宗城　74, 117
橘家神道　187
田中秀和　185
玉懸博之　201, 202
玉依姫命　234, 242, 259, 262-265, 269-272, 281, 283
長州　55, 58, 59, 62, 66, 68, 73-75, 78, 80, 82-86, 96, 107, 111, 165, 184
朝廷尊崇十八ヶ条　76, 78
勅語　42, 43, 69, 72, 74, 75, 80, 84, 85, 146, 147, 331
勅使　41, 53-57, 59, 62, 77-79, 86, 297-299, 315, 329
勅書　59, 60, 71, 72, 74, 75, 80, 82, 83, 150
勅命　55, 59, 69, 71-73, 80-84, 87
勅諭　111
勅令　101, 103, 123
鎮霊社　303, 304
追悼　295, 313, 315-317
常御所　83
津和野(派)　165, 166, 170-176, 193, 200, 215, 329
寺島宗則　146, 147, 151
天主教　202-209, 211-223
『天主教に関する意見書』　215, 216
天孫降臨　34, 39, 206, 242
天孫神社(日吉神社)　237, 276
天台宗　168, 172, 181
天台仏教徒　237
天智天皇　239, 272
天長節　36, 153
『天道溯原』　216, 220, 222
天皇　26-47, 54, 55, 58, 59, 63-67, 69, 71-87, 97, 98, 100-115, 117-123, 127-130, 138-156, 178, 181, 187, 205, 208, 210, 218, 297-301, 303, 308, 310-313, 315, 327-333
天皇陵　169, 172, 332
多武峯　162
徳川家光　62, 64
徳川家茂　52, 59-61, 63-65, 67, 71,

72
徳川慶篤　65, 67
徳川慶勝　78, 82, 108, 110, 116
徳川(一橋)慶喜　55-57, 60, 65-67, 69, 74-77, 80, 85, 111, 114-116, 119
徳大寺公純　64, 65
特攻隊　311, 315
富山　179, 182, 184

ナ　行

内侍所　33, 329
中御門経之　108
中山忠能　55, 100, 101, 108, 114-116, 118-120, 142
中山慶子　120, 142
生麦事件　58
南部利昭　304
新嘗祭　34, 36, 44, 130, 300
和(御)魂　234, 235, 242, 262, 263, 270, 272, 298
ニコライ、カサートキン　138
西川吉輔　266, 268, 269, 271
西本宮(日吉神社)　230, 232, 233, 237, 269, 280
二条斉敬(関白)　76, 80, 81, 83, 84
二条城　61, 62, 65, 102, 110, 332
日露戦争　36, 277
瓊々杵尊　242, 245, 281
二宮　242, 246, 257, 261-263, 266, 269
日本神道　200
日本遺族会　298, 309, 313
『日本書紀』　78, 205, 206, 242, 260, 261

ハ　行

廃藩置県　33, 34, 36, 127, 150, 151, 183, 190
廃仏毀釈　126, 164, 174
ハインリッヒ親王　154
パークス、サー・ハリー　119, 142-146, 148
橋本政宣　71
八王子　233, 240, 241, 243, 246, 259, 263, 268, 271, 278, 280
蜂須賀茂韶　119
服部之総　200-203
ハーデカー、ヘレン　163
花渡り　235, 246, 252, 256, 271, 278
原口清　72, 96, 107, 124, 125, 128
パール、ラダ・ビノード　307, 308
万国公法　112, 139, 141, 145, 151, 216, 220-222
万世一系　28, 29, 31-40, 43-47, 130, 147-149, 151, 259, 260, 266, 281, 283, 311
版籍奉還　30, 31, 178, 180, 187
『日吉御祭礼之次第』　253
『日吉古式祭記』　273
『日吉祭礼古図』　252
『日吉山王祭礼新記』　240, 246, 247
『日吉山王貼交屏風』　253, 256
『日吉社神道秘密記』　240-243
『日吉社神役年中行事』　240, 243
『日吉社禰宜口伝抄』　265, 266, 272
日吉神社　230-233, 237, 238, 240, 241, 247, 252, 257-261, 264-266, 268-270, 279-282
東本宮(日吉神社)　230, 232-234, 237, 242, 269
ビーズリー、ウィリアム　124, 126
未の御供　235, 246, 264, 271
一橋慶喜　→徳川慶喜
日吉大社　→日吉神社
平田篤胤　185, 202, 263

平田鉄胤　186
平田神道　186, 192
琵琶湖　230, 238, 240, 246, 271, 272, 274
福岡孝弟　96, 125, 126
福地源一郎　38, 58, 72
福羽美静　165-173, 175-179, 181, 183, 184, 186, 187, 189, 190, 192, 220, 329
藤井貞文　79
藤木静顕　120
仏教　45, 126, 162-164, 168-170, 173-179, 181-184, 192, 258, 281, 329
仏教教理　245, 260
仏教徒　164, 176, 177, 182, 183, 207
『復古記』　98, 128
復古神道　169, 172, 173, 175, 192
ブラワー、ベンジャミン　315
古川正崇　311
『文武虚実論』　207
ホブズボウム、エリック　191
本宮(日吉神社)　266, 268-271, 277

マ　行

正勝吾勝勝速日天忍穂耳尊　242, 281
松尾正人　97, 98
松尾社　239, 261, 264
松方正義　177-180, 182, 183, 190
松平容保　76, 78, 80, 85
松平定敬　76, 78
松平永芳　304
松平宗秀　56
松平慶永　56-58, 60, 62, 66, 69, 74, 75, 108, 110, 114, 116-118, 120, 126
松本白華　179
マーティン、ウィリアム　220
万里小路博房　115
万里小路通房　156
間部詮勝　71
丸木利　155
丸山真男　200, 201, 212
客人宮　241, 263, 268
三笠宮崇仁親王　300
神輿　232, 234-240, 245-251, 255, 256, 270-273, 275-279, 281, 282
ミットフォード、A. B.　112, 113, 143, 144
宮地正人　229
三輪　240, 241, 272, 280, 282
民族神話　28-31, 33, 36, 37, 39, 40, 42-44, 46, 47
村山修一　231
明治天皇　26, 28, 30, 31, 33, 36, 40, 46, 47, 138, 139, 142, 144, 151, 154-156, 300, 328, 331-333
『明治天皇紀』　26, 46, 98, 154
『明治八年日吉神社古例祭式』　270
本居宣長　261-263, 283
元田永孚　27

ヤ・ラ・ワ行

八木山　239, 256, 275-278, 282
靖国神社　295-304, 306, 308-310, 312-316
靖国法案要綱　312
靖国問題　296, 312
耶蘇教　176, 202, 211-214, 216-218
柳田国男　248, 250
柳原前光　147, 151
山内豊信(容堂)　60, 74, 108, 110, 114, 117, 118
山口幸次　293
山階宮晃親王　108

『山城国風土記』　261, 262
遊就館　304-309, 315
由利公正　96, 125, 126
宵宮落　236, 273, 277, 278
『耀天記』　240
横井小楠　57, 205, 210, 213, 223
吉雄権之助　205
吉田要作　155
吉村寅太郎　68
米窪明美　26, 46, 47
立憲政体　37, 38, 40, 43, 44, 123, 126
リッチ、マッテオ　220
両部神道　241, 245, 258, 269
霊璽奉安祭　297
ロッシュ、レオン　141
渡辺浩　53, 61

ジョン・ブリーン（John Breen）
1956年ロンドン生まれ。ケンブリッジ大学学士・修士・博士。ロンドン大学SOAS校准教授、国際日本文化研究センター教授を歴任。
著書に *A New History of Shinto, A Social History of the Ise Shrines*（ともに共著）、『神都物語：伊勢神宮の近現代史』、『変容する聖地　伊勢』（編著）など多数。

儀《ぎ》礼《れい》と権力《けんりょく》　天皇《てんのう》の明治《めいじ》維新《いしん》

二〇二一年　九月一五日　初版第一刷発行

著　者　ジョン・ブリーン
発行者　西村明高
発行所　株式会社　法藏館
京都市下京区正面通烏丸東入
郵便番号　六〇〇-八一五三
電話　〇七五-三四三-〇〇三〇（編集）
〇七五-三四三-五六五六（営業）

装幀者　熊谷博人
印刷・製本　中村印刷株式会社

ISBN 978-4-8318-2625-1 C1121

法蔵館文庫既刊より

価格税別

さ-1-1
増補 いざなぎ流 祭文と儀礼
斎藤英喜 著
高知県旧物部村に伝わる民間信仰・いざなぎ流。中尾計佐清太夫に密着し、十五年にわたるフィールドワークによってその祭文・神楽・儀礼を解明。
1500円

キ-1-1
老年の豊かさについて
キケロ 著
八木誠一
八木綾子 訳
老人にはすることがない、体力がない、楽しみがない、死が近い。キケロはこれらの悲観的通念を吹き飛ばす。人々に力を与え、二千年読み継がれてきた名著。
800円

た-1-1
仏性とは何か
高崎直道 著
「一切衆生悉有仏性」。はたして、すべての人にほとけになれる本性が具わっているのか。日本仏教に根本的な影響を及ぼした仏性思想を明快に解き明かす。解説＝下田正弘
1200円

さ-2-1
アマテラスの変貌
中世神仏交渉史の視座
佐藤弘夫 著
童子・男神・女神へと変貌するアマテラスを手掛かりに中世の民衆が直面していたイデオロギー的呪縛の構造を抉りだし、新たな宗教コスモロジー論の構築を促す。
1200円

て-1-1
正法眼蔵を読む
寺田透 著
多数の道元論を世に問い、その思想の核心に迫った著者による「語る言葉（パロール）」と「書く言葉（エクリチュール）」の「講読体書き下ろし」の読解書。解説＝林　好雄
1800円

い-1-1

地獄

石田瑞麿著

古代インドで発祥し、中国を経て、日本へとやってきた「地獄」。その歴史と、対概念として浮上する「極楽」について詳細に論じた恰好の概説書。解説＝末木文美士

1200円

く-1-1

王法と仏法

中世史の構図

黒田俊雄著

強靭な論理力で中世史の構図を一変させ、「武士中心史観」にもとづく中世理解に鋭く修正を迫った黒田史学。その精髄を示す論考を収めた不朽の名著。解説＝平　雅行

1200円

な-1-1

折口信夫の戦後天皇論

中村生雄著

戦後「神」から「人間」となった天皇に、折口信夫はいかなる可能性を見出そうとしていたのか。折口学の深淵へ分け入り、折口理解の新地平を切り拓いた労作。解説＝三浦佑之

1300円

あ-1-1

禅仏教とは何か

秋月龍珉著

仏教の根本義から、臨済宗・曹洞宗の日本禅二大派の思想と実践までを体系的に叙述。難解な内容を、簡潔にわかりやすくあらわした入門書の傑作。解説＝竹村牧男

1100円

ほ-1-1

増補 宗教者ウィトゲンシュタイン

星川啓慈著

ひとつの孤独な魂が、強靭な理性と「神との和解」のはざまで悩みぬく。新発掘の二つの『日記』等をめぐる考察を縦横にもりこんだ、宗教学からの独創的アプローチ！

1000円

ア-1-1・2

評伝 J・G・フレイザー

その生涯と業績　上・下（全二冊）

R・アッカーマン著
小松和彦監修
玉井　暲監訳

大著『金枝篇』で世界に衝撃を与えた人類学者の画期的評伝。研究一筋の風変わりな日常から、出版をめぐる人間模様、悪妻とも評された妻との結婚生活まで。未公開書簡や日記も満載。

各1700円

い-2-1
アニミズム時代
岩田慶治著

森羅万象のなかにカミを経験する。その経験の場とは。アニミズムそしてシンクロニシティ空間論によって自然との共生の方法を説く、岩田アニミズム論の名著。解説＝松本博之

1200円

か-1-1
信長が見た戦国京都
城塞に囲まれた異貌の都
河内将芳著

同時代史料から、「町」が社会集団として成熟していくさまや、戦国京都が辿った激動の軌跡を尋ね、都市民らの視線を通して信長と京都の関係を捉え直した斬新な戦国都市論！

900円

や-1-1
宗教とは何か
現代思想から宗教へ
八木誠一著

理性と言語による現実把握の限界をどう超えるか。ニーチェの生の哲学から実存主義、さらには京都学派の哲学までを総覧し、現代人のための宗教に至る道筋を鮮やかに指し示す。

1300円

つ-1-1・2
平安人物志
上・下（全二冊）
角田文衞著

考古学と文献史学を駆使した角田の博識と推理が冴え渡る、41篇の人物伝。緻密な分析で、平安朝を生きた人々の数奇な生涯を鮮やかに描き出した、歴史的名著。解説＝山田邦和

各1700円

か-2-1
インド人の論理学
問答法から帰納法へ
桂紹隆著

インド人の思考法は、観察から法則を導き出す帰納法的思考であった。事実に基づく論証法がインドでどのように展開したのか。その淵源を仏教の縁起の教えに見出した名著。

1300円

た-2-1
悟りと解脱
宗教と科学の真理について
玉城康四郎著

徹底した禅定実践と学問研鑽によって仏道を求め、かくして到達したブッダの解脱に基づき、一切の枠組みを超えた真理を究明する。稀有の求道者の最後の書。解説＝丘山新

1000円

さ-3-1
ブッダとサンガ
〈初期仏教〉の原像
三枝充悳著
一人のブッダから多くの仏が生まれたのはなぜか。サンガはどのように成立したのか。仏教の根本問題を論旨明快な叙述で解きほぐす、恰好のインド仏教史入門。解説＝丸井 浩
1100円

し-1-1
ポストモダンの新宗教
現代日本の精神状況の底流
島薗進著
一九七〇年代以降に誕生・発展した「新新宗教」の特徴を読み解き、「新新宗教」を日本・世界の宗教状況とリンクさせることで、現代宗教論に一つの展望を与えた画期的試み。
1200円

や-2-1
〈方法〉としての思想史
安丸良夫著
安丸史学が対峙し、目指したものとは――。自身の研究や経験を回顧した論考・時評等を中心に収め、その思想的格闘の軌跡を示した歴史学徒必読の名著。解説＝谷川 穣
1300円

ア-2-1
英国の仏教発見
フィリップ・C・アーモンド著
奥山倫明訳
19世紀の英国人らによる仏教表象を分析し、西洋近代において、仏教が称賛や蔑視を交えながら「創造」されていく過程を、オリエンタリズムと宗教をめぐる観点から解明。
1300円

か-1-2
改訂 祇園祭と戦国京都
河内将芳著
創作物を通じて戦国期の祇園祭に託された「権力に抵抗する民衆の祭」というイメージは実態に合うものなのか。イメージと史実を比較し、中世都市祭礼・祇園祭の実像に迫る。
1000円

ブ-1-1
儀礼と権力 天皇の明治維新
ジョン・ブリーン著
日本の「近代」創出に天皇がはたした身体的役割とは何か。天皇はいかにして「神話の体現者」となったのか。従来とは異なる儀礼論的アプローチから迫ったユニークな試み。
1300円

も-1-1

梁の武帝

仏教王朝の悲劇

森三樹三郎著

皇帝菩薩と呼ばれた武帝の餓死、王朝の滅亡は、仏教溺信が招いた悲劇だったのか。類い稀な皇帝のドラマチックな生涯とその時代の精神を描出した不朽の傑作。解説＝船山　徹

1000円

む-1-1

天平芸術の工房

武者小路穣著

正倉院や東大寺をはじめとする花やかな天平芸術の創造にたずさわった工人たちの盛衰を明らかにしていくなかで、古代国家の文化の形成基盤の全体像を考察。解説＝山岸公基

1200円